旅游与国土资源管理探索

张维贵 余 新 主 编
王 宁 郭阳旭 副主编

西南交通大学出版社

·成 都·

图书在版编目（CIP）数据

旅游与国土资源管理探索 / 张维贵，余新主编. —
成都：西南交通大学出版社，2018.1
ISBN 978-7-5643-5920-1

Ⅰ. ①旅… Ⅱ. ①张… ②余… Ⅲ. ①旅游经济 – 经
济管理 – 文集②国土资源 – 资源管理 – 文集 Ⅳ.
①F590-53②F061.6-53

中国版本图书馆 CIP 数据核字（2017）第 289342 号

旅游与国土资源管理探索

张维贵　余　新　主编

责任编辑	李芳芳
特邀编辑	张玉蕾
封面设计	何东琳设计工作室

出版发行	西南交通大学出版社 （四川省成都市二环路北一段 111 号 西南交通大学创新大厦 21 楼）
邮政编码	610031
发行部电话	028-87600564
官网	http://www.xnjdcbs.com
印刷	成都蓉军广告印务有限责任公司

成品尺寸	210 mm×285 mm
印张	12.25
字数	411 千
版次	2018 年 1 月第 1 版
印次	2018 年 1 月第 1 次
定价	66.00 元
书号	ISBN 978-7-5643-5920-1

序

    创新是社会进步的灵魂。当今，已是创新驱动引领的时代，社会经济发展已进入新常态，培养大学生的创新精神和创新能力是高等教育的基本任务，也是新时期高等教育改革与发展的时代要求。如何培养大学生的创新精神和创新能力，我们也在不断地进行探索和实践。近年来，坚持开展"知识-素质-能力"三位一体的人才培养模式的实践和"三个课堂"联动的人才培养模式改革；开展了十四届以"旅游文化月"为主题的系列竞赛活动，等等。今天，我们试图探索一种新的大学生创新精神和创新能力培养模式，《旅游与国土资源管理探索》论文集应运而生，它是我们培养大学生创新精神和创新能力的又一新的实践，是旅游与国土资源学院全体师生集体智慧的结晶。

    《旅游与国土资源管理探索》是学院人才培养模式的又一次创新。长期以来，学院高度重视人才培养质量，积极探索人才培养模式，不断进行人才培养模式的改革和创新，积极探索并不断完善了"前店后校"模式、"订单培养"模式、"师徒带教"模式、"旅游文化月"系列活动等。但以论文集的形式展示学生学习能力，培养学生的创新能力，还是首次探索。

    《旅游与国土资源管理探索》是激发学生学习兴趣的重要方法和途径。大学生活是丰富多彩的，单纯的理论知识的学习有时会显得枯燥无味，激发学生的学习兴趣是提高人才培养质量的重要方法和途径。将学生的学习收获、学习体会、学习成果以论文集的形式展示出来，让学生会产生巨大的成就感和强烈的获得感，从而激发学生学习兴趣，让学生在学习中感受幸福，快乐地学习。

    《旅游与国土资源管理探索》是师生相互学习交流的互动平台。论文集中的作品，有的是学生个人独立完成，有的是在老师的指导和帮助下完成，也有的是师生共同完成。无论是哪一种方式完成的作品，集中在一起，处在同一平台，就为师生相互学习交流提供了便捷，搭建了舞台，就有益于师生共同进步。

    《旅游与国土资源管理探索》第一辑就要出版了。万事开头难。坚信在全院师生的共同努力下，有全院师生的共同参与，《旅游与国土资源管理探索》会越来越好，会越来越受到广大师生的欢迎。

张维贵

2017 年 10 月 28 日

目　录

学科总览

人才培养

酒店管理

人文地理与城乡规划

旅游管理

土地资源管理

学科总览

大渡口区生态用地结构特征及其优化研究

林佳敏　臧亚君

生态用地是城市社会-经济-自然复合生态系统的必要组成部分，为城市发展提供了多种显著的生态系统服务。而随着工业化和城市化的快速推进，人类对于城市建设用地的需求日益增加，使得土地利用中建设用地面积不断增加，从而导致生态用地数量大幅度减少、质量明显降低，人类生存环境恶化，土地生态价值减少，土地生态系统遭到破坏，生态、社会、经济发展趋于不协调。为解决上述问题，有必要就生态用地的利用现状进行分析，掌握生态用地的结构特征，并进行有效的结构优化，使生态用地保持在一个可持续发展的状态，最大限度地发挥其生态价值，缓解社会快速发展引起的城市建设用地需求日益增加与生态环境保护之间的矛盾，使人类社会可持续发展。

大渡口区是重庆主城区之一，是重庆都市圈的重要组成部分，在重庆市经济发展中处于重要地位。对大渡口区的生态用地结构特征及其结构优化进行研究，实现经济效益、社会效益和生态效益的多重优化，不仅有助于大渡口区人口、资源与环境的协调发展，而且对整个区域的经济发展也具有带动作用，同时为大渡口区乃至整个重庆的土地利用总体规划的制定提供一定的科学依据和参考。

一、生态用地和生态绿当量的概念

1. 生态用地的概念和分类

生态用地指的是区域或城镇土地中以提供生态系统服务功能为主的土地利用类型，即能够直接或间接改良区域生态环境、改善区域人地关系的用地类型。生态用地不仅可以直接产生生态价值，还能通过其特殊的地形地貌影响周围的环境，从而间接地为人类提供生态价值，它具有维护生物多样性、保护和改善环境质量、减缓干旱和洪涝灾害、调节气候等多种生态功能。参考我国 1984 年土地利用分类体系和生态用地相关分类体系，以土地的主体生态系统服务价值作为划分土地类型的主要依据，将生态用地分为农田、林地和水体 3 大类，因此，将研究区的土地利用类型分为农田、林地、水体和建设用地 4 大类。具体土地利用分类见表 1。

表 1　基于生态用地分类的土地利用类型

土地利用类型	内容描述
农田	耕地（灌溉水田、望天田、水浇地、旱地、菜地）、园地（果园、桑园、茶园、其他园地）、牧草地（天然牧草地、改良草地、人工草地）
林地	有林地、灌木林地、疏林地、未成林造林地、迹地、苗圃
水体	河流水面、湖泊水面、水库水面、坑塘水面、苇地、沟渠、水工建筑
建设用地	居民点及工矿用地（城镇、农村居民点，独立工矿用地，特殊用地）、交通用地（铁路、公路、农村道路）

2．生态绿当量

为了保证城市生态系统的安全，学者们提出绿当量的概念，用"当量"来衡量各类用地的生态功能，通过调整各类用地的数量，优化土地利用结构，增强综合生态系统服务功能，弥补由于过度采伐和管理不得当而减弱的森林生态系统服务功能，使地区总体生态达标，保证城市生态安全。绿当量是指具有相当的生态功能的"绿量"，以森林的生态功能作为标准，得到其他绿色植被的绿量相对于等量森林面积的绿量的比率，使两者绿量相当，最终计算出区域总体的生态绿当量。其他绿色植被所能发挥的区域生态功能，在保证等量的光合作用和恰当的布局时，足以抵偿定量森林植被所能发挥的区域生态功能，即绿量相当。

二、研究区概况

大渡口区位于重庆市主城区南部，东临巴南区，南接江津区，西、北靠九龙坡区，辖区面积为 10 455.12 公顷，是重庆大都市区之一。大渡口区共辖 5 个街道、3 个镇：新山村街道、跃进村街道、九宫庙街道、茄子溪街道、春晖路街道、八桥镇、建胜镇、跳磴镇。大渡口区属于川东平行岭谷区，地貌类型受地层岩性、地质构造的影响，背斜一般隆起成山，向斜长期剥蚀后形成丘陵。地势由西北向东南呈阶梯状逐渐由高向低变化，西部属中梁山脉，以低山为主，最高点海拔为 650 米；中部和东南部以中丘、浅丘、平坝和沿河阶地为主，最低点位于区内长江出境处，海拔为 150 米，相对高差 500 米。大渡口区属亚热带季风性湿润气候，冬暖夏热，无霜期长，雨量充沛。常年平均气温 18.7 ℃，冬季平均气温在 6~8 ℃，夏季平均气温在 27~29 ℃。常年日照总时数 1 000~1 200 小时，常年降雨量在 1 000~1 400 毫米。

三、大渡口区生态用地结构特征研究

1．生态用地现状调研

研究区面积为 10 455.12 公顷，大渡口区辖内有 5 个街道、3 个镇。根据《大渡口区土地利用总体规划（2006—2020 年）》，要求到 2020 年，全区耕地保有量不少于 300 公顷，城乡建设用地规模控制在 5 750 公顷以内。选择的遥感影像是 2015 年 10 月 21 日拍摄的分辨率为 4.16 米的 GoogleEarth 遥感影像。在 Arcgis10.2 软件的帮助下，运用目视解译与 GIS 技术相结合的方法，对大渡口区的遥感影像进行解译分析，并根据网络和实地调查的地面资料数据，确定土地利用类型，获取各土地利用类型数据，并制作大渡口区土地利用现状图，如图 1 所示。

图 1　大渡口区土地利用现状图

　　基于大渡口区的土地利用现状图，对大渡口区的生态用地结构进行分析。土地利用现状类型分为农用地、建设用地和未利用地，由获得的数据对其进行统计，得到土地利用现状表，见表2。由上文得到，生态用地分为耕地（水田、旱地）、林地、园地、牧草地和水域，因此，进一步统计后得到生态用地现状表，见表3。

　　基于大渡口区的土地利用现状图，对大渡口区的生态用地结构进行分析。土地利用现状类型分为农用地、建设用地和未利用地，由获得的数据对其进行统计，得到土地利用现状表，见表2；由上文得到，生态用地分为耕地（水田、旱地）、林地、园地、牧草地和水域，进一步统计后得到生态用地现状表，见表3。

表2　土地利用现状表

	土地总面积（公顷）	土地利用现状类型	面积（公顷）	占全区总面积的比例（%）
大渡口区	10 455.12	农用地	6 316.44	60.41
		建设用地	4 138.68	39.59
		未利用地	0	0

表3　生态用地现状表

	土地利用类型		面积（公顷）	比例（%）
生态用地	耕地	水田	1 046.32	16.57
		旱地	1 290.68	20.43
	林地		1 906.66	30.19
	园地		994.25	15.74
	牧草地		0	0
	水域		1 078.53	17.07

2．生态用地结构特征研究

　　基于上文现状调研得到的数据，从数量结构和空间分布两方面，对大渡口区的生态用地结构特征进行分析研究。

　　1）从数量结构方面研究

　　大渡口区全区土地总面积为10 455.12公顷，现有农用地5 239.46公顷，占全区土地总面积的比例为50.11%，现有建设用地4 138.68公顷，占全区土地总面积的比例为39.59%，现有未利用地1 076.98公顷，占全区土地总面积的比例为10.30%。

　　大渡口区共有生态用地6 316.44公顷，其中，现有林地1 906.66公顷，占比30.19%；现有耕地2 337.00公顷，占比37.00%，其中水田1 046.32公顷，占比16.57%，旱地1 290.68公顷，占比20.43%；园地994.25公顷，占比15.74%；水域1078.53公顷，占比17.07%；全区内无牧草地。大渡口区的生态用地中，耕地面积最大，林地面积第二，水域面积第三，园地面积最小，无牧草地。

　　2）从空间分布方面研究

　　北部和东部地区主要以建设用地为主，建设用地中主要是城镇、农村居民点和公路、农村道路，区域内还包含着少量的城市绿地。中部和南部地区主要是耕地、独立工矿用地和较大型的仓储用地，分布呈现出集中和分散相结合的特点，仓储用地分布皆较为集中。耕地的集中程度主要由地形决定，地形较为平坦的地区，耕地分布较集中；地形起伏较大的地区，耕地多以梯田的形式呈现。西部地区主要是林地、园地和部分耕地，由于西部属中梁山脉，其森林资源较为丰富，土地质量较好，因此是大渡口区林地、园地的主要分布区。大渡口区的生态用地主要集中分布在南部和西部地区，在北部、东部和中部地区也有零星分布。

3．生态用地结构存在问题分析

上文从数量结构和空间分布两个方面，对大渡口区的生态用地结构特征进行了分析研究，根据研究结果，基于《大渡口区土地利用总体规划（2006—2020 年）》和大渡口区的都市核心圈地位，对区域内生态用地结构存在的问题进行分析研究，问题如下：

（1）用地集约性不强。大渡口区内城市建设用地集约性不强，旧城和城中村改造进程缓慢，土地利用方式不合理，建设用地内部存在大量的土地浪费现象。

（2）生态环境质量差。由现状调研可知，大渡口区主城区内用地多为建设用地，城市内部绿地面积较少，绿化结构简单，种植树木品种较为单一，公共绿地面积比例较小，沿江生态隔离带、道路绿化带存在不完善现象，部分地区的居住区绿化率较低，无法满足现代社会对城市生活环境质量的要求，建成区内部生态环境较差。

（3）空间分布不合理。大渡口区生态用地之间的空间分布不合理，存在不科学现象，导致生态效益下降，社会、经济和生态三者的综合效益无法达到最佳，生态用地的生态服务功能减弱。

四、生态用地结构优化研究

为了优化生态用地结构，本文基于生态绿当量进行土地重分类，明确森林与耕地、草地等之间基于"绿量相当"的面积换算关系，计算出区域最佳森林覆盖率和区域内各类生态用地的生态绿当量，并将最佳森林覆盖率的生态优化标准与实际土地利用综合生态绿当量进行大小比较，以此为依据判断区域生态是否达标，若生态不达标，则制定相应结构优化方案，进行结构优化。

（一）基于生态绿当量的土地重分类

根据生态绿当量的基本原理，将传统的土地利用类型分为三个大类，其中，生态用地包括具有绿当量的用地和隐含绿当量的用地。

（1）具有绿当量的用地：主要指耕地、园地、林地和牧草地，这些是可以量化估算绿当量的用地。

（2）隐含绿当量的用地：主要指水域，量化有难度，只能定性估算。

（3）不具备绿当量的用地：主要指商业用地、工矿用地和交通用地，其绿当量为零。

（二）计算各类生态系统的生态服务分值

为了确定基于生态绿当量的最佳森林覆盖率，需要先确定区域的各类生态系统的生态服务价值，引用日本专家通过调查法做出的评价分值表，从大气、水、土壤、自然灾害和生物五个方面对生态系统服务功能进行量化，基于大渡口区的实际数据，得到各类生态系统的各种环境保护功能评价分值表，见表4。

表4　生态系统各种环境保护功能评分分值表

功能	林地	水田	旱地	牧草地	水域	园地
大气组成改善-1	9.51	7.2	6.5	7.4	4.5	6.3
大气组成改善-2	10	5.1	5.1	5.48	5.1	7.3
大气净化-1	9.13	6.1	5.8	5.33	6.54	6.58
大气净化-2	8.91	6.5	5.8	5.34	6.43	6.69
气候缓和	9.45	6.2	5.4	4.9	9.32	6.46
防噪声	9.45	4.1	4	3.7	4.3	5.83
洪水防止	9.78	7.8	5.8	6.31	9.87	5.6
水源涵养	9.8	7.4	5.3	6.2	10	5.01
水质净化	9.45	7.3	6.7	6.43	9.8	5.83

续表

功能	林地	水田	旱地	牧草地	水域	园地
防止土砂崩溃	9.58	8.13	5.4	7.18	8.5	7.15
防止表面侵蚀	9.78	8.75	5.3	7.73	6.7	6.78
防止地面下沉	5.83	8.05	5.25	6.21	8.2	6.01
污染物净化	8.4	8	8.1	7.4	8.9	6.3
防止发生灾害	9.73	7.9	7.3	7.6	8.12	7.98
提供避难地	8.58	7	9.5	6.75	3.1	9.23
维持景观	9.12	7.4	7	7.93	9.89	7.74
维持娱乐空间	8.23	3.73	4.7	8.7	7.86	6.78
生物多样性保护	10	4.9	4.6	5.1	8.65	5.01
防止有害动植物	6.95	6	6	6.17	6.78	6.17
生态系统服务价值总分值	169.10	127.56	113.55	121.86	142.56	124.73

注：数值评价意义：10 为极大；7.5 为较大；5 为极小；大气组分改善-1，-2 分别表示吸收 CO_2 和制造 O_2 的生态服务功能；大气净化-1 表示吸尘滞尘的生态服务功能；大气净化-2 表示吸收有毒气体的生态服务功能。

表4中的各项分值已经考虑了各项环境功能指标的影响权重，可以分别对不同生态系统的17项环境保护功能评分分值进行累计求和，得到各项生态系统服务的总分值。计算得出，文中所需用地类型的生态系统服务价值：林地的生态系统服务价值为169.10，水田为127.56，旱地为113.55，牧草地为121.86，水域为142.56，园地为124.73。

（三）计算各类生态系统的平均生态绿当量

以林地为参考基准，在全年满种的前提下，假定林地的绿当量为1.00。定义公式为

$$X = F_i / F_{林} \qquad (1)$$

式中，X 为第 i 类土地利用类型的生态绿当量；F_i 为第 i 类土地利用类型的生态服务总分值；$F_{林}$ 为林地的生态服务总分值。计算可得林地的生态绿当量为1.00，水田的生态绿当量为0.75，旱地的生态绿当量为0.67，牧草地的生态绿当量为0.72，水域的生态绿当量为0.83，园地的生态绿当量为0.74。上述结果还应该乘以一个全年满种的生长期系数，重庆地区属于1年两熟地区，生长期系数取0.67。上述结果（除水域和林地外）均乘以0.67，得到大渡口区不同土地利用类型最终的生态绿当量，如表5所示。

表 5　各类用地生态绿当量

	土地利用类型	绿当量
具有生态服务价值用地	林地	1
	水田	0.5
	旱地	0.45
	园地	0.49
	牧草地	0.48
	水域	0.83

（四）基于生态绿当量的土地利用结构优化模型

基于生态绿当量，对区域实际数据进行计算，计算得到区域最佳森林覆盖率，并以其作为优化标准，对于现有的土地利用结构进行评价，并结合经济目标、社会目标和生态目标进行综合优化，使三者优化效益最大化，该模型框架如图2所示。

根据土地利用结构优化系统框架，将计算得到的本区域最佳森林覆盖率的生态优化标准与区域实际生态绿当量的数值大小进行比较，衡量区域生态是否达标。因为本区域最佳森林覆盖率的生态优化标准为1，即比较区域实际生态绿当量 X 与1的大小。若区域实际生态绿当量 $X \geq 1$，则区域生态达标；若区域实际生态绿当量 $X<1$，则区域生态不达标，再次反馈，进行土地利用结构调整，优化土地利用结构，使区域生态达标。

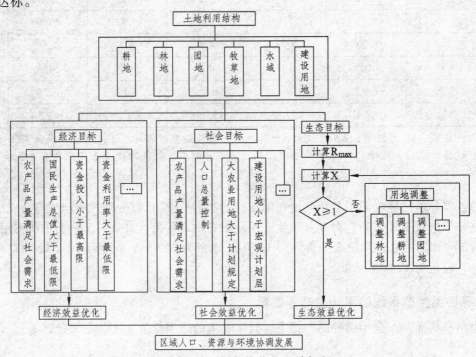

图2　土地利用结构优化系统框架

（五）大渡口区最佳森林覆盖率计算

区域最佳森林覆盖率 R_{max}，计算公式为：

$$R_{max}\% = (P \times S_1)/(W \times S_总) \times 100\% \qquad (2)$$

式中，$S_总$ 为区域土地总面积（hm²）；P 为一年内日最大降水量（t/hm²）；S_1 为区域土地总面积减去城市、工矿、交通、水田面积之后的土地面积（hm²）；W 为森林土壤单位面积饱和蓄水能力（t/hm²）。根据2010—2015年大渡口区的实际情况调查得知，P 为2 000 t/hm²，W 为2 500 t/hm²，$S_总$ 为10 455.1 hm²，S_1 为5 911.9 hm²，由此计算得到大渡口区的最佳森林覆盖率为 $R_{max}=45\%$。

（六）大渡口区实际生态绿当量计算

1. 区域综合绿当量计算

在进行生态优化时，首先要对区域的实际生态绿当量进行计算。设区域土地总面积为 $S_总$，最佳森林覆盖率为 R_{max}，满足最佳森林覆盖率要求的林地面积为 $S_林$，区域实际林地面积为 $S_实$，i 代表用地类型（$i=1$，2，3…），i 类用地的面积为 S_i，绿当量为 g_i，进行生态绿当量的计算，生态绿当量的计算步骤如下：

① 林地的生态绿当量，即为满足最佳森林覆盖率要求的生态绿当量，其数值为1：

$$S_{林} = S_{总} \times R_{max} \quad\quad (3)$$

② 区域实际林地的绿当量：

$$X_{林} = S_{实} / S_{林} \times 100\% \quad\quad (4)$$

③ 区域各用地的绿当量：

$$X_i = S_i \times g_i / S_{林} \times 100\% \quad (i = 1，2，3，4，5) \quad\quad (5)$$

④ 区域全部用地的综合绿当量=区域实际林地的绿当量+区域其他用地的总绿当量（除林地外）

$$(6)$$

2．全区实际绿当量计算

大渡口具有生态服务价值土地利用类型面积及相应生态绿当量计算结果见表6。

表6　大渡口区各类用地生态绿当量

	土地利用类型	面积（公顷）	绿当量	$S_{林}$（公顷）	X_i（%）
具有生态服务价值用地	林地	1 906.66	1	4 729.64	40.31
	水田	1 046.32	0.5	4 729.64	11.06
	旱地	1 290.68	0.45	4 729.64	12.28
	园地	994.25	0.49	4 729.64	10.30
	牧草地	0	0.48	4 729.64	0
	水域	1 078.53	0.83	4 729.64	18.93

由表6可得：大渡口区全部用地的实际生态绿当量为0.93，全区域总体生态不达标。

3．分区实际绿当量计算

结合大渡口区产业及社会经济发展方向和目标，大渡口区土地利用总体规划中表明：北部和东部地区属主城区，区域内主要为建设用地，该区域应重点节约、集约用地，挖掘建设用地内部潜力，提高土地利用率；中部和南部地区属综合发展区，该区域应在保护耕地的前提下，重点保障工矿用地和大型仓储用地；西部则重点保护天然林和各种林地、园地等，积极推进土地复垦，稳固生态屏障。因此，本文将大渡口区大致划分为城镇工矿仓储聚集区和农业发展与生态环境保护区两个区，并根据ARCGIS提取的各土地利用类型面积，分区计算绿当量。

① 城镇工矿仓储聚集区绿当量计算：

$$S_{总} = 5\ 966.06\ hm^2$$
$$R_{max} = 21.64\%$$
$$S_{林} = 1\ 291.06\ hm^2$$
$$X_{林} = 0.23$$

最终城镇工矿仓储聚集区的绿当量 X=0.83。

② 农业发展与生态环境保护区绿当量计算：

$$S_{总} = 4\ 489.06\ hm^2$$
$$R_{max} = 42.40\%$$
$$S_{林} = 1\ 903.29\ hm^2$$
$$X_{林} = 0.67$$

最终农业发展与生态环境保护区绿当量 X=1.09。

（七）土地利用结构评价及其调整优化方案

因为大渡口区全部用地的实际生态绿当量为 0.93<1，说明目前大渡口区的整体土地利用方式不利于该区域的生态安全。同时根据分区绿当量的计算结果可以得出，城镇工矿仓储聚集区的生态绿当量小于1，区域内生态用地分布过少，生态环境较差，导致生态安全状况堪忧，需针对该区域进行相应的用地调整；农业发展与生态环境保护区的生态绿当量大于1，生态虽相对较为安全，但仍处于较为边缘的地带，需要进行改善。同时基于《大渡口区土地利用总体规划（2006—2020年）》，以及大渡口区的都市核心圈地位，总体就建设用地内部结构优化和农业地调整两个大方向，进行土地利用结构调整，并制作优化后各类用地面积变化表，如表7所示。

（1）节约、集约利用城市建设用地，加快大渡口区内老旧小区和城中村的改造进程，减少土地浪费现象。并通过增加大渡口区城市绿地种植的树木种类，丰富城市绿化结构，增加居住区绿化率和完善道路绿化带，提高城市公共绿地面积比例，从而增加城市内部绿地面积，提高建成区内部生态环境质量，共增加的绿地面积为10公顷。

（2）在保障粮食安全和不突破大渡口区的耕地目标值的前提下，按照耕地质量高低，对坡度较大或土质较差的耕地实行优先退耕，共实现退耕218公顷，并根据实际情况，对区域内条件较好的废弃地进行复垦，提高土地利用效率，共实现复垦增加耕地面积253公顷。

（3）适应大渡口区发展畜牧养殖业的产业规划，满足城市发展需求，在整体规划的条件下，在中、南部地区适量发展牧草地，共增加牧草地面积40公顷。

（4）出于现状与目标值差距较大的考虑，以大渡口区内现有的已治理水库（红领巾、陈家郭、口袋沟、翠湖）为基础，结合实际情况和城市规划进行城市湿地公园的修建，在提高城市生态效益的同时，为城市居民提供一个极好的休闲场所和亲水景观。

（5）以大渡口区内现有的生态廊道为基础，设置并完善区内沿江生态隔离带、道路绿化带、高压线生态绿色廊道等，并根据各区域绿地的连接原则，使区域内的道路生态廊道、生态隔离带、河流生态廊道、高压线廊道等形成一个整体的网络状生态系统。

（6）以大渡口区已有的大渡口义渡公园、大渡口森林公园以及大大小小的城市公园为基础，对区内现有城市公园绿地进行改建和扩建，并结合区内老旧小区和城中村改造、工厂搬迁、大型公建的开发建设等，开辟新的公园绿地，增加公园林地面积，丰富种植树木种类，完善城市生态绿地建设，改善城市生态环境，共增加林地296公顷。

表7　优化后各类用地面积变化表

	土地利用类型	优化前面积（公顷）	增加面积（公顷）	优化后面积（公顷）
具有生态服务价值用地	林地	1 906.66	306	2 212.66
	水田	1 046.32	0	1 046.32
	旱地	1 290.68	35	1 325.68
	园地	994.25	0	994.25
	牧草地	0	40	40
	水域	1 078.53	0	1 078.53

（八）优化后各类用地生态绿当量计算

对土地利用结构优化后的各类用地再次进行生态绿当量计算，检验土地利用结构优化后，生态是否达标，优化后各类用地生态绿当量见表8。

表8　优化后各类用地生态绿当量

具有生态服务价值用地	土地利用类型	面积（公顷）	绿当量	$S_{林}$（公顷）	X_i（%）
	林地	2 212.66	1	4 729.64	46.78
	水田	1 046.32	0.5	4 730.64	11.06
	旱地	1 325.68	0.45	4 731.64	12.61
	园地	994.25	0.49	4 732.64	10.3
	牧草地	40	0.48	4 733.64	0.41
	水域	1 078.53	0.83	4 734.64	18.93

　　优化后，大渡口区全部用地的实际生态绿当量为1.001，所得数据大于1，说明区域生态达标，生态得到优化，优化后的土地利用结构有利于区域生态安全。

五、结论

　　本文在土地利用现状调研的基础上，进行土地利用结构调整，优化土地利用结构，使区域生态得到优化。引入生态绿当量的概念，通过最佳森林覆盖率的计算，确定区域结构优化标准，基于生态用地利用的现状数据，运用生态绿当量模型，对各类用地的生态服务价值进行定量研究，通过区域综合实际生态绿当量与理想生态绿当量之间数据大小的比较，判断该区域是否满足生态标准。不满足生态标准的，通过各类用地面积的增减，进行土地利用结构优化，使调整后的区域综合生态绿当量满足优化标准，区域生态安全达标，同时也为科学制定土地利用总体规划和城市规划提高参考和依据。

参考文献

[1]　董雅文，周雯，周岚，周惠. 城市化地区生态防护研究——以江苏省南京市为例[J]. 城市研究，1999（2）：6-10.

[2]　张红旗，王立新，贾宝全. 西北干旱区生态用地概念及其功能分类研究[J]. 中国生态农业学报，2004，12（2）：5-8.

[3]　唐运平，张征云，孙贻超，温娟，姚立英，李月. 天津市生态用地需求预测与布局规划[J]. 中国科技成果，2008（11）：4-11.

[4]　柏益尧，李海莉，程志光，左玉辉. 生态用地与"三地平衡"[J]. 环境污染与防治：网络版，2004（4）.

[5]　唐双娥，郑太福. 论我国生态林地和生态草地保护的立法完善——兼谈生态用地的法律保护[J]. 求索，2006（11）：84-86.

[6]　李锋，叶亚平，宋博文，王如松. 城市生态用地的空间结构及其生态系统服务动态演变——以常州市为例[J]. 生态学报，2011，31（19）：5623-5631.

[7]　邓红兵，陈春娣，刘昕，吴钢. 区域生态用地的概念及分类[J]. 生态学报，2009，29（3）：1519-1524.

[8]　余德贵，吴群. 基于碳排放约束的土地利用结构优化模型研究及其应用[J].长江流域资源与环境，2011，20（8）：911-917.

[9]　刘艳芳，明冬萍，杨建宇. 基于生态绿当量的土地利用结构优化[J].武汉大学学报：信息科学版，2002，27（5）：493-498.

[10]　肖强，肖洋，欧阳志云，等. 重庆市森林生态系统服务功能价值评估[J]. 生态学报，2009（7）：410-413.

[11]　赵丹，李锋，王如松. 基于生态绿当量的城市土地利用结构优化——以宁国市为例[J]. 生态学报，2011，31（20）：6242-6250.

[12] 张扬，严金明，石义. 新型城镇化背景下的国土生态文明战略框架设计研究[C]. 新型城镇化与土地资源管理创新——2013年中国土地科学论坛论文集，2013（11）：447-454.

[13] 宫渊波，张健，陈林武. 四川盆地低山丘陵区县级最佳防护效益森林覆盖率定量研究[J]. 四川农业大学学报，1996（2）：231-236.

[14] 魏中龙，廖和平. 基于生态绿当量的土地利用结构优化——以重庆市渝北区为例[J]. 中国土地资源开发整治与新型城镇化建设研究，2015-7-25.

[15] 肖强. 基于生态绿当量的重庆市永川区土地利用结构优化研究[J]. 西南师范大学学报：自然科学版，2013，38（8）：46-49.

[16] 贺存定，李国洪，朱靖远，魏光飚，黄万波. 重庆大渡口区旧石器地点调查简报[N]. 长江文明，2014-03-31.

[17] 李晓渝. 基于GIS的城市森林生态效益与城市宜居性的相关研究[D]. 重庆：西南大学，2010.

[18] 李建龙，师学义，祝宇成. 基于生态绿当量的土地利用结构优化——以晋城市城区为例[J]. 江苏农业科学，2015，43（5）：371-374.

[19] 李彬，边静. 基于生态绿当量的重庆市涪陵区土地利用结构优化研究[J]. 海南师范大学学报：自然科学版，2012，25（2）：212-215.

[20] 罗志军，张军. 生态绿当量及其在土地利用结构优化中的应用——以江西省新建县为例[J]. 江西农业大学学报，2007，29（5）：851-856.

[21] 张程程，何多兴，杨庆媛. 基于生态绿当量的三峡库区土地利用结构优化研究——以重庆市云阳县为例[J]. 西南农业大学学报：社会科学版，2012，10（8）：5-9.

对武隆仙女山旅游景区外部环境管理的探讨

李爽 蔡佳

随着人民生活水平的不断提高，人们开始追求更高的生活品质，旅行就成为了人们获得精神满足、放松身心的一种重要休闲方式，从而使旅游业得到了快速发展。旅游业发展前期，人们一直以"无烟产业""朝阳产业"对其美称，因而，国家高度重视其发展[1]。近年来，重庆旅游业实现跨越式的发展，在第三产业中，是最具有活力和前景的新兴产业。仙女山旅游越来越热，受到了来自世界各地游客的青睐，旅游环境问题也开始突显。仙女山作为以自然资源为基础的旅游风景区，在旅游景区的发展中，环境质量颇为重要。因此，必须保护景区旅游环境，使得整个旅游景区持续、健康、绿色发展。本文主要以武隆仙女山旅游景区为研究对象，针对该景区外部环境管理进行探讨。

一、旅游景区外部环境管理相关概念及内容

（一）旅游景区外部环境管理的相关概念

1. 旅游环境管理

所谓旅游环境管理，是指运用法律、经济、行政、规划、科技、教育等手段，对一切可能损害旅游环境的行为和活动施加影响，协调旅游发展同环境保护之间的关系，处理国民经济中与旅游相关的各部门、社会集团、企事业单位及个人涉及环境问题的相互关系，使旅游发展既满足游客的需求，又保护旅游资源，防治环境污染和破坏，实现经济效益、社会效益和环境效益的有机统一[2]。

2. 外部旅游环境

外部旅游环境主要指旅游目的地和旅游依托地是否有便利的交通，舒适的旅游基础设施，良好的旅

游市场秩序，以及满足各类游客要求的特定的环境条件等一系列能影响游客体验的环境因素[3]。

（二）旅游景区外部环境管理的内容

1. 旅游景区基础设施

旅游基础设施是指为适应游客在旅行游览中的需要而建设的各项物质设施的总称[4]。第一，旅游景区交通设施进行创新设计，为游客提供方便、快捷、舒适的交通；第二，旅游景区不能盲目引进西方建筑风格，建筑需与当地原有建筑风格、景观风格匹配；第三，各类型酒店、民宿、农家乐布局要合理化；第四，旅游地的美食推荐，当地风味必不可少；第五，其他基础设施配套建设，如医疗设施、排污设施、通信设施、水电气热设施以及金融机构等必须紧跟旅游景区快速发展的步伐。

2. 旅游景区市场秩序规范化

旅游市场从经济学角度讲，它是旅游产品供求双方交换关系的总和。管理部门对于旅游景区内市场参与者出现的超范围经营、低价竞争、虚假广告、无证导游、出售假货、乱收费现象进行有效管理。要求他们用长远的发展目光，防止不正当竞争行为，明确自身经营范围，发布旅游景区真实且有价值的信息，提供诚信服务，创造一个合法合理、公正有序的旅游市场环境。

3. 旅游产品开发和营销

旅游产品是旅游经营者凭借一定的旅游资源和旅游设施向游客提供的满足其旅游过程中综合需求的服务。自然风景区在观光型产品的基础上，因地制宜，着力推出适合本地旅游发展的探险型、休闲型、养生型产品。发展乡村旅游还能给景区居民带来效益[5]；对于旅游食品和旅游纪念品，景区以"创新包装、保证质量、丰富内涵、力推特产"为中心，进行旅游产品开发。在旅游产品营销过程中，把全面性、引导性的信息传递给游客，使游客能够在一个透明度最大化的旅游环境中进行旅游活动。充分利用现代科技，开辟新的营销渠道，关注网络时代下游客的生活方式，进行现代化网络营销，实现旅游景区营销途径和方式的合法化、规范化、智能化和信息化。

二、仙女山旅游景区外部环境管理的现状

（一）仙女山旅游景区概况

仙女山旅游景区位于重庆市东南部的武隆区内，地处大娄山与武陵山的交错地带，海拔 2 033 米。武隆在渝属于区域一小时经济圈，是重庆辐射渝东南和黔东北的交通枢纽，武隆区境内交通形成了"四横四纵一网"格局[6]，水路、陆路交通便捷。武隆仙女山机场计划将在 2018 年建成，2019 年通航，实现整个景区陆、海、空交通全面配套。景区拥有森林 33 万余亩，天然草原 10 万余亩，夏季平均气温 22 ℃，具有"山城夏宫"之称。景区以其江南旖旎独特的高山草原被誉为"南国第一牧原"；以南国罕见的林海雪原被冠名为"东方瑞士"。林海、奇峰、草场、雪原称为仙女山景色的"四绝"。

（二）仙女山旅游景区外部环境管理的现状

1. 基础数据分析

2016 年，武隆接待游客 2 450 万人次，旅游综合收入 75 亿元，增长 13.4%，以旅游为主导的服务业对经济增长贡献率达 44.2%，全区近 3 万户农户、7 万农民靠旅游吃饭，旅游已经逐步成长为武隆经济的富民产业和支柱产业[7]。仙女山作为武隆著名的旅游景点，是游客必去的地方，游客接待数量庞大，旅游促进经济发展，冬夏两季为旅游旺季。

2. 仙女山旅游景区基础设施现状

2016 年，仙女山旅游景区投入 5.7 亿元进行旅游基础设施建设，完善基础配套设施[8]。重庆主城区到武隆可以选择火车、汽车、自驾以及轮船的出游方式，武隆火车站现已通往国内多个省市，并且在 2019 年仙女山机场将投入使用，加上在规划中的渝怀高铁，极力打造旅游立体交通体系。仙女山旅游景区拥有农家乐、家庭式宾馆、星级酒店、经济酒店、商务酒店，为游客提供舒适的住宿。旅游美食也繁多，

芙蓉江野鱼、武隆苎麻、羊角牌豆干等。建筑风格引入了许多"异国"元素，欧洲法式建筑群体展示了别样的异域风情。通信设施、垃圾处理系统、医疗养生 SPA 设施、赛马场、各类球场地等休闲健身设施初具规模。

3. 仙女山旅游景区市场秩序现状

在仙女山旅游管理部门带头下，推动旅游景区市场全域健康发展。发展"十小"涉旅微企共 5 621 家，整个景区旅游市场参与者众多，旅游经营范围广阔，各旅游市场参与者相互竞争，不断推动市场前进[6]。政府坚持旅游景区市场运作方式，制定优惠政策，降低进入门槛，强力招商引资，强势推进旅游要素市场培育，促进了旅游六大要素的不断完善，整个市场运行正常。

4. 旅游景区产品开发及营销现状

仙女山作为自然型旅游风景区，景区的主打旅游产品为观光型，逐步开始推出趣味性与参与感并存的旅游产品。发展乡村旅游，引导发展主题农家乐、特色民宿、蔬菜示范基地、瓜果采摘等乡村旅游项目。旅游食品企业以注册商标的形式，生产旅游产品、养生食品。旅游纪念品开发开始起步。景区创立集体营销模式，逐步加强事件营销，做大型节庆会展、越野车比赛、山地自行车比赛、冰雪童话节、国际露营音乐节、风筝节、啤酒节等旅游主题活动，吸引游客前往。另外，建设旅游网站、制作媒体视频宣传片、建立微信公众号等网络营销方式一起实施，实行强势营销。

三、仙女山旅游景区外部环境管理存在的问题

（一）旅游基础设施不够完善及规划设计存在缺陷

旅游交通的"舒适、快速、顺畅"的要求还未达到最高标准[7]。景区交通网不健全，路指示系统不完善，在一些道路口没有指示牌，景区外围停车场数量有限。市政工程设施与旅游景区特点、整体环境存在不融合成分。对旅游地产商管控不够，建筑风格、建筑材料垃圾处理不符合景区发展要求，特色文化的标志性街区不明显。旅游景区内没有建成完整的商业购物街区。支付方式不够快捷，新兴的支付方式还未全面植入购物活动中。作为国家级旅游度假区，在网络技术快速发展的背景下，旅游景区无线网络尚未覆盖，通信设施不完善。另外，在手机大量普及的今天，旅游景区沿途未设置充电插座，作为旅游服务亮点。

（二）旅游市场秩序存在问题，非法经营活动屡禁不止

仙女山旅游景区市场经营主体有旅游企业、个体经营、中间商、小商小贩等，他们市场信用缺失，短期销售行为严重，存在恶性竞争，道德缺失，只顾自身盈利，不守承诺，欺骗游客，经营范围超过工商局的规定，偷税漏税，发布不真实的旅游信息，隐瞒游客，生产质量较低的旅游产品[8]。景区内存在旅游企业为了吸引更多游客购买旅游产品，用虚假、华而不实的广告进行宣传，误导游客购买产品。黑心导游、非法运营车辆、超范围经营的旅行社等非法经营活动在景区存在，虽有管控，但是屡禁不止。我国于 2013 年 4 月 25 日颁布综合性《中华人民共和国旅游法》，对导游人员、旅行社等进行了系统的规范。

（三）旅游产品开发不足，营销渠道拓展乏力

仙女山旅游景区以观光旅游产品为主，对于休闲、探险、养生旅游产品的开发还不健全，未能充分体现当地旅游资源优势，对于乡村旅游、探险科考旅游以及养生旅游开发力度不够。旅游食品、旅游纪念品未能充分体现景区风俗习惯。旅游产品生产未进行深层次设计，增加旅游产品的附加值，未体现当地风俗、巴渝文化底蕴。高素质的产品设计人才缺乏，旅游产品设计缺乏专业性。市场调研环节薄弱，旅游产品同质化严峻，且开发资金投入不足，从而造成旅游产品不适应市场长远运行。

互联网+、大数据、电商平台等网络营销方式还未完全体现，现代信息传播媒体的合作还应进一步加强，形成完善的网络营销体系。例如，与新浪合作，推出微博话题营销，扩大事件营销影响力；专业

化、全方位的网络视频制作；搭建景区二维码购票、检票系统。旅游市场经营者对于旅游产品售后服务体系建设没有落实。游客咨询服务平台未形成体系机构，景区对于该类社交平台的建设和维护投入重视不够。

四、解决仙女山旅游景区外部环境管理问题的对策

（一）科学的规划旅游基础设施

细化旅游景区与区中心的交通道路网，道路中增加指示标志，完善交通指示系统，增加旅游班车数量，规划旅游景区的停车场，停车场布局应在景点外围，对于不合理的停车场应该关闭，甚至可以提供一些智能停车场；建设高、中、低档相互配套的旅游住宿设施，景区内包含星级酒店、主题饭店、经济型品牌连锁酒店、特色客栈、农家乐[9]；旅游地产、商业地产开发建设时，严格按照招标要求，对其进行管控，建筑风格要与旅游景区相匹配，造型、色彩要符合当地特色；对于市政设施，充分利用现代科技，进行科学合理规划，从视觉上体现整个市政设施的创意；建设特色的商业购物街区，商家店铺装潢设计有特色，布局合理。实现旅游景区网络覆盖，让游客通过朋友圈、微博的形式来帮助景区宣传。微信支付、支付宝、QQ 钱包等支付方式能够应用到景区售票、餐饮服务、住宿服务等中去。增加一些人性化的基础设施，如手机充电插座，提供安卓、苹果数据线，尽可能提供细节服务。

（二）不断完善相关法律法规和健全管理体制

在《中华人民共和国旅游法》的基础上，地方立法机构颁布适合本地旅游景区发展的地方性法律法规，规范旅游市场经营主体，用法律强制手段对其虚假经营采取处罚，追究责任，不断改正其诚信缺失问题。严格执行《中华人民共和国旅游法》中对导游的规定，培育一批高素质、专业化、合法化的导游队伍，可以通过聘请高校教授进行授课，也可以和其他景区合作，成立导游交流协会，提高导游服务品质。鼓励大学生考取导游人员从业资格证，提高整个导游队伍的文化水平，注入新生的从业人员，给整个导游队伍带来正能量。

政府要不断健全旅游景区行政管理体制，各层次管理部门要加强旅游市场监管，有专门的市场调查专员，从专业的角度，进行市场调研和监督，并且鼓励群众举报，并采取奖励制度；注重提拔和录用专业管理人才，与一些知名高校合作，有目的地培养管理人才，增加管理团队的知识文化水平，让经营理念随着景区发展不断创新，多给高校毕业生机会，制定培养方案，指定导师，定期考核，让整个管理团队专业化，让知识带动管理，使旅游景区外部环境管理能够符合现代科学管理制度的要求。

（三）创新和丰富旅游产品，营销融入网络科学技术

深入分析现有旅游产品，融入当地民俗风情，增加旅游产品的附加值，让旅游纪念品能够深入人心，激起游客的消费欲望[10]；结合本地成熟的观光型旅游产品，推出探险、休闲、养生、科考等旅游产品，定期举办各类主题旅游活动；聚焦乡村旅游产品，重点打造能够体现当地农村特色文化的乡村旅游。旅游产品设计方面，聘请专业人士进行创新设计。发展旅游业，获得经济收入的同时，建立反哺机制，深入进行市场调研工作，使旅游产品能够深入人心，让游客获得满意的旅游体验[11]。

应用"互联网+"、大数据、电商平台发布旅游信息，建设网络化的信息平台[12]。在不断进行景区提升和完善的同时，整合营销，采取适应全域旅游时代的"景区+"营销模式，形成"景区+酒店""景区+酒店+X"的营销模式，网络营销模式必须规范化。旅游官网、微信公众号、各大旅游宣传 APP 要明确旅游景区品牌和形象，加强与旅游网站合作，注重微博话题营销、朋友圈分享点赞营销等方式，推出景区二维码购票、检票系统，普及微信支付、支付宝、QQ 钱包等快捷支付方式。由管理部门牵头，带动旅游市场参与者建设售后服务体系，开展游客满意度调查工作，及时发现景区存在的问题，提升整个旅游景区的服务品质。

五、结　语

　　武隆旅游业近年来发展迅速，仙女山旅游景区成为了游客一年四季出游的首选地。旅游快速发展过程中，环境问题层出不穷，景区必须从实际出发，找出问题存在的根本，解决问题，并且制定一套保障措施，促使旅游景区能够长远发展。对于环境问题，要进行时刻剖析，重抓外部环境，给游客提供一个舒适健康的外部旅游环境。在景区今后的发展过程中，全力实施"基础设施、旅游景区品质、行业管理、品牌营销、旅游业态"提升工程，切实做好旅游基础设施完善提升、旅游市场秩序规范有序、旅游产品丰富创新、旅游营销渠道全面等各项工作。加强外部环境管理，促使仙女山旅游景区可持续发展，实现经济效益、社会效益和生态效益的有机统一。

参考文献

[1] 伍向阳. 城市旅游环境竞争力评价研究：以广州为例[D]. 北京：中国科学院，2007：12-13.
[2] 林越英. 浅论旅游环境管理[J]. 北京第二外国语学院学报，1999（04）.
[3] 冯海燕. 旅游景区环境管理初探[J]. 乐山师范学院学报，2005（10）.
[4] 王慧英. 基于管理与环境视角的中国旅游效率研究[J]. 旅游科学，2014（10）.
[5] 陈巍. 发达国家农村旅游环境管理[J]. 世界农业，2012（11）.
[6] 何平. 各地聚焦"两会"与旅游[N]. 旅游青网，2017（3）.
[7] 艾珍梅. 生态旅游景区管理存在的问题及解决措施[J]. 福建质量管理，2015（10）.
[8] 韩品. 我国旅游市场营销现状及对策研究[J]. 商情，2011（14）.
[9] 蒋炳炎. 持续强化环境整治，助推转型升级发展[J]. 衡阳通信，2016（03）.
[10] 李慧敏. 恒山景区环境管理策略研究[J]. 旅游纵览（下半月），2015（05）.
[11] 苏宁. 如何加强旅游环境管理，实现经济与自然环境的和谐发展[J]. 旅游纵览（下半月），2016（09）.
[12] 刘化雨. 信息化旅游管理创新研究[J]. 产业与科技论坛，2016（09）.

基于格兰杰检验的重庆市商品住宅价格与地价关系研究

蒋旻倩　王兆林

一、引　言

　　近十几年来我国房价一直保持着不同程度的增长，住房问题也成为当今社会关注的热点，而早在2009年，当时重庆市的市长黄奇帆便提出了"重庆将在未来成为长江上游的经济中心、金融中心和贸易中心，进而建成内陆开放高地，但要保证一个正常就业的普通家庭，六年半的家庭收入可买得起一套中低档商品房"的房地产目标。其中的商品房价格和地价的因果关系早已是争论的焦点。对于二者的关系存在着四种观点：地价决定房价；房价决定地价；房价和地价是相互决定的，不存在明确的主次关系；房价和地价之间没有明显的直接因果导向关系。以上四种观点的争论不断，没有定论。所以在理论的基础上通过定量的方法研究商品房价格和地价之间的关系，除了能科学地认识和理解社会不稳定的商品房价格，更重要的是能使政府对房地产市场的宏观调控起有效的促进作用，并对房地产的健康发展具有决定意义。

二、研究方法

本文将利用计量经济学中 Granger 因果检验方法，来定量分析商品住宅价格与地价的因果关系。Granger 因果检验是用于检验两个变量之间因果关系的一种常用方法，于 1969 年由 J.Granger 提出，70 年代中 Hendry 和 Richard 等加以发展。其主要步骤分为：定义、检验模型、F 检验等。然而要进行 Granger 因果检验还需要对两组时间序列进行平稳性的 ADF 检验，若平稳可直接使用 Granger 因果检验，倘若不平稳而差分同阶则可进行协整检验，若两组数据存在协整则可进一步通过建立误差修正模型来进行 Granger 因果检验。

三、基于误差修正模型的房价和地价的 Granger 因果关系分析

（一）数据来源和数据处理

本文选取重庆市的商品房销售价格和土地成交均价。数据来源于重庆市统计年鉴和国泰安，样本区间为 2004 年 1 月到 2015 年 12 月，共 144 个月。由于数据均为实际价格数据，在进行数据分析以前，先假定 2004 年 1 月的商品房销售价格和土地成交均价为基数 100，以便更好地反映价格的变动。

（二）数据的平稳性检验

由于 Granger 因果检验的前提条件是检验的序列是平稳的。若为非平稳序列，直接进行因果检验会造成伪回归。所以在进行格兰杰因果检验前，要对时间序列进行平稳性检验。本文将使用 Eviews8.0 对 MHP 和 MLP 两组时间序列进行分析。由图 1 可知，时间序列 MHP 含有常数项和时间趋势项。由图 2 可知，时间序列 MLP 不含有常数项和时间趋势项。

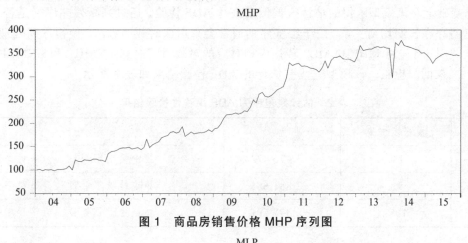

图 1　商品房销售价格 MHP 序列图

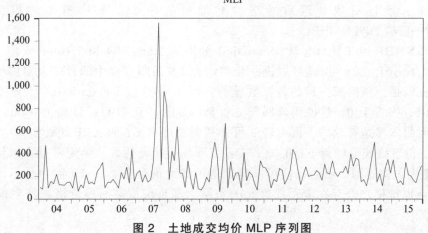

图 2　土地成交均价 MLP 序列图

表1 商品房价格和地价 ADF 单位根检验表

检验序列	ADF 检验统计值	概率值	显著性水平下的临界值			平稳性判断
			1%	5%	10%	
MHP	−0.583 512	0.978 2	−4.023 975	−3.441 777	−3.145 474	不平稳
MHP	−17.379 51	0.000 0	−4.023 975	−3.441 777	−3.145 474	平稳
ΔMHP	−9.545 935	0.000 0	−4.026 429	−3.442 955	−3.146 165	平稳
MHP	−0.049 341	0.664 7	−2.581 705	−1.943 140	−1.615 189	不平稳
Δ^2MLP	−9.817 834	0.000 0	−2.581 705	−1.943 140	−1.615 189	平稳
MLP	−9.915 686	0.000 0	−2.582 204	−1.943 210	−1.615 145	平稳

注：表中Δ表示一阶差分，Δ^2表示二阶差分。

表1为运用 ADF 单位根检验方法对重庆市商品房销售价格 MHP 和土地成交均价 MLP 的平稳性检验结果。结果显示，MHP 和 MLP 的 ADF 检验统计值的结果均大于其临界值，因此，我们可以得出 MHP 和 MLP 均为非平稳数列，但是一阶差分和二阶差分后的序列均小于其 ADF 检验统计值，因而我们可以得出非平稳序列 MHP 和 MLP 均为一阶单整序列。

（三）协整检验

本文采用 E-G 两步法进行协整检验。E-G 两步法首先是采用最小二乘回归即 OLS 对房价和地价进行估计，再在此基础上对该模型求得的估计残差值又进行 ADF 检验，通过判断残差序列是否平稳，来确定房价和地价是否存在长期均衡关系。由于经济序列通常会采用取对数的方法，使得序列处理起来更方便，所以做协整检验时，首先将 MHP 和 MLP 转化为相对应的对数时间序列 LNMHP 和 LNMLP，再进行 E-G 两步法，最小二乘回归检验，该模型下残差估计的 ADF 检验结果如表2所示。

表2 估计残差序列 ADF 平稳性检验结果

T 统计量	显著性水平	临界值	结论
	1%	−3.476 472	拒绝接受零假设，为平稳序列
−9.806 306	5%	−2.881 685	拒绝接受零假设，为平稳序列
	10%	−2.577 591	拒绝接受零假设，为平稳序列

由表2可知，经过对数处理后的房价和地价的最小二乘法模型的拟合方程如下：LNMLP=3.896 148+0.267 208LNMHP。

常数项 C 和 LNMHP 的 T 统计量（t-Statistic）分别为 2.666 709 和 7.180 696 均大于2，而其对应的概率 p 的值也均小于 0.05，由此可以进一步得出此 LS 回归方程中的自变量对因变量 LNMLP 的解释力度较强，也就是指该回归方程的各系数显著。而 F 统计量（F-statistic）大于2，其对应的概率值也远小于 0.05，接近于0，这说明该回归方程整体显著。且 DW 统计量为 1.608 725，接近2，所以可以确定该回归方程是有效的。再由表3可知残差原序列 ET 的 ADF 统计量为 −9.806 3 06，该值小于其临界值，得出该残差序列 ET 在三个临界值下均拒绝原假设，接受不存在单位根的假设，故可知残差数列 ET 为平稳序列。从而我们可以判定房价和地价存在（1，1）阶协整，且由回归方程可知商品房价格和土地价格之间存在着正线性相关关系，即重庆市商品房价格和住宅地价之间存在着长期均衡的关系。

（四）建立基于修正误差模型的 Granger 因果检验

协整检验的结果只能说明重庆市商品房价格和地价之间存在均衡关系，但是对于房价和地价之间是否存在因果关系，且二者之间的因果导向问题，还需要进行进一步的格兰杰因果检验。如果检验的结果为存在协整关系的非平稳数据，那么采用传统的 VAR 模型做 Granger 因果检验可能会出现错误的推论，无法正确判断出两变量之间的因果关系。因此在此种情况下，一般采用 VAR 的特殊情况 VEC。一般认为 VEC 模型是含有协整约束的 VAR 模型，多应用于具有协整关系的非平稳时间系列建模，即存在约束条件基于误差修正模型框架下进行长短期的 Granger 因果检验。

误差修正模型应用于原序列为非平整的序列，对于两变量的一阶差分项误差修正模型，我们可以使用这两变量 $DMLP$、$DMHP$ 以及在之前的协整检验中得到的残差序列一阶滞后项即误差修正项 $ET(-1)$ 进行 OLS 回归模型建立，ECM 模型从一定程度上来说也是指一种特殊的回归分析方程。因而可建立以下两个误差修正模型：

$$DMLP_t = \alpha_0 + \alpha_1 DMHP_t + \gamma et_{t-1} + \varepsilon_t$$
$$DMHP_t = \beta_0 + \beta_1 DMLP_t + \delta et_{t-1} + \omega_t$$

在此模型中，变量的系数反映的是短期波动，误差修正项 $ET(-1)$ 系数反映的是短期内对偏离长期均衡的调整力度。利用 Eviews8.0 进行三个变量的 LS 回归分析，通过该模型的计算结果如表 3 所示。

表 3　地价的误差修正模型估计结果

变量	系数	系数标准差	T 统计量	双侧概率（P 值）
C	− 88.193 61	321.414 9	− 0.274 392	0.784 2
$DMHP$	1.374 120	1.319 833	1.041 131	0.299 6
$ET(-1)$	− 1.320 643	1.316 047	− 1.003 493	0.317 4

由表 3 可知，常数项的 t-Statistic 小于 2 且其概率远远大于 0.05，因而我们可以由此得出，在重庆市商品房价格对地价的误差修正模型中，常数项对该回归方程的显著性是拒绝的，因而可以判断在房价对地价的误差修正模型中常数项对其影响是很小的，所以我们重新进行了误差修正，去掉常数项，得到表 4 的结果。

表 4　地价的误差修正模型估计结果

变量	系数	系数标准差	T 统计量	双侧概率（P 值）
$DMHP$	1.012 364	0.061 440	16.477 23	0.000 0
$ET(-1)$	− 0.962 510	0.168 146	− 5.724 237	0.000 0

因此，可得出本文构建的误差修正模型为：

$$DMHP = 0.005\ 591DMLP + 0.989\ 721ET(-1) + 241.885\ 3$$
$$DMLP = 1.012\ 364DMHP - 0.962\ 510ET(-1)$$

接下来我们可以进一步在基于修正误差模型 VECM 的检验结果上进行 Granger 短期因果检验。该分析方法检验的是剔除自变量差分滞后项不会降低对因变量差分项的解释能力。也就是说，自变量差分滞后项不是因变量差分滞后项的格兰杰原因，此时指的也就是短期的格兰杰因果。在利用 Eviews8.0 进行误差修正模型分析时，选用 VEC 模型，该模型的滞后期选择依然采取的是 AIC 越小越优原则，最终得到该误差修正模型的滞后期为 5。在得到的 VEC 模型的基础上进行短期 Granger 因果检验，结果如表 5 所示。

表 5　基于 VEC 的短期 Granger 因果检验结果

剔除变量	Chi-sq	滞后期	概率	剔除变量	Chi-sq	滞后期	概率
D（DMLP）	5.759 616	5	0.330 3	D（DMHP）	15.912 78	5	0.007 1
All	5.759 616	5	0.330 3	All	15.912 78	5	0.007 1

注：Chi-sq 解释为卡方统计量，是基于 VEC 格兰杰检验的 Wald 的 χ^2 检验值。

通过表 3 及其得出的误差修正方程分析长期格兰杰因果关系，可得知：

重庆市地价对商品房价格的误差修正模型中差分变量地价的概率为 0.299 6，远大于 0.05，从此我们可以得出该结果表示拒绝重庆市地价对其商品房价格变化影响显著，而且最主要的是残差滞后项 $ET(-1)$ 的系数为 0.989 721，该数为正值。然而对于误差修正模型来说，若要通过模型判断长期格兰杰因果成立，则该模型中的误差修正项系数必须为负且显著。所以对于重庆市的地价对商品房住宅价格的误差修正模型来说，地价并不是商品房价格长期的 Granger 的因。

通过表 4 及其得出的误差修正方程，可以分析得知：

重庆市商品房价格对地价的误差修正模型中差分变量商品房价格的概率为 0，可以得出接受重庆市商品房价格对地价影响显著。而该修正误差模型中的误差修正项 $ET(-1)$ 的系数也为负且显著。所以可以得出重庆市商品房价格和地价之间存在单向 Granger 因果关系。即商品房价格是地价长期的 Granger 的因。

误差修正模型估计方程中的误差修正项 $ET(-1)$（即残差序列的滞后一期）表示因变量在长期均衡下对于短期波动的调整。因而误差修正项 $ET(-1)$ 的系数反映的是本期对上期的偏离长期均衡的调整力度。但是对于修正误差项的系数来说，若为正，则将失去其对偏离长期均衡下短期波动调整的实际意义。若系数为负且显著，则该误差修正项对于偏离长期均衡的短期波动是具有显著调整力度的。从上述的等式中可知，误差修正项 $ET(-1)$ 对重庆市房价短期偏离长期的调整系数为正向 0.989 721，而误差修正项 $ET(-1)$ 对地价短期偏离长期的调整系数为 -0.962 51。也就是说重庆市土地成交价格的变动是受到约束的，而且重庆地价上一期对于长期均衡的短期波动偏离均会在下一期得到一定显著力度的修正。也就是说此重庆市地价的误差修正模型是具有实际意义的。在重庆市商品房价格对地价的长期均衡影响时，重庆市的地价也具有自动进行偏离长期均衡水平修复的能力，自动修正自身偏离长期均衡的短期波动。然而对于重庆市商品房价格，因为房价的修正误差模型中的误差修正项系数为正，所以其地价对商品房价格的误差修正模型中误差修正项 $ET(-1)$ 不具有调整房价趋向长期均衡的力度，该误差修正模型是不具备经济意义的。因而从对误差修正项的分析也可得出，重庆市商品房价格是地价长期 Granger 的因，而地价并不是商品房价格的 Granger 的因。因而对于长期，重庆市只存在商品房价格到地价的单向因果关系。

综合上面通过建立误差修正估计方程的分析，通过得到具体的重庆市商品房价格和地价的估计方程，我们可以得出重庆市的地价和商品房价格的长期因果关系是单向的商品房价格到地价，以及重庆地价具备长期均衡下的短期波动调整力度而商品房价格并不具备短期波动的调整力度。

表 5 中基于 VEC 的短期格兰杰因果检验结果表明：

在 1% 的显著水平下，对于剔除自变量差分滞后项 $D(DMLP)$ 不会降低对因变量差分项 $D(DMLP)$ 的解释是接受的。而同样 1% 的显著水平下，剔除自变量差分滞后项 $D(DMLP)$ 不会降低对因变量差分项 $D(DMLP)$ 的解释则是拒绝的。也就是说 $D(DMLP)$ 不是 $D(DMLP)$ 的短期 Granger 的因，而 $D(DMLP)$ 却是 $D(DMLP)$ 的短期 Granger 的因。所以我们可以得出重庆市房价是地价短期的 Granger 的因。而地价不是房价短期的 Granger 的因的假设是不拒绝的。而且通过上面对房价的误差修正模型中修正误差项系数为正以及地价系数不显著的情况的分析，我们可以得出在短期波动的情况下地价也构不成商品房价格 Granger 的因。

通过上面一系列的分析，重庆市长期短期内房价和地价的 Granger 因果关系结论如下：重庆市的商品房价格和土地成交价格在长期和短期都存在着房价到地价的单向因果关系。即无论长短期，重庆市的商品房价格均是其土地成交价格的 Granger 原因。

四、研究结论

重庆市商品住宅价格和地价虽均为非平稳序列，但二者作为一阶单整序列具有显然的协整关系。也就是说重庆市商品住宅价格和地价之间存在长期均衡的稳定关系。重庆市商品住宅价格对地价存在着非常明显的影响，商品住宅价格对地价的弹性系数为 1.012 364，即房价每变动 1 个单位，地价变动的数值为 1.012 364。而地价对商品住宅价格的弹性系数仅为 0.005 591，这也就表明了重庆房价长期的波动将引起地价同方向较为显著的波动，因此，相对来说地价长期的波动对商品住宅价格的影响可忽略不计。而且根据修正误差模型的建立，对于长期均衡的短期波动来说，重庆地价具备长期均衡下的短期波动调整力度，而商品房价格并不具备短期波动的调整力度。

然而通过在误差修正模型的基础上，根据误差修正滞后项系数的显著性和正负性的分析，得到长期 Granger 因果关系，以及在此基础上通过对差分滞后项进行 Wald 检验均得到短期 Granger 因果检验，可得出的结论是无论长期或短期，重庆市房价和地价之间存在着商品住宅价格到地价的单向 Granger 因果关系。重庆市商品房价格与地价存在一定程度上的正向影响，地价对房价富有弹性，而房价对地价缺乏弹性。

基于精明增长理论的土地利用结构优化研究
——以重庆市南岸区为例

刘 洁　张雨柔

一、导　言

自从重庆市被单独列为直辖市以来，其发展突飞猛进，而作为重庆市第二阶层发展的南岸区，近几年的变化也是日新月异，然而随着城市人口的不断增加，怎样才能利用最少的土地面积带来最大的效益，从而使得单位面积的土地利用效率达到最大化，成为了城市发展中不可避免的一个问题。19 世纪的美国首先提出了精明增长理论，其主旨便是增加城市的内容，减少城市的盲目扩张。

本文将通过灰色多目标模型的建立与其择优处理，将南岸区 2015 年的土地利用状况与 2020 年的土地利用状况进行对比研究，建立约束函数与目标函数，最后通过运用 Win QSB 中的 Goal Programming 模块，也就是灰色多目标动态规划对模型求解，通过在约束域内滑动精明增长约束条件，反复运算，得到优化配置方案，并进行择优。

二、基于精明增长理论的土地利用结构优化研究过程

（一）基于精明增长理论的土地利用结构优化体系构建

精明增长是针对城市化过程中摊大饼式的外延式扩张发展而提出来的，旨在通过土地利用规划、土地利用结构优化配置，引导城市边界的合理扩张，提高土地利用效率，在保护自然生态环境和提高居民生活质量的同时促进地方经济增长。多目标规划模型是建立在多目标规划基础上的求解模型，用于研究

多于一个的目标函数在给定区域上的最优化，针对南岸区土地结构利用最优化配置，本文分别从资源投入、生产过程、产出效益这三个方面入手，研究对象为重庆市南岸区土地利用结构，研究的约束函数为在 2015 年为基年的基础上的有关要素约束，目标函数为最终要达到的经济、社会、生态的最优化，择优结构为在约束函数的限制下，目标函数达到最大化的土地利用结构的最优化配置。

（二）灰色多目标模型的构建

灰色多目标规划模型是在技术系数为可变的灰数，约束值为发展的情况下进行的，具有多目标性、多方案、动态性的特点，可以发挥线形规划和多目标规划各自的优势，充分反映决策者的愿望，给决策者提供期望的最佳土地利用结构优化方案。其一般模型如下：

目标函数为：$f_{\max(\min)}(f_1(x), f_2(x), \cdots f_m(x))^T$ （1）

约束函数为：$\otimes(A)X \leqslant b, X \geqslant 0$ （2）

也就是说，在满足 $\otimes(A)X \leqslant b, X \geqslant 0$ 的前提下，寻求一组或几组 X，使得 $f(x)$ 达到极大值（或极小值）。

（三）方案择优模型构建

土地利用优化方案的选择可通过比较各个方案与相对最佳方案的关联度来进行确定，本文关联度的计算公式如下：

$$\tau_{ij} = \frac{\rho \max\limits_i \max\limits_i |y_{ij} - 1|}{|y_{ij} - 1| + \rho \max\limits_i \max\limits_i |y_{ij} - 1|}$$ （3）

式中，ρ 为分辨系数，$m \times n$ 个 τ_{ij} 就构成多目标灰色关联度判断矩阵 ξ，即 $\xi = (\xi_{i,j})_{m \times n}$。

三、实证研究

（一）重庆市南岸区土地利用现状

南岸区作为重庆都市区，位于重庆市西南部，是以城市为主的都市工业区、中央商务区、国际会展区、风景旅游区。南岸区位于东经 106°，北纬 29°。其东部、南部接巴南区，西濒九龙坡区、渝中区，北临江北区、渝北区。

本文以 2015 年为基年，基年土地利用状况如表 1 所示。

表 1　2015 年土地资源利用结构

一级地类	面积（km）	占总面积比重（%）	二类用地	面积（km²）	占总面积比重（%）
农用地	142.85	53.91%	耕地	50.81	42.60%
			园地	28.00	19.60%
			林地	43.50	30.45%
			牧草地	3.24	2.27%
			其他农用地	7.30	47.93%
建设用地	100.73	38.01%	城乡建设用地	85.31	94.62%
			交通用地及水利设施用地	5.42	5.38%
			水域	13.02	60.78%
未利用地	21.42	8.08%	其他未利用地	8.40	39.22%

（数据来源：南岸区土地利用变更调查）

（二）灰色多目标模型的构建

1．变量的设置

本文根据变量设定的要求和南岸区土地资源利用特点，设置了9个变量，如表2所示。

表2　土地利用变量设置

土地类型		变量名称
农用地	耕地	x_1
	园地	x_2
	林地	x_3
	牧草地	x_4
	其他农用地	x_5
建设用地	城乡建设用地	x_6
	交通用地及水利设施用地	x_7
未利用地	水域	x_8
	其他未利用地	x_9

2．目标函数的确定

课题中多目标规划模型的目标是追求经济、生态、社会三者效益的最大化，为此建立基于三效益的目标函数。目标函数作为最终的效益最大化目标，应该准确地选择能代表其效益的要素。根据各个要素的系数确定得到三目标的相应目标函数：

① 经济效益目标函数： $f_1(x)_{max} = 0.118x_1 + 1.026x_2 + 0.114x_3 + 0.305x_5 + 48.420x_6 + 0.058x_7 + 0.000\,1x_8$

② 生态效益目标函数： $f_x(x)_{max} = 0.5(x_1 + x_2 + x_4 + x_5) + x_3$

③ 社会效益目标函数： $f_3(x)_{max} = x_1 + x_2 + x_3 + x_4 + x_5 + x_6 + x_7 + x_8$

3．约束函数的确定

本课题中的南岸区约束函数是通过结合社会、经济、生态环境和土地政策对土地资源利用的要求来构建的。在理论分析的基础上，经济效益系数通过单位土地面积上产出效益与各类用地的效益相对权益系数的乘积来进行计算；生态效益引入绿当量的概念，将绿当量指标看成是生态效益评价标准；社会效益根据城镇化水平、人均建设用地、人均粮食占有量、人均耕地面积、人均纯收入等来确定，从而确立南岸区土地利用结构优化表达式（见表3）。

表3　南岸区土地利用结构优化约束因素、因子及表达式

约束因素	表达式
土地利用率	$X_9 \leq 4\% \times \sum x_i$（$i=1, 2, \dots 9$），即 $X_9 \leq 9.6 \text{ km}^2$
土地面积约束	$x_1+x_2+x_3+x_4+x_5+x_6+x_7+x_8+x_9 \leq 265$
土地供应能力约束	$\otimes (b_1) \in (4.11,\ 8.4)$
耕地保有量约束	$37.41 \leq x_1 \leq 45.36$
生态环境约束	$43.5 \leq x_3 \leq 43.5+4.30$
园地面积约束	$x_2 \geq 28$
城乡建设用地面积约束	$x_6 \geq 95.31$
交通运输用地及水利设施用地	$x_7 \geq 5.42$
非负约束	$x_i \geq 0,\ i=1, 2, \dots, 9$

（三）模型求解及方案择优

1．模型求解

利用运筹学软件 WINQSB 中的 Goal Programming 模块对上面建立的灰色多目标规划模型进行求解，最终构建出 5 个备选方案（见表 4）。

表 4　南岸区土地资源优化配置备选方案　　　　　　　　　单位：km²

土地类型	方案 1	方案 2	方案 3	方案 4	方案 5
耕地	40.47	43.27	44.75	44.36	43.36
园地	20.07	22.69	25.76	25.76	25.76
林地	50.30	41.30	54.37	44.79	43.70
牧草地	3.24	4.24	3.24	3.24	3.24
其他农用地	11.57	20.76	11.57	8.40	13.75
城乡建设用地	107.2	102.11	96.51	104.77	107.04
交通用地及水利设施用地	8.30	10.78	13.78	9.24	7.57
水域	11.78	7.78	12.95	12.37	8.51
其他未利用地	3.07	3.07	3.07	3.07	3.07

2．方案择优

运用多层次分析法，计算各方案的择优指标值，并对数据进行处理：

① 采用均值化法构建母序列。基于各指标的极性与制高原理，可以建立参考序列 $X(0)$：{1.000 9，1.011 5，1.037 6，1.054 8，1.063 8，1.131 5，1.212 4，1.131 4}

② 根据无量纲化极值化方法，将原始指标数据序列均值化，得到子序列。

③ 计算母序列与子序列的关联系数：$\xi = (\Delta_{min} + \rho \Delta_{max})/(\Delta O_i + \rho \Delta_{max})$，$\rho$ 一般取 0.5，经计算，其中，$\Delta_{min} = 0$，$\Delta_{max} = 0.483\,7$。

根据以上公式，可得各个方案中各个指标的 ξ 值（见表 5）。

表 5　灰色关联系数表

	方案 1	方案 2	方案 3	方案 4	方案 5
C_1	1.000 1	1.000 1	0.994 1	0.993 7	0.993 7
C_2	0.999 9	0.999 9	0.999 9	0.893 9	0.893 9
C_3	0.979 4	0.999 9	0.875 0	0.760 3	0.770 5
C_4	0.999 8	0.833 4	0.545 7	0.909 0	0.999 8
C_5	0.577 0	0.773 3	1.000 1	1.000 1	0.773 3
C_6	0.771 1	0.512 9	0.999 8	0.589 8	0.562 9
C_7	0.689 2	0.333 3	0.999 9	0.818 1	0.368 0
C_8	0.771 9	0.512 9	1.000 1	0.589 6	0.563 3

通过灰色关联度计算公式（$r = \sum \xi / 8$），计算各方案的灰色关联度，得到序列：{0.848 55，0.745 712 5，

0.926 825，0.819 312 5，0.740 675}，比较结果如图1所示。

优化配置方案比较

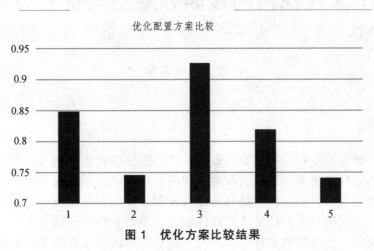

图1　优化方案比较结果

四、结　语

本文在结合南岸区实际情况的基础上，通过对精明增长内涵的剖析，构建了基于精明增长的土地资源优化配置理论框架，并对南岸区的土地资源进行了优化配置研究，结果表明：

① 通过优化方案和规划方案的比较，发现不同理论指导下的土地资源优化配置方案不同。

② 精明增长指导下的土地资源优化配置方案优于常规土地资源优化配置理论指导下的方案。精明增长指导下的土地资源优化配置方案既立足于目前土地资源利用中的问题，又能结合未来社会经济生态协调发展对土地资源配置的要求。常规土地资源优化配置理论指导下的土地资源优化配置方案，一般以各行各业未来发展所需的土地资源为根据进行土地资源优化配置，对目前土地资源利用中存在的问题缺乏考虑，方案虽然能满足经济发展的要求，但有可能使得土地资源利用中存在的问题变得更严重。因此，基于精明增长理论的优化配置研究对土地资源优化配置有着重大作用。

总之，要使得南岸区的各效益达到最大化，需要减少耕地面积，发展园地和林地，建设用地面积不宜继续再开发，应改为对旧城老屋进行重新建设，以提高单位面积的土地利用效率。

参考文献

[1] 刘冰玉. 精明增长理论下顺义新城空间规划策略研究[D]. 北京：北京建筑大学，2016.

[2] 赵芮. "精细化"与"精致化"并重的中国城市的"精明增长"[D]. 长春：东北师范大学，2016.

[3] 张高攀. 国际新城新区建设实践（十）：美国新城——在精明增长理论的影响下[J]. 城市规划通信，2015（10）：17.

[4] 李鑫，欧名豪，刘建生，严思齐. 基于不确定性理论的区域土地利用结构优化[J]. 农业工程学报，2014（04）：176-184.

[5] 向芸芸，蒙吉军. 基于生态效益的武汉城市圈土地利用结构优化[J]. 长江流域资源与环境，2013（10）：1297-1304.

[6] 曹伟，周生路，吴绍华. 城市精明增长与土地利用研究进展[J]. 城市问题，2012（12）：30-36.

[7] 吴宏军，张继红. 运用精明增长理论促进郑州市打造中原经济区核心增长极[J]. 决策探索（下半月），2012（06）：27-28.

基于女性视角的校园开敞空间优化设计
——以重庆工商大学南五学生宿舍前开敞空间为例

胡为为　文茜倩

一、研究背景

长期以来，无论是城市的发展还是景观的设计，其塑造标准都统一化和模版化，容纳一切休闲活动的空间形式彻底抹杀了性别差异，导致女性对空间的特殊需求被深深地掩埋起来。即使以人为本的设计理念被提出来，也通常以男性或中性的视角来看待和处理各种景观设计，产生了更多的景观特征"中性化"和"趋同化"。女性对空间的景观心理体验和心理需求往往不同于男性，而这点却常被忽略掉。因此，基于女性视角、充分尊重女性需求和最大化利用场地现有资源是研究的出发点和落脚点。南五学生宿舍前开敞空间位于重庆工商大学，南北紧邻南三南五，东至南八南九，西挨体育馆篮球场。整体基地被翠湖路包围，方便通往松园食堂及翠湖，用地规模约 1 200 m²。

二、现状资源评价

经过实地调研分析发现了原南五学生宿舍前开敞空间先天性具有的一些优势：一是地理环境优越，基地紧挨南三、南五、南八、南九、松园食堂以及体育馆篮球场，拥有大量的目标人群，且由于南三、南五、南八、南九均为女生宿舍，故主要目标人群为女生；二是地形节奏感强，本案为三阶台面，递增的三个台面是一个天然的三重节奏景观，每一层台面地势平坦，便于设置各种景观小品，也利于栽种各色植物花卉。同时，该空间也存在诸多不足。首先是舒适性不高，冬天冷，夏天蚊虫多，角落阴森昏暗；其次是环境脏乱差，铺装大多已经裂开，石凳上全是灰和青苔，垃圾也随处可见；再次是三阶台阶之间连接性太弱，树木太少，私密性太低；最后是活动空间太少，趣味性不足。该处地形为三个不断拔高的台面。最高台面为三阶台面，标高约 316.75 m。最低台面为一阶台面，标高约为 313.35 m，整体呈三阶递增的台面地形。

三、设计构思

根据目标辐射范围，由于南三、南五、南七、南八宿舍均为女生宿舍，故而目标需求人群主要为女大学生，次要为男大学生，辅之以少量本案周边的工作人员，如宿管阿姨、保卫员、校内快递员、便利店员工等。因此，应强调以女性为主的柔性空间，以尊重女大学生的校园需求为基本。从审美上来讲男性和女性视角不同，男性喜欢宏伟壮观的设计，女性喜欢比较细腻柔美的设计，而女大学生的需求导向就更偏向于柔和、静美，空间的偏好更倾向于清幽、观景。

（一）感性化心理

对于女性而言，她们真正在意的是一些更加细腻柔和的东西，也就是说，女性视角相对于男性视角更加的纤细和柔美细腻。凭借着敏感的触觉、视觉、听觉和比较细腻的感性情感思维，女性更容易体会空间所表达的特质。鉴于此，本案着力营造细节的独到和空气气氛的柔美，把握植物配置中色彩的变化、光线的明暗和材料质感的表现。

（二）舒适性要求

如果把男性和女性做一个对比，大多数女性对空间场所的舒适性要求要比男性高得多，比如需要座椅小憩、亭廊挡雨、植物遮阳、水榭清爽等。在室外可进入的绿地适当地增加一些舒适体贴的休憩设施可以满足年轻女大学生的心理层面需求。而对于过于冰冷的外部空间氛围，极易使女性的心理产生一种压抑感和冷漠感。

（三）精致景观

女性的最大特征是，她们会将自己更多的关注点投放于细部的处理上，用细腻温馨的感官体验、感受空间的尺度范围、花廊的形式与高低、铺装的色彩与花纹、植物的种类规划和色彩配置以及景观小品的材质等把空间与铺装形式以及色彩搭配给协调处理起来，传递出一系列多样性和变化性的空间情感。对于景点的项目设置，通过细腻精致的设计，塑造一种曲径通幽、步移景移、"庭院深深深几许"的意境。

（四）安全性需求

相比男性，女性天生在生理上就存在一定的劣势，她们的生理结构和功能特征促使她们更容易对恐惧、快乐和悲伤产生震惊，并呈现出较差、易疲劳的体力，较复杂的情感神经系统，更细腻的情感表现等。同时，女性在心理上对安全的需求明显高于男性，因此，私密的小尺度空间对女性更有一种微妙的亲和力。

四、总体布局

（一）注重设计空间的功能景观

整个设计空间按照功能需求划分为：运动休闲区、游憩娱乐区、林间静谧区三个功能大区，分别对应本案台面型空间中的三个依次递增的三阶台面空间，同时细化为私密休憩区、叠泉观景区、遮阳赏玩区、散步眺望区、公共活动区、运动健身区六个小区，并采用四重景观结构相叠加的主体构架，即"十"字轴线、"三环一轴三结点"景观系统、原有树木优化结构、层层渗透的绿色网格系统。

（二）强调竖向及穿越路径的合理性

在场地竖向设计方面，合理确定本案空间的平整方式和建筑物、构筑物、道路等的平整标高，并与本案场地、道路、水渠等的标高相衔接。根据地形地貌现状，因地制宜，结合功能布局，合理利用地形，尽量减少土石方工程量，使道路系统通畅，便捷，满足各方面的功能要求。地表雨水能够沿主干道明沟就近流入本案内设置的排水点。由于目前穿越路径只有两个出入口，难以便捷地与周边辐射区相连。同时，在现状内部的三个空间连接性不强，难以相互渗透和沟通，不具备整体性。因此，景观游线共分为三类，三类游线看似独立存在，实则可以通过阶梯舞台和别致叠泉相互联系，满足了女性心理需求上的连接感和贯穿感。

（三）重视空间构思和种植规划的结合

种植规划依托功能分区进行，分为三个区的种植规划。同时，根据植物的高低、花期的长短、颜色的不同，力求每个季节都有美丽的花卉植物为本案增添光彩，满足关注女性这一主题设计。一阶广场外部空间：一个消极空间与积极空间相互渗透的逆空间，即从周围边框向内收敛的空间。广场周围的乔木和灌木丛以及中间的阶梯舞台都形成天然屏障。二阶花廊积极空间：根据"十分之一"理论和日本式建筑四张半席空间理论，对两个人来说是最小巧、宁静、亲密的空间。对于外部空间而言，21.6~27米的外部空间可以创造出亲密舒适的空间，而花廊内部符合"四张半席"，外部也符合21.6~27米的距离。三阶树林私密空间：间距与建筑高度之比 D/H 在决定日照条件上非常重要，而在确定空间构成上也十分重要。此三阶空间 $D/H>2$，因此既可以享受私密，同时也不影响视线。

（四）满足夜景照明中的女性心理

在照明设计方面，其出发点在于营造夜间浪漫迷人的气氛，照明不是单一使用功能，同时也创造环境气氛效果，为校园夜生活提供休闲漫步、节日活动的理想场所。夜景搭配主要为温馨橘黄的庭院灯和纯洁米白的驱蚊灯。在不破坏私密空间原有的亲密感和无人窥视感的基础上，利用驱蚊灯来营造舒适良好的氛围。

五、总　结

在城市的发展中，女性被越来越多的视线所关注。以女性视角为中心的校园空间核心着力展现"差异"与"平等"。这里说到的"差异"不单单指自然性差异，如男女之间的心理生理差别，更重要的是由此产生的一系列经济、行为、情趣等社会性差异。因此，尊重女性、以女性为导向的一个空间所倡导的实际上是一个差异观念，对差异的尊重即是一种平等。而这种平等就应细致地体现在日常生活的空间中，成为人们生活中不可缺少的一部分。

参考文献

[1] 黄春晓，顾朝林. 基于女性主义的空间透视 ——一种新的规划理念[J].城市规划，2003（6）：81-85.

[2] 李佳芯，王云才. 基于女性视角下的风景园林空间分析[J]. 中国园林，2011（6）：38-42.

[3] 蔡立勤. 以服刑人员心理矫治为目的的监狱空间环境设计研究[D]. 西安：西安建筑科技大学，2011.

[4] 都胜君. 建筑与空间的性别差异研究[J]. 山东建筑工程学院报，2005（3）：24-29.

[5] 覃丹. 基于女性主义视角的城市广场研究[J]. 浙江建筑，2009（11）：5-7.

基于组织承诺和员工满意度视角下的
酒店员工离职倾向研究
——以重庆部分酒店员工为例

范艺雯　陈晓钰

一、研究背景

重庆是我国西部地区的领军城市，经济上的腾飞给重庆地区的酒店业带来了前所未有的发展。然而在欣欣向荣的景象下，酒店人力资源却面对着一个棘手的问题 ——较高的酒店员工离职率。酒店业作为劳动密集型服务行业，其离职率一般情况下应低于 15%。但已有调查显示，64.4%的酒店员工离职率在 15%~30%，尤其入职酒店工作的大学生员工离职率竟高达 70%以上[1]。尽管对酒店行业而言一定的员工离职率可以保持行业的活力，但如果离职率过高，会影响酒店的服务质量，给酒店带来不可估计的损失。不仅如此，酒店培养一个合格的员工需要花费大量时间和金钱进行招聘、选拔和培训，如果员工流失率高，酒店人力资源成本变高，将不利于酒店的持续发展。

对员工而言，降低员工离职倾向有利于员工实现自身的职业生涯规划。如果员工产生在酒店发展的想法，那么酒店员工的对客服务中，将会更加积极主动地面对顾客，不容易产生厌倦、烦躁的情绪，并会尽量避免与顾客发生冲突，给顾客提供良好的服务，从而提高酒店的品牌形象，产生良性循环[2]。

在重庆铺天盖地的酒店建设中，酒店人力资源管理与酒店发展速度并没有齐头并进。两者的不匹配以及酒店行业所具有的特性，是酒店业员工离职率高的内在原因[3]。因此，本文以员工离职倾向为着眼点，在研究组织承诺、员工满意度等相关理论的基础上，探索组织承诺的不同维度及其与员工满意度、离职倾向之间的关系，找出核心影响变量，从而对重庆部门酒店人力资源管理提供一定的建议。

二、文献综述

（一）组织承诺的概念和维度

组织承诺的概念最早是由贝克尔（Becker）[4]在研究"工作满意感和工作绩效的相关性"的过程中提出的。他认为组织承诺是指员工对组织投入增加，而使员工不得不留在组织并投入参与组织各项工作的一种心理现象。自70年代起，坎南（Buchanan，1974）、波特（Porter，1976）[5]等学者通过进一步的研究认为组织承诺是员工对于组织产生了感情，自发的与组织产生了情感联系。由于这种情感，使得员工有一种对组织的归属感、认同感，从而没有离开的念头。1990年艾伦（AlIen）和梅约（Meyer）在以前的基础上，提出组织承诺三维度：情感承诺、规范承诺、继续承诺。

近年来，我国学者凌文栓、张治灿和方俐洛[7]（2001）提出的组织承诺五维度结构是目前学术界关于我国企业员工组织承诺维度研究较为权威的发现。该研究在综合国内外已有研究的基础上结合访谈、试验和多元统计分析的方法探讨中国企业员工组织承诺的心理结构特征，提出五维度模型，将组织承诺分为感情承诺、规范承诺、理想承诺、经济承诺和机会承诺（见表1）。该模型被认为是符合中国职工组织承诺行为的理论模型，为在中国文化背景下正确处理员工与企业关系提供了理论依据和科学的方法借鉴。

表1　组织承诺五维度基本内容

因素	表现
感情承诺	1. 员工对单位认同，具有深厚的感情； 2. 员工自主的愿意为单位的生存和发展做出贡献，甚至不计报酬； 3. 员工面对任何诱惑都不会产生离职跳槽的想法
理想承诺	1. 组织重视个人的成长，追求理想的实现； 2. 在单位中个人专长能够发挥，并提供了各项工作条件、学习提高和晋升的机会
规范承诺	1. 员工对企业的态度和行为表现依社会规范、职业道德为准则； 2. 员工有一定的职业操守，对组织有责任感，对工作、对单位尽自己应尽的责任和义务
经济承诺	员工出于对自身经济的考虑，担心离开单位会蒙受经济损失，所以不能离开单位
机会承诺	1. 员工认为待在这个单位的根本原因是找不到更理想的工作环境； 2. 员工自身技术水平较低，或出于种种原因，并没有另找工作的机会

来源：凌文栓、张治灿和方俐（2001）中国职工组织承诺研究。

（二）员工离职倾向的概念和影响因素

员工离职倾向指员工因个人、工作及组织等各种因素产生离职的想法。这种想法可以是员工出于对发展前景、薪酬考虑等各方面主动的产生；也可以是处于行业环境、自身在公司所处环境等被迫的产生。对于酒店员工流失率的问题，已有的研究表明员工的离职行为是可以通过采用一定的途径进行减少，其至是完全消除的。目前，学者普遍认为导致员工产生离职倾向的原因主要包括两个层面 —— 推力、拉力[1]。影响酒店员工离职倾向的推力来自于酒店内部，对推力因素的研究重在分析员工对酒店的知觉与态度，探讨员工对于酒店工作的态度与酒店工作的情感，并弄清其对于员工离职倾向的影响。而对拉力因素的分析则来自于酒店外部，主要是分析员工在劳动市场上对于所期望的工作机会与劳动市场提供给员工的工作机会之间的关系，并寻找在劳动市场中影响员工产生离职倾向的因素。

（三）研究目的

本文将会探索员工满意度、组织承诺在不同维度对员工离职意愿的影响，并通过对不同维度的分析，找出不同的影响离职倾向程度的维度。帮助酒店人力资源管理者提出如何降低员工离职率及如何提高员工的工作满意度、组织承诺的方法。帮助酒店人力资源部找到更合适的管理员工的方式，并且为其他类似的酒店提供借鉴经验。

三、问卷的测量指标及来源

对组织承诺的测量主要采用我国学者凌文栓、张治灿和方俐洛（2001）提出的新的五维度组织承诺结构，表2 主要从五维度分析表中的感情承诺、规范承诺、经济承诺、机会承诺、理想承诺这五个方面进行组织承诺的测量。具体指标分为非常同意、同意、一般同意、不同意、非常不同意。具体的来源及指标如问卷中组织承诺的具体指标及其来源见表2。

表2　问卷中组织承诺的具体指标及其来源表

变量	测量指标
感情承诺	你时常为酒店的工作感到满意或自豪 你对酒店的工作从不厌烦 你对酒店产生了归属感 你对酒店的人和事产生了很深的感情
经济承诺	你不离开酒店是因为生活需求 你不离开酒店是不想失去许多福利
规范承诺	你认为对酒店有责任、有义务 你认为酒店值得对其忠诚 你认为跳槽是不道德的
机会制度	你自身能力原因，离开酒店不能找到更好的工作 你认为找到一个合适的单位不容易 你实在找不到别的单位
理想承诺	你认为酒店适合实现你的理想 你认为酒店给予你进修机会多 你认为酒店给予你晋升机会多

指标来源：凌文栓、张治灿和方俐洛（2001）中国企业组织承诺量表。

对员工满意度的研究采用洛克（Locker）量表以及阿莫德（Armand）和费德曼（Feldman）量表，通过薪酬福利、发展前景、人际关系、工作制度、工作环境、个人因素六个方面测量工作满意度[11]。具体指标分为非常满意、满意、一般满意、不满意、非常不满意。具体的来源及指标如问卷中工作满意度的具体指标及其来源见表3。

表3　中工作满意度的具体指标及其来源表

变量	测量指标
薪酬福利	你对酒店的工资水平是否满意 你对酒店的福利待遇是否满意
发展前景	你对酒店给予的机会是否满意 你对自身的职业规划是否满意 你对酒店行业的工作前景是否满意
人际关系	你对上级的领导风格与管理方式是否满意 你对同事之间的关系是否满意
工作制度	你对酒店的绩效考核体系是否满意 你对酒店的奖惩制度是否满意
工作环境	你对酒店的硬件设施是否满意（员工休息室、倒班宿舍） 你对酒店部门之间的协调互助是否满意 你对酒店的企业文化是否满意
个人因素	你对酒店的工作内容及强度是否满意 你对自身能力在酒店的发挥是否满意 出于个人兴趣考虑，你对酒店是否满意

指标来源：洛克（Locker）、阿莫德（Armand）和费德曼（Feldman）量表[11]。

对离职倾向的研究采用翁清雄、席西民[11]（2010）关于离职倾向研究，具体指标分为非常同意、同意、不确定、不同意、非常不同意。具体指标见表4。

表4　问卷中离职倾向的具体指标及其来源表

变量	测量指标
离职倾向	我基本上没有想过离开目前这个酒店 我计划在这个酒店作长期的职业发展

四、数据收集及分析

本次问卷样本来自位于重庆地区的万州希尔顿逸林酒店、万达艾美酒店、喜来登酒店及申根索菲特大酒店，剔除无效问卷后共获得有效问卷75份，通过使用软件SPSS24.0对三者进行定量分析。首先分析了被调查样本的人口统计特征，其次用因子分析检验了员工组织承诺、员工满意度和离职倾向的维度，最后使用双因素相关性分析中的皮尔逊系数检验了酒店员工组织承诺、员工满意度与员工离职倾向各个维度之间的相关性关系。

（一）人口统计特征

样本里酒店员工女性偏多（大概占总人数的75%），男性员工相对偏少；年龄主要集中在18~24周岁，占总人数的80%左右，年龄在45周岁以上的有0人，说明样本酒店员工年龄结构年轻化；样本员工学历主要为本科学历，占总人数的80%左右，其次为大专或高职，占总人数的10%左右，说明大部分样本酒店员工学历较高；酒店的月平均工资主要集中在1500~2999，占总数的50%。

（二）对组织承诺的因子分析及其维度特征

对组织承诺进行因子分析的结果表明，巴特利特球形度检验的显著性为 $P<0.001$，说明存在因子结构，另外 $KMO=0.871>0.7$，说明对测量指标进行因子分析是适合的。前三个维度解释了影响组织承诺的78.387%，总共存在3个公因子，说明如果将来不用15个变量，而改用这3个因子可以说明原来15个变量的78.387%的变差。从旋转后的成分矩阵（见表5）分析得出，样本关于组织承诺的维度是感情承诺、机会承诺、经济承诺，其中感情承诺具体包括感情承诺1_工作自豪感、感情承诺2_从不厌烦、感情承诺3_归属感、感情承诺4_人事感情、规范承诺1_有责任义务、规范承诺2_值得忠诚、理想承诺1_适合实现理想、理想承诺2_进修机会多、理想承诺3_晋级机会多，其中规范承诺3_跳槽不道德小于0.7，所以剔除数据。这表明，对酒店员工而言，规范承诺、理想承诺可以看作感情承诺的一部分，同属于一个维度，这与凌文栓等（2001）把感情承诺、规范承诺、理想承诺作为各自独立维度的研究发现有所不同。本研究发现机会承诺是影响组织承诺的一个单独维度，包括机会承诺1_找不到好工作、机会承诺2_找不到比酒店适合的工作、机会承诺3_找不到其他单位。这与凌文栓等（2001）对于机会承诺的研究发现相符合。经济承诺具体包括经济承诺1_生活需求、经济承诺2_失去福利，也与凌文栓等（2001）的研究相一致。

表5　旋转后的成分矩阵

	感情承诺	机会承诺	经济承诺
感情承诺1_工作自豪感	0.849		
感情承诺2_从不厌烦	0.855		
感情承诺3_归属感	0.886		
感情承诺4_人事感情	0.857		
经济承诺1_生活需求			0.932
经济承诺2_失去福利			0.831
规范承诺1_有责任义务	0.828		
规范承诺2_值得忠诚	0.800		
规范承诺3_跳槽不道德	*		
机会承诺1_找不到好工作		0.909	
机会承诺2_找不到比酒店适合的工作		0.716	
机会承诺3_找不到其他单位		0.931	
理想承诺1_适合实现理想	0.777		
理想承诺2_进修机会多	0.784		
理想承诺3_晋级机会多	0.804		

提取方法：主成分分析法。旋转方法：恺撒正态化最大方差法。a. 旋转在5次迭代后已收敛。*小于0.7，剔除数据。

（三）对员工满意度的因子分析及其维度特征

对员工满意度进行因子分析的结果表明，巴特利特检验是显著的（$P<0.001$），说明存在因子结构。$KMO=0.942>0.7$，说明员工满意度指标适合因子分析。此外，因子分析结果表明，特征值大于1的公因子只有一个，总方差解释为68.45%，说明如果将来不用15个变量，而改用这1个因子可以说明原来15个变量的68.45%的变差。因子分析表明影响员工满意度是一个单维度概念，故没有成分旋转表。从成分矩阵可以看出，员工满意度各项指标的载荷均高于0.7以上，所以各项指标均影响总体员工满意度。这一维度具体包括薪酬1_工资水平、薪酬2_福利待遇、发展1_给予的机会、发展2_职业规划、发展3_行业前景、人际1_领导风格与管理方式、人际2_同事关系、制度1_绩效考核、制度2_奖惩制度、环境1_硬件设施、环境2_部门协调互助、环境3_企业文化、环境4_工作内容及强度、个人1_自身能力的发挥、个人2_个人兴趣15个变量。通过样本数据分析得出薪酬福利、发展前景、人际关系、工作制度、工作环境、个人因素六个变量相互作用、共同构成员工的总体满意度。

（四）组织承诺、员工满意度各因子与员工离职意向之间的相关性分析

在因子分析的基础上，采用相关分析中的双变量分析，通过观察皮尔逊相关系数得出不同因素的相关程度（见表 6）。在影响组织承诺的三个维度上，感情承诺与员工满意度的皮尔逊相关系数为 0.802，与离职倾向的皮尔逊相关系数为 0.729，两者均与感情承诺显著正相关，说明感情承诺对员工满意度、离职倾向有较大程度的影响；机会承诺与员工满意度的皮尔逊相关系数为 0.341，与离职倾向的皮尔逊相关系数为 0.435，两者均与机会承诺具有显著正相关，说明机会承诺对员工满意度、离职倾向也具有一定程度的影响；经济承诺与员工满意度和离职倾向的皮尔逊相关系数并不显著，说明经济承诺对员工满意度、离职倾向并不能起到直接的影响。

表 6　皮尔逊相关性分析

	感情承诺	机会承诺	经济承诺	员工满意度
总体员工满意度	0.802[**]	0.341[**]	0.074	1
离职倾向	0.729[**]	0.435[**]	0.207	0.820[**]

注：**表示显著性水平低于 0.01。

五、研究结论

本文通过对于样本数据的因子分析，得出酒店员工组织承诺的主要心理维度结构及其与员工满意度、离职倾向之间的关系，主要研究结论如下：

首先，本研究的实证结果表明，对酒店行业而言，酒店员工组织承诺从维度上可划分为感情承诺、经济承诺、机会承诺。这与凌文栓之前的研究中所揭示的关于中国企业员工组织承诺心理结构的五维度模型既存在着一定程度的差异，也存在着一定程度的相似之处。具体说来，本研究发现，凌文栓（2001）的规范承诺、理想承诺这两个维度的测量指标可以与感情承诺一起归并为一个维度，从而扩大了感情承诺这一维度的概念内涵。这表明，对酒店行业的员工而言，感情承诺的范畴不仅包括归属感和自豪感，还包括酒店工作能否实现其理想和抱负以及跳槽离职所产生的道德责任感，这三方面共同构成了酒店员工的情感承诺维度。本研究还发现，经济承诺、机会承诺是酒店行业员工组织承诺心理结构的另外两个重要维度，这与凌文栓等（2001）的研究发现相吻合。上述研究表明，重庆酒店管理者应该重视与员工的感情维系，重视员工对于经济的需求，重视给予员工晋升机会、培训机会从而提高酒店的组织承诺。

其次，本研究表明，组织承诺的感情承诺、机会承诺两个维度与离职倾向具有显著相关性，经济承诺与离职倾向没有相关性，这说明了重庆酒店管理者要达到降低员工离职倾向的目的，仅靠了解满足员工经济诉求是不够的，更应该重视与员工的感情维系，重视员工的发展前景。这可能是由于填写问卷的78%都是本科生，79%都是 18～24 周岁的年轻人，他们在酒店工作可能不看重薪酬，更看重情感与发展机会。

再次，经过研究表明员工满意度与离职倾向呈正相关关系。对酒店员工来说，员工满意度涵盖了薪酬福利、发展前景、人际关系、工作制度、工作环境、个人因素六个变量，是一个单维度概念。上述变量紧密联系，共同反映了酒店员工的工作满意度，这与前人所提出的多维度概念有所不同。可见，重庆酒店管理者仅通过改善其中一个变量并不能有效提高员工满意度，必须全面地看待每一个影响变量，进而提高酒店员工满意度，从而达到降低员工离职倾向的目的。

六、管理启示

根据本研究的结论，并结合实际中出现的问题，本文给予酒店人力资源管理者以下管理启示：

首先，酒店管理者应注重入职员工的感情承诺，从而降低员工的离职倾向。在变动的酒店经营环境下，感情承诺对于酒店的持续发展具有重要作用。对于酒店员工感情承诺的提升，酒店人力资源管理者

可以从三个方面着手：第一，酒店应该培养员工对于酒店的认同感、归属感，提升员工的工作自豪感，让员工从工作中得到精神上的满足，从而积极地工作，使员工建立主人翁的意识，主动的发挥潜能为酒店创造更高的绩效；第二，对于重庆地区目前高的酒店员工流失率而言，关注员工在工作中产生的厌烦情绪并进行及时的引导，让员工保持正常的心理状态，可以帮助酒店降低员工离职率；第三，酒店管理者应该从人际关系方面提高感情承诺。酒店应该重视上级与下级的关系，上级应该给予每个下级同等的机会，不应该戴有色眼镜或仅凭个人喜恶对待下级。酒店应提供一个良好的氛围，组织一系列活动，促进酒店员工同事的关系。由于酒店自身的特殊性，有时候需要部门与部门之间的协调互助，所以管理人员应该增强部门之间的关系。

其次，酒店管理者应给予员工充分发展的机会，帮助员工实现自己的职业规划。当前酒店行业人才急缺，选择外聘人才固然是一种办法，但是从酒店内部发现人才、培养人才更有助于酒店的发展。酒店应当进行改革，改善员工晋升机制，完善培训体系，帮助员工建立可行的职业生涯规划，尽量发挥员工的潜力，找到有能力的员工。对于酒店人力资源管理而言，应该给予员工发展的机会，明白员工缺少机会可能导致员工产生离职行为，使员工在酒店有发展的空间，并且感受到酒店很看重自己，可以有较多的培训机会，将会减少员工离开酒店的行为。

再次，员工满意度是离职倾向的主要预测变量。因此，酒店管理者应尽力提高员工满意度，增强员工对于酒店的认同和投入，从而降低离职倾向。从本文的研究结论来看，对于酒店员工满意度的提升可以从以下几个方面入手：酒店需为员工提供一个良好的工作环境、工作制度，让员工有一个舒心的工作氛围；重视员工的发展前景，帮助员工实现理想与抱负等。员工满意度的提升不仅会降低员工离职倾向，还会促使员工自发的进行工作，从而提高酒店的服务水平，进而提高顾客的满意度，有助于酒店的品牌建设。

最后，酒店管理者应当时刻关注员工的心理动态，及时了解员工的离职念头。员工的心理状态不是一成不变的，会随着员工想法的改变而发生变化。因此对于酒店管理者来说，了解员工的离职念头，可以及时采用一定的方式，改变员工的离职念头，从而降低员工的离职倾向。员工不同的心理状态会有不同的离职倾向，如果员工心理状态差，对于酒店工作感到厌烦，那么员工不会想要长期留在酒店，在短时间内可能产生离职行为，提高酒店离职倾向；如果员工心理状态好，对于酒店工作充满干劲，并且觉得酒店是一个有发展前景的工作单位，那么员工一般情况下，不会在短时间内产生离职念头。酒店人力资源管理者及时关注员工的心理状态，并采用有效的方法及时调整，可以帮助酒店降低员工离职率。

七、本研究的局限性与未来的研究展望

本研究样本数据较少，研究结果可能不适用于重庆地区的每个酒店。对于后续研究应该尽可能地扩大样本容量，增加样本数据，使研究结论更具普遍性。其次，本文的调查对象是重庆几家酒店的员工，导致分析得出的影响组织承诺、员工满意度、离职倾向因素的影响变量可能存在偏差。后续研究应该扩大调查范围，尽可能地调查多家酒店员工。本研究目的是了解组织承诺和员工满意度对于离职倾向的影响因素及影响程度，但由于本研究只运用了样本数据的因子分析，没有使用更先进、全面的分析方法，所以导致分析得出的结论不够全面。后续研究应使用更先进、更全面的研究方法，建立研究模型，得出更全面的研究结论。

参考文献

［1］ 钟建伟. 酒店员工的工作满意度、组织承诺与离职倾向关系研究[D]. 重庆：西南大学，2008.

［2］ 李亚男. 基于组织承诺的饭店员工流失问题研究[J]. 浙江学刊，2014（2）.

［3］ 岳艳琴. 浅析酒店员工流失率[J]. 商，2016（34）.

[4]　沈月娥. 连锁餐饮企业内部顾客满意度影响因素实证研究[D]. 长沙：湖南大学，2012.

[5]　Becker H S. Notes on the concept of commitment[J]. American Journal of Sociology，1960，66（1）：32-40.

[6]　高昌畅. 辽宁某综合性医院员工组织承诺及其影响因素调查[D]. 大连：大连医科大学，2016.

[7]　Meyer J P, Allen N J. Testing the "side-bet theory" of organizational commitment：Some methodological considerations[J]. Journal of Applied Psychology，1984，69（3）：372-378.

[8]　凌文辁，张治灿，方俐洛. 中国职工组织承诺研究[D]. 北京：中国社会科学，2001（02）：90-102.

[9]　武强. 工作满意度的研究现状与展望[J]. CAIXUN 财讯，2010.

[10]　赵欣. 工作满意度、组织承诺与离职意愿关系的实证研究[D]. 杭州：浙江大学，2014.

[11]　江波. 员工满意度、敬业度、忠诚度培育与建设研究 —— 以 A 公司为例[D]. 长春：东北财经大学，2004.

[12]　翁清雄，席酉民. 职业成长与离职倾向：职业承诺与感知机会的调节作用[J]. 南开管理论，2010.

旅游依托型城镇与景区联动发展的探讨

—— 以石海洞乡风景名胜区与石海镇新区为例

胡为为　　张柯蓉

一、核心问题梳理

石海镇位于四川盆地南缘，川滇黔结合部，紧邻宜叙高速，坐落于宜宾市兴文县城西南 25 千米，是国家级风景名胜区、世界地质公园 —— 兴文石海洞乡景区中心景区所在地。石海景区被称为喀斯特地貌王国，是国家重点风景名胜区，是联合国教科文组织批准的第二批世界地质公园。根据政府统计数据显示，石海景区 2015 年游客接待量 38.2 万人次，同为第二批世界地质公园的雁荡山 2015 年接待量 525.98 万人次，可见石海景区旅游市场并不景气，也没有发挥出应有的龙头作用。通过对石海镇以及石海洞乡风景区的调查分析，发现以下问题：

（一）石海洞乡风景区现状问题

（1）游线单一、项目单调、要素不全。仅局限于自然景观之旅，景区游览还仅仅是停留在观赏，缺乏乐趣，游线单一无趣，无法给人留下印象形成二次消费。

（2）在景区以观赏型项目为主。石海景区的游览仅限于观赏，缺乏乐趣。来自大自然的恩赐，鬼斧神工的喀斯特地貌打造不合理，没有能够展现其震撼的场面。并且消费项目不多，没有形成品牌效应，且具有一定的局限性。

（3）缺乏吸引核心，品牌形象竞争力不足。景区的打造缺乏特色，难以打出响亮的口号，无法吸引人流。旅游业并没有发挥出应有的龙头带动作用。

（二）石海镇现状问题

（1）城市经济发展缓慢，相对落后，与景区的呼应配套落后，且与省内周边多个旅游型城镇在产品开发、市场开拓等诸多方面无明显差异，形成同质同构的旅游小城镇，严重制约了石海洞乡景区以及石海镇的发展。

（2）传统产业对风景资源危害较大，城镇经济发展不可持续。

（3）石海镇全镇约有 60% 的面积在风景名胜区范围内，石海洞乡风景区与石海镇的发展密不可分，两者没有形成良好的联动发展。

二、旅游依托型城镇与风景名胜区相互关系的思考

（一）景区旅游带动城镇发展

旅游业作为石海镇的龙头企业，景区的发展将带动小城镇的经济发展。石海洞乡景区汇聚了地表石海、地下溶洞——天泉洞、天坑等大自然的鬼斧神工。其中天泉洞被称为中国天然游览长度最大的溶洞，天坑被称为天下第一大漏斗。大量的流入型洞穴、完整的喀斯特流域、优良的喀斯特发育条件，被中外专家鉴定命名为"兴文式喀斯特"，不管是科学研究还是旅游，"兴文式喀斯特"都具有非常高的价值。

石海洞乡景区被世界所认可，大自然的鬼斧神工孕育了神秘而浓郁的苗僰风情文化。据史料记载，先秦时期，古僰人便栖居于此，直到明朝万历年间。这里见证了历史上著名的九丝山僰、汉大战，而石海所处位置便是当时僰、汉大战时期，僰人屯粮练兵的场所。僰族是一个充满传奇色彩的民族，距今已消失 500 余年。每年农历 9 月初 9 前后举办 9 天盛大的"僰人赛神节"活动，热闹非凡。此外，兴文是四川最大的苗族聚居地，在每年农历 9 月初 9 前后，会举办具有苗族风情的"踩山节""赶苗场""芦笙会""跳花节""高桩戏""苗族花山节"等。

鬼斧神工的自然景观，神秘的苗僰文化，石海洞乡景区吸引着四面八方的游客，进而带动石海镇第三产业发展，促进小镇经济发展，催生一系列新的产业。

（二）城镇促进景区发展

旅游依托型城镇为景区提供配套设施，城镇的健康发展是景区后勤的保障，其良好的配套设施有利于提高风景区服务水平，让游客得以停留，既可以为景区加分，又可以促进消费，带动小城镇经济。

特色小镇更为景区增加吸引力。小镇良好的发展与规划，因地制宜，发展特色，既能减少游人对风景资源的破坏，促进风景资源的保护与利用，又能形成独立的吸引点，与景区相互促进，吸引人流，创造更高的价值。

三、旅游依托型城镇与风景名胜区的联动发展

（一）发展目标

以当地现有自然景观及人文景观为基础，因地制宜，找到与石海洞乡景区相适应而又独具特色的主题，优化重塑文化与生活氛围，合理布局空间与功能，科学构建自然与人文环境，建设与石海洞乡国家级风景名胜区相适应的旅游综合服务基地。

（二）热气球小镇与石海洞乡景区联动发展

首先，热气球作为一项新的运动，一直没有多少人尝试，对绝大多数人来说都具有很强的吸引力。从热气球在中国着陆的那一刻起，一直受到社会的广泛关注。近年来，人们的思想观念和生活方式发生了巨大的变化，人们在衣食无忧的前提下，对新休闲娱乐的需求增加。热气球符合现代人寻求创新、变革的思想，刺激现代时尚，逐渐成为即攀登、蹦极跳跃、滑行之后又一次休闲娱乐的热点。加上热气球本身就有运动、娱乐、冒险、旅游、广告等多种功能，中国热气球将形成地球高潮已是不争的事实。而热气球与石海洞乡景区又能够完美融合。

1. 热气球对石海

（1）以热气球空中视角更能展现石海地表喀斯特奇观，尽可能地表现大自然的鬼斧神工以及让人惊叹不已的地貌。

（2）热气球形式增加了石海洞乡景区自然景观纯观赏性游览的趣味性，增强了体验感。

2. 石海对热气球

石海景色为乘坐热气球提供了美丽的自然画卷。

3．热气球与石海

石海洞乡奇特瑰丽的地表喀斯特地貌，与象征着梦想、自由的热气球交相辉映，更是一幅无与伦比的画卷。

四、规划目标与规划策略

（一）规划目标

1．以热气球运动为核心，打造顶级运动度假综合体

以热气球作为吸引核心，打造本次运动度假综合体最标志性的吸引物。大力发展热气球及相关产业，例如：热气球主题空中婚礼，热气球主题摄影，庆典航拍，热气球定制与广告开发等。

2．打造绿色节能，生态小镇

雨水收集系统：小镇打造完整的雨水收集系统，即使干旱时期也可以提供农田浇灌、卫生间、洗车等用水，减少用水压力，且节约资源。

建筑材料环保：建筑材料多次运用到竹这一当地特色且环保的材料，以及其他环保建筑材料。

慢行交通，乐活生活：鼓励绿色出行，慢行交通。

3．"一镇四宜"综合发展

1）宜居小镇

目标：建设高品质的生活环境。

措施：在石海镇新区的建设中重点把握宜居的建设要点，通过对规划区及周边环境的整治和农局改造，提高生活居住环境，创造更好的生活环境，形成宜居的生活环境。同时，对石海镇周边的自然环境进行控制、改造，引导村庄外围建设河道、花卉、现代农业等经济作物种植，形成景观视觉丰富，生态环境条件好的居住大环境。

2）宜业小镇

目标：促进经济发展、提高居民收入。

措施：发展旅游业的同时，引导现代休闲农业。

以热气球打响，体育赛事引进，吸引人流量，发展旅游业的同时，引导现代休闲农业。规划坚持以农业生产为基础，引导现代休闲农业的发展，通过大棚培育、采摘园、观光农业区的开发，增加石海风情小镇的农业产出。

3）宜游小镇

目标：强化对石海洞乡风景名胜区的带动作用。

措施：在石海镇新区周围组织增加一定的互动参与性、乐趣性项目，如苗族风情手工作坊、热气球焰火晚会等，抓住地方文化，将文化渗透到规划中。

4）宜文小镇

目标："僰人文化，苗族风情"。

措施：文化是发展的灵魂，将僰人文化、苗族风情、热气球文化和飞行文化细化处理，融入整个小镇。

（二）规划策略

以热气球运动为核心，打造顶级运动度假综合体。以热气球作为吸引核心，打造本次运动度假综合体最标志性的吸引物。大力发展热气球及相关产业，如：热气球主题空中婚礼、热气球主题摄影、庆典航拍、热气球定制与广告开发等。

以国际热气球及其他运动比赛为主导，引领体育旅游发展。引入国家、国际赛事，扩大影响力，提高知名度；在旅游淡季开展相关赛事，刺激旅游低谷；在适宜的时间开展特色比赛，打造地方特色品牌。

升级基础配套设施，打造一个健康、休闲、生态、娱乐综合的休闲度假区。室内、户外运动设施，长居短憩住宿设施、生态休闲设施、美食购物设施、文化娱乐设施等一应俱全。

"旅游+体育+互联网"。引入智能化管理机制，开发相应平台，实行网上订场、网上约赛等功能智能一体化。

"复合模式"指导下的可持续发展运营。石海镇经营将体育经济、休闲娱乐经济及房地产开发等融于一体，是集开发运营、品牌创造、国际时尚生活方式塑造相结合的复合式运营模式。发展模式为：以热气球运动单一引爆，做单项运动体验 —— 赛事节庆推广，作响运动品牌 —— 融合其他运动，做大运动旅游 —— 高端社区地产开发 —— 打造 5A 级高端运动旅游区。

五、结 语

针对旅游依托型城镇与风景名胜区的发展，盲目无序的城镇发展使风景名胜区自然景观与历史人文环境显得十分脆弱。在城镇建设中尊重自然、保护风景资源，并在其中挖掘、提取、利用其特色，避免同质同构现象。风景名胜区环境保护与城镇发展建设并不矛盾，应把这一类旅游依托型城镇与风景名胜区紧密地联系在一起，联动发展。在科学规划的引导下可以相互促进、互利互荣。

对于类似石海洞乡风景名胜区与石海城镇这类以旅游为龙头产业的小城镇，只有在认真调研分析的基础上，使城镇发展与风景区步调一致，合理利用资源，尊重现状条件，发现特色，合理选择发展方向，才能使得城镇与景区联动发展，实现"双赢"。

参考文献

[1] 秦炜棋. 广西乐业天坑旅游与热气球运动契合之研究[J]. 体育科技，2013，04.

[2] 姜付，高曹莉. 大型体育赛事对城市旅游空间结构影响及其优化研究 —— 以日照打造"水上运动之都"为例 [J]. 北京体育大学学报，2016，11.

[3] 厉华，笑杨飞，裘国平. 基于目标导向的特色小镇规划创新思考 —— 结合浙江省特色小镇规划实践[J].小城镇建设，2016，03.

[4] 袁园媛，施怡娜，黄海燕. 阿尔伯克基国际热气球节及其启示[J]. 体育文化导刊，2016，7.

[5] 詹杜颖. 品牌效应下的特色小镇构建研究[J]. 杭州：浙江工业大学，2016.

农民宅基地退出补偿及其影响因素分析

曹秀玲　王兆林

一、引 言

2015 年 1 月，中共中央办公厅和国务院办公厅联合印发了《关于农村土地征收、集体经营性建设用地入市、宅基地制度改革试点工作的意见》（以下简称《意见》），该《意见》中明确提出有关农村宅基地在集体经济组织内部实现自愿有偿退出的规定。2016 年 10 月 10 日，国土部发布了《关于建立城镇建设用地增加规模同吸纳农业转移人口落户数量挂钩机制的实施意见》，规定允许进城落户人员在本集体经济组织内部自愿有偿退出或转让宅基地。重庆宅基地复垦后生成的建设用地指标成为地票。"地票"进入土地交易所出售交易金额扣除复垦成本后，按照 85：15 的比例分配给农民和村集体，平均价格在 10 万元每亩左右，最高 13 万元每亩，最低 8 万元每亩。但政府在制定相关政策措施过程中，缺乏对退出主体的研究，从而造成农民宅基地退出运行机制存在补偿偏低、补偿分配不合理等问题，为此本文针对农民主体的意愿进行调查，分析探讨农民宅基地退出补偿的意愿及其影响因素。

二、数据来源

本文基于PRA（参与式乡村评估）调查方法，研究课题组于2016年7月—8月期间对重庆市永川区、铜梁区、潼南县、酉阳县、开州区、巫山县、巫溪县、秀山县、黔江区走访，调查收集了永川双石镇响滩子村和大洞口村120个农民、铜梁巴川街道玉皇村120个农民、潼南县柏梓镇中渡村113个农民、酉阳县桃花源街道129个农民、开州区温泉镇125个农民、巫山县庙宇镇103个农民、巫溪县凤凰镇58个农民、秀山县中和镇104个农民、黔江区小南海镇90个农民的相关数据资料。为确保样本数据的准确性和可信度，在调查初期，每个区县随机选取一个乡镇，每个乡镇随机选取1~2个村，每个村随机选取2—3个村民小组发放问卷。发放问卷数与各自然村实际农户数量的比例在40%~60%之间，调查对象是在不提前告知的情况下随机抽取。通过发放问卷，调查人员入户与农民进行一对一面谈，对农民个体特征、家庭相关情况、宅基地及住房基本状况以及农民对宅基地效用的认知情况进行调查，并尽可能将问卷中的问题陈述为农民可以理解的内容。整个调查过程中发放问卷数为1 183份，实际收回1 025份，其中，有效问卷数为997份，无效问卷数为121份，问卷有效率达84.28%，满足模型所需样本数量。

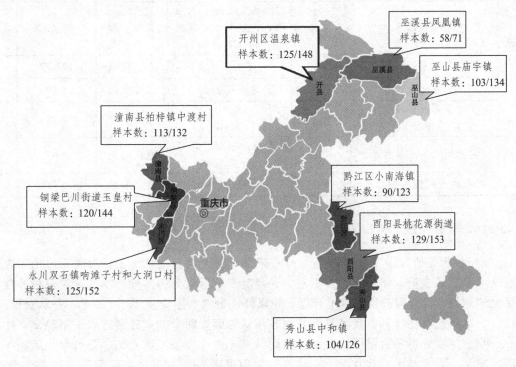

图1　调查样本分布及区位图

三、指标体系建立及描述性统计分析

基于以上农民宅基地退出补偿的一般分析，参考王兆林、杨庆媛（2011）的研究成果，以及实地调查得知的具体情况，结合影响宅基地退出补偿的因素的复杂性，很难用单一的指标来评价，必须要进行多角度、综合性的分析。基于PRA理论，农民作为宅基地退出的主体，其意愿与态度直接影响退出机制的运行效果。查阅相关文献，分析国内有关宅基地退出补偿的相关研究的指标变量，并结合重庆地区的实际情况，本文确定了以下四类解释变量：农民个人特征、农民家庭特征、农民宅基地及住房情况、宅基地效用认知因素，并基于这四个方面建立了15个指标体系。详见表1。

表1 变量描述

变量归属	变量	代码	变量描述	变量类型	均值	标准差
农民个人特征	年龄	X_1	单位：岁	实际观测	52.64	14.07
	性别	X_2	男=1；女=0	虚拟变量	0.59	0.49
	受教育程度	X_3	小学及以下=1；初中=2；高中=3；大专及以上=4	实际观测	1.56	0.71
农民家庭特征	家庭主要成员是否定居城镇	X_4	是=1；否=0	虚拟变量	0.37	0.48
	家庭收入	X_5	经常=3；偶尔=2；从未=1	实际观测	1.42	0.60
	非农务工收入	X_6	单位：万元	实际观测	5.20	3.50
	是否参加新农保	X_7	单位：万元	实际观测	4.54	4.10
	所在村集体经济状况	X_8	是=1；否=0	虚拟变量	0.80	0.40
农民宅基地及住房情况	农业技术培训状况	X_9	较好=3；一般=2；较差=1	实际观测	1.82	0.70
	宅基地利用现状	X_{10}	闲置或废弃=1；自住=2；出租等方式流转=3；其他=4	实际观测	1.89	0.52
	家庭宅基地面积	X_{11}	单位：m^2	实际观测	177.22	89.03
	宅基地造价	X_{12}	单位：万元	实际观测	5.40	4.67
	宅基地是否位于城镇规划范围，升值潜力大	X_{13}	是=1否=0	虚拟变量	0.21	0.41
宅基地效用认知因素	宅基地政策了解程度	X_{14}	了解=3；不太了解=2；不了解=1	虚拟变量	0.65	0.29
	宅基地是家庭主要财产	X_{15}	是=1；否=0	虚拟变量	0.76	0.54

四、Logistic 模型构建

Logistic 回归分析是研究因变量 Y 取某个值的概率变量 P 与自变量 x 的依存关系。由于农户退出宅基地的意愿是一个二值变量，即：愿意、不愿意，且其影响因素分为多种。本文针对三种补偿类型下农民退出宅基地的意愿，设安置补偿、货币补偿、建设补偿分别为因变量 Y_1、Y_2、Y_3。并从农民个人特征、农民家庭特征、宅基地及住房基本状况及宅基地效用认知因素四个方面分别选取了年龄 x_1、性别 x_2、受教育程度 x_3、家庭主要成员是否定居城镇 x_4、家庭收入 x_5、非农务工收入 x_6、是否参加新农保 x_7、所在村集体经济状况 x_8、农业技术培训状况 x_9、宅基地利用现状 x_{10}、家庭宅基地面积 x_{11}、宅基地造价 x_{12}、宅基地区位 x_{13}、政策认知 x_{14}、宅基地重要程度 x_{15} 15个自变量分别进行重点分析。

采用的 Logistic 模型为二元 Logistic 回归模型，若农民愿意退出宅基地，则因变量取值为 $P=1$；若农民不愿意退出宅基地，则因变量取值为 $P=0$。其具体形式如下：

$$\ln \frac{p}{1-p} = \beta_0 + \beta_1 X_1 + \cdots + \beta_{15} X_{15}$$

其优势值为：

$$\frac{p}{1-p} = e^{\beta_0 + \beta_1 X_1 + \cdots + \beta_{15} X_{15}}$$

概率 P 为农户愿意退出的概率，其值为：

$$p = \frac{e^{\beta_0 + \beta_1 X_1 + \cdots + \beta_{15} X_{15}}}{1 + e^{\beta_0 + \beta_1 X_1 + \cdots + \beta_{15} X_{15}}}$$

五、结果分析

本文运用统计分析软件 SPSS19.0 进行 Logistic 模型回归，分别针对三种补偿类型对各解释变量进行显著性检验。在对数据进行处理前，通过 SPSS19.0 软件中的 Cronbach's α（克朗巴哈系数）对调查原始数据进行信度检视：对于因变量 Y_1，克朗巴哈系数为 0.81；对于因变量 Y_2，克朗巴哈系数为 0.79；对于因变量 Y_3，克朗巴哈系数为 0.72。表明对于三个因变量的调查原始数据可信度较高，具有统计学意义。

表 2　农民宅基地退出补偿选择回归结果

项目	变量	安置补偿		货币补偿		建设补偿	
		B	S.E.	B	S.E.	B	S.E.
农民个人特征	x_1	0.053	0.067	− 0.061**	0.018	0.053	0.067
	x_2	0.684	0.868	0.427	0.341	0.684	0.868
	x_3	2.344	1.615	− 0.484	0.278	2.344	1.615
农民家庭特征	x_4	− 1.745	0.904	0.368	0.354	− 1.745	0.904
	x_5	− 0.34	0.405	− 0.221	0.244	− 0.34	0.405
	x_6	0.327	0.351	0.06	0.217	0.327	0.351
	x_7	− 0.089	1.15	1.257**	0.485	− 0.089	1.15
宅基地及住房基本状况	x_8	− 0.935	0.876	0.266	0.248	− 0.935	0.876
	x_9	1.482	0.764	− 0.041	0.294	1.482	0.764
	x_{10}	1.648*	0.721	− 1.156**	0.341	1.648*	0.721
	x_{11}	− 0.006	0.006	− 0.002	0.002	− 0.006	0.006
	x_{12}	− 0.13	0.33	− 0.131*	0.054	− 0.13	0.33
	x_{13}	1.748	1.284	− 0.766	0.466	1.748	1.284
宅基地效用认知因素	x_{14}	− 0.603	0.793	1.368**	0.273	− 0.603	0.793
	x_{15}	− 1.98	1.594	− 1.336*	0.556	− 1.98	1.594
常量		− 10.29	7.237	6.723	1.807	− 10.29	7.237
R^2		0.732		0.874		0.732	
− 2 Log likelihood		512.23		531.46		512.23	
预测准确率		79.26%		85.53%		79.26%	

注：**、*分别表示 1%和 5%的显著性水平。

（一）安置补偿下农民宅基地退出及其影响因素

① 农民个人特征对宅基地退出安置补偿意愿的影响。x_1 在 1% 的显著性水平下对因变量 Y_1 呈现显著正相关，说明农民年龄越大选择安置补偿的可能性越大，这验证了之前的假设，主要是因为农民年龄越大，越希望生活能有所稳定，老有所依所居。x_3 在 5% 显著性水平下对因变量 Y_1 呈现显著负相关，说明受教育程度越高的农民越不愿意选择安置补偿，这与之前的假设不一致，原因可能是受教育程度越高的农户不单单追求有房可居，可能对住房区位、环境等都有所要求。

② 农民家庭因素对宅基地退出安置补偿意愿的影响。x_5 通过了 1% 水平的显著性检验，与因变量 Y_1 呈现显著负相关，验证了之前的假设。这表明家庭收入越高的农户越不愿意选择安置补偿，这主要是因为收入越高的农户有足够的经济实力选择区位条件更优、居住环境更好的住房。x_7 在 1% 的显著性水平下与因变量 Y_1 呈现显著负相关，这与之前的假设不一致，这可能是由于参加了新农保的农户购买保险增强了他们承担各种风险的能力。

③ 农民宅基地及住房情况对宅基地退出安置补偿意愿的影响。x_{10} 在 5% 的显著性水平下对因变量 Y_1 呈现显著负相关，这验证了之前的假设，可能是因为农户因为居住习惯不愿意离开现在的住房。x_{12} 也在 5% 的显著性水平下对因变量 Y_1 呈现显著负相关，这验证了之前的假设，表明宅基地造价越高，农民选择安置补偿的可能性越小，原因可能是农户宅基地本身经济价值较高，从而不愿意放弃价值较高的宅基地而去居住可能环境条件不如自家宅基地的住房。

④ 宅基地效用认知因素对宅基地退出安置补偿意愿的影响。x_{14} 与 x_{15} 均没有通过显著性检验，说明这两个变量的作用不显著。

（二）货币补偿下农民宅基地退出及其影响因素

① 农民个人特征对宅基地退出货币补偿意愿的影响。年龄 x_1 在 1% 显著性水平下对因变量 Y_2 呈现显著负相关，这与之前的假设相一致，这表明年龄越大选择货币补偿的可能性越小，可能是因为年龄越大，其对金钱的观念越淡薄。x_2 和 x_3 未通过显著性检验。

② 农民家庭因素对宅基地退出货币补偿意愿的影响。x_7 在 1% 显著性水平下对因变量 Y_2 呈现显著正相关，这验证了之前的假设，说明参加了新农保的农民选择货币补偿的可能性更大。原因是已参保的农民对宅基地住房保障的依赖降低，他们希望通过货币补偿增加其现金收入以抵偿生活及其他成本支出。

③ 农户宅基地及住房情况对宅基地退出货币补偿意愿的影响。x_{10} 在 1% 的显著性水平下对因变量 Y_2 呈现显著负相关，这与之前的假设不一致，一般而言，农户将宅基地以出租或以其他方式流转已能获得较为持续稳定的收入，无需退出宅基地获取一次性的货币补偿。x_{12} 在 5% 的显著性水平下对因变量 Y_2 呈现显著负相关，这验证了之前的假设。宅基地造价越高的农民越不愿意选择货币补偿，这主要是因为造价越高的宅基地，其实际的经济价值越大，且农户也不愿将自己花费了较大人力物力财力建造的宅基地退出来换取货币补偿。

④ 宅基地效用认知因素对宅基地退出货币补偿意愿的影响。x_{14} 在 1% 显著性水平下对因变量 Y_2 呈现显著正相关，这验证了之前的假设，说明农户对政策越了解，越倾向于选择货币补偿，可能是由于政策了解程度反映了农户对自身宅基地价值的了解程度，在重庆现有货币补偿水平条件下，农民更倾向于货币补偿。x_{15} 在 5% 显著性水平下对因变量 Y_2 呈现显著负相关，这与之前假设不一致，这表明越重视宅基地的农户越不愿意因为一次性的货币补偿而放弃占据家庭财产大部分的宅基地价值。

（三）建设补偿下农民宅基地退出及其影响因素

建设补偿中只有 x_{10} 在 5% 显著性水平下对因变量 Y_3 呈现显著正相关，这验证了之前的假设。这可能与农民现有的思想觉悟程度以及政府政策宣传力度有关。农民考虑自己个人的、局部的利益多，而难以深刻认识到乡村规划与修建农村基础设施对整体环境改善的重要性；政府政策宣传力度不够，致使农村政策认知浅薄，对建设补偿难以有全方位的体会。

六、研究结论

本文利用 SPSS19.0 对安置补偿、货币补偿、建设补偿下农民宅基地退出意愿及其影响因素进行 Logistic 估计，研究结果如下：一是安置补偿下农民退出宅基地的影响因素多于货币补偿与建设补偿下农民退出宅基地的影响因素。且安置补偿下农民退出宅基地更多地受到观念和生计等农民个人或家庭等因素的影响，而货币补偿下农民宅基地退出主要受到宅基地及住房情况等因素的影响，建设补偿下农民宅基地退出影响因素较为单一。二是对于安置补偿下农民宅基地退出来讲，那些年龄较大、受教育程度较低、家庭收入也较低的农民选择安置补偿的可能性较大，而那些参加了新农保、宅基地造价较高，且宅基地是自身生活起居的主要场所的农民选择安置补偿的可能性较小。三是对于货币补偿下农民宅基地退出来讲，那些年龄越小、参加了新农保，且对相关政策越了解的农民选择货币补偿的可能性越大，而那些宅基地造价越高、宅基地属于家庭主要财产、宅基地自住的农民选择货币补偿的可能性越小。四是对于建设补偿下农民宅基地退出来讲，只有宅基地利用现状处于自住或其他状态下的农民才可能愿意选择建设补偿。

浅谈导游自由执业化对旅游业的影响

许　曦　张潇雨

一、传统导游执业方式及其引发的问题

（一）传统导游执业方式及特点

导游主要指参加并通过导游人员资格考试取得导游证，接受旅行社委派，为旅游者提供向导、讲解及相关旅游服务的人员[1]。

在我国导游人员按照职业性质来划分，分为专职导游人员和兼职导游人员两大类。传统的导游执业方式主要是通过挂靠旅行社，执业方式较为单一。

导游人员等级分为初级、中级、高级、特级。中级导游员的考核采取笔试方式。中文导游人员考试科目为"导游知识专题"和"汉语言文学知识"。高级导游员的考核采取笔试方式，考试科目为"导游案例分析"和"导游词创作"。特级导游员的考核采取论文答辩方式[2]。

（二）传统导游执业方式引发的问题

1. 导游执业渠道单一，大量导游资源闲置

我国市场上大多数中小型旅行社无力承担大量导游的薪资，只招收少量的专职导游供旅行社调配。旅游市场上大量兼职导游不能通过其他就业方式有效就业，导致了社会上导游就业困难、途径单一。

2. 缺乏法律依据，导游的合理薪酬难以保障

在传统的导游政策法规中，没有关于导游薪酬的相关规定，这使得导游的合理薪酬无法得到保障。传统导游的薪资模式基本遵循"以回扣为主、工资为辅、没有社会保障"的方式，有些旅行社不给导游旅游津贴，还要向导游收取一定的人头费以换取带团机会，导游只能通过获得购物回扣增加收入。这种薪资制度不能调动导游积极性，也给导游带来了巨大的购物压力。

3．导游考核及任务委派方式致使导游杂而不专，缺乏晋升动力

传统的导游等级考试考核内容主要集中在导游知识储备和服务技能方面，内容重复，形式化严重。以初级和中级的中文导游等级考试为例，考试内容都有导游知识专题，且区别不大。通过此种考核方式产生的导游通常知识储备单一，人才同质化严重，不利于专业人才的选拔、升级和区分。

从导游接受旅行社委派的方式来看，旅行社多采用随机分配的方式，忽略了导游自身具备的专业素质。导游服务内容变化很大，不利于导游在某一方面成为"业内专家"。再加上旅行社缺乏对高等级导游的奖励机制，也使导游安于现状缺乏晋升动力，不利于高级和特级导游的产生。

二、导游自由执业方式及其带来的变化

（一）导游自由执业方式的内涵

《导游自由执业试点管理办法》（以下简称《办法》）中提出导游自由执业方式是指导游在开展自由执业试点的地区，可以自主选择从事自由执业或者接受旅行社聘用委派执业。

导游自由执业方式包括线上导游自由执业和线下导游自由执业两种方式。线上导游自由执业是指导游向通过网络平台预约其服务的消费者提供单项讲解或向导服务，并通过第三方支付平台收取导游服务费的执业方式。线下导游自由执业是指导游向通过旅游集散中心、旅游咨询中心、A级景区消费者服务中心等机构预约其服务的消费者提供单项讲解或向导服务，并通过第三方支付平台收取导游服务费的执业方式[3]。

（二）导游自由执业带来的变化影响

1．导游薪资问题得到一定改善，等级晋升更有动力

导游摆脱旅行社自立门户，打造个人品牌。以往导游受旅行社带来的压力影响，一心只想着拿回扣，带领消费者购物，服务质量较差。而导游自由执业后，导游可在预约导游的网络平台以个人名义招揽生意。消费者在导游结束服务后对导游的业务能力、服务态度等进行点评。评价将直接影响到该导游今后的业务量多少，同时也是预约导游网络平台对导游评定的重要参考。导游会为了提高好评率而提供更好的服务和产品，打造属于自己的个人品牌形象。因此，努力晋升成为金牌导游，获取更多的业务量将成为所有导游的共识。

2．使导游资源的社会化配置和共享成为可能

传统的执业方式，让导游只能依附于旅行社获得执业机会，造成大量导游资源的闲置，让很多专业优秀的人员无法进入导游队伍。而导游自由执业将导游资源共享在各种线上和线下自由执业平台上，供市场筛选和调配。让导游可以通过更多的方式获取就业机会，能使导游资源的社会化配置和共享成为可能。

3．推动线上旅行社的发展，迫使传统旅行社改变现有经营方式

导游自由执业后，传统旅行社将面临更大的经营压力。原来依附旅行社存在的导游不堪压榨转而"自立门户"转战线上，会让传统旅行社陷入导游资源短缺，无导游带团的经营困境，同时也给线上旅行社创造了新的经营价值，开辟了新的营销点。例如，携程开发出的"当地向导"平台，吸引了更多的自助和半自助游消费者，更好地满足了消费者的个性化需求。此时内忧外患局面的传统旅行社必须抛弃以往盲目的恶性低价竞争办法，而是通过提供更优良的产品和服务来挽回消费者的心，求取生存。这对推动整个行业的健康有序发展意义重大。

4．推动旅游模式从景点旅游向全域旅游的转变

国家旅游局局长李金早在《全域旅游大有可为》中指出我国正处于从"景点旅游"向"全域旅游"的转变当中。笔者认为"景点旅游"是一种没有全局观念的旅游发展模式，景点和相关服务设施的建设开发只是为了服务旅游而忽略了与地区和周边环境是否相称。相反"全域旅游"是"一种新的区域协调发展理念和模式""将一个区域整体作为功能完整的旅游目的地来建设、运作,实现景点景区内外一体化,

做到人人是旅游形象，处处是旅游环境。"[4]

　　由于"景点旅游"中过于强调门票经济，原来的包价旅游产品也通常以景点景区、酒店住宿和交通来定价，以价格衡量包价旅游产品的好坏，忽略了导游在带团过程中提供的各种服务和服务的质量，忽略了"人人是旅游形象"。导游自由执业后，消费者可以依据导游的服务本身来买单，也可对导游提出更高的更具个性化的服务要求，讲解内容不仅限于景点景区，还会有更多的个性化消费点产生。

三、导游自由执业方式可能面临和存在的问题

　　由于目前该方案处于试点阶段，还存在很多潜在问题和需要改进的地方。笔者将结合目前携程旅游网的试点情况，对未来导游自由执业后可能存在的问题做一个预判分析。

（一）携程"私人向导"平台的操作运行情况

　　据新浪网 2016 年 9 月 28 日报道，携程已上线了国内首个导游自由执业网络预订平台 —— 携程私人向导平台（现已改为当地向导）。

　　携程旅行网主要通过携程旅行 APP 端来进行相关操作。平台上都会展示向导照片、联系方式、服务内容及消费者对该向导的服务点评。消费者可以根据出行地点查看该区已经注册在线的当地向导，并通过服务类型、向导性别、向导年龄进行分类筛选。

　　一方面，在对入驻者是否能够提供相关产品的能力上没有具体的衡量标准和限制办法。入驻流程中是否有导游证和驾驶证并不会直接影响到入驻者的入驻资格。也就是说携程平台上的当地向导不仅持证导游还有非持证当地向导。以桂林为例，携程线上当地向导共 471 人，持证导游仅有 36 名。（截止到 2017 年 4 月 17 日）

　　另一方面，消费者出行缺乏保障，在责任事故的处理上携程的实际操作和协议存在出入。消费者订单和向导接单时，携程都会提醒消费者和向导购买相应的商业保险或通过携程购买保险。携程的行为只尽到了提醒义务，但对消费者的出行安全没有提供实质性的保障。

（二）导游从业范围的约束和界定问题

　　《办法》第三条中提到无论是线上还是线下导游自由执业，导游都只能向消费者提供单向讲解或向导服务，但未对"向导服务"有明确的范围划分。向导服务是只包括和讲解有关的服务还是包含安排消费者的行程、住宿、交通等，服务范围不明确。根据《旅游法》和以往的政策法规来看，向导服务不包含安排消费者行程等服务，该服务归属旅行社，导游只做执行人。但在携程网络预约平台中，认证为向导的持证导游在该平台上除了讲解以外也可提供一些预订服务、包车服务等其他服务。

　　对"向导服务"范围界定理解的模糊化，在现实操作中存在巨大隐患。它意味着导游能以个人名义经营一些旅行社业务。这一方面对交纳了高额旅游风险保证金的旅行社不公平；另一方面，一旦在旅游过程中发生恶性的人员伤亡意外（消费者或导游都可能），将会使消费者和导游的权益无法保障落实。

（三）导游资格等级评定和薪酬激励制度的问题

　　根据《旅游法》规定导游必须具备两个条件：一是获得导游资格证，二是接受旅行社委派，拿到导游证。现在的导游自由执业化之后连导游证都不需要，就能从事相关业务。以目前携程 APP 上出现的"当地向导"来看，入驻者不一定要有导游证或驾驶证，只要熟悉旅游目的地，有充分经验就可以担任向导。但如何鉴定入驻者是否对当地熟悉、是否具备专业知识和经验，没有明确评定标准。而随着 2016 年《导游人员管理条例》的废止，导游等级评定和管理工作也陷入困境，相关工作维持原状，处于停滞状态。

　　导游自由执业化之后，虽说导游资源将得到优化，部分优质导游定将涌现。但如何给予这些优质导游官方认证，让他们得到相应的奖励和晋升，以此来留住他们仍然是很大的问题。不同导游的基础薪资

如何确立，消费者的好评对导游薪资的影响到底有多少，奖励金额占导游薪资的比例为多少，如何避免雇佣水军刷好评的现象等问题，还有待市场的考证和给出正面解决方案。

四、未来的解决思路与途径

除了携程的"当地向导"中出现的无证向导，网络上还有很多旅游达人凭借自身丰富的旅游经验和个人魅力获得消费者的关注，并向消费者提供旅游服务。他们通过一些旅游社区平台，例如穷游网等，一方面为注册用户答问解疑，一方面展示和宣传自己，吸引潜在消费者的关注，最终出售各类旅游服务及产品。这些"当地向导"和社区旅游达人的出现有其合理性，满足了市场上消费者的多样化需求，引导了市场。但是显然，他们的身份与以往的《旅游法》和相关法规政策有些冲突。我们在考虑他们的行为是否违法的同时也应该关注到用来衡量他们的标准是否出了问题，即相关规定是否存在不完善的地方。

（一）放开导游资格管理，通过签约合同限制导游，明确线上线下旅游企业的责任

面对市场上无证向导和旅游达人来说，与其"一竿子打死"，不如采用"一群羊也是赶的"放宽政策，放开导游资格管理，让他们也成为合法导游。无证向导和旅游达人的出现并不是偶然，而是现实发展对法律的推动。以往法律对"导游"的限制，形成了"围城"现象。持证导游想要逃离旅行社寻求其他就业方式，无证人士想要从事相关工作却无门可投。此次的导游自由化改革只解决了"城里的人想要出城"的愿望，却没有解决无证人士想要从事相关行业的困境。而一旦政府放开导游资格限制，让导游自由执业平台通过签订工作合同的方式限制导游，则不仅能让向导、达人的存在合法化，也能使城里城外不设围墙，降低导游从业资格，更有利于导游的准入和退出。

放宽导游资格限制，并不意味着没有限制，而是把限制的权利交给旅游企业，由企业负责把控进入准则。在监管上，通过企业合同和消费者评价共同监管导游。而政府也可以让导游像消费者监管导游一样监管旅游企业，建立旅游企业评价体系。让旅游业的每一个参与者都处于无处不在的监管之中，让监管真正做到社会化。

最后，导游资格放宽，签订工作合同后，薪资问题也会更加灵活和市场化。各个平台和旅游企业可以根据竞争需要和市场需求，自行确立自己的导游薪资及奖励标准，导游可以自由流动，并在收入淡季时，及时退出。而只有签订工作合同，在合同中明确导游的合理薪资，才能使导游薪酬真正合法化，从而保障导游的基本利益。

（二）细化导游分类，结合评价晋升

以往由于包价产品的大众性、单一性，消费者对提供旅游服务的导游也没有特殊要求。传统的对初、中、高、特级导游的等级指定只能从导游服务的质量方面做出划分，没有对导游服务的专业需求方面划分。随着体育旅游、探险旅游、文化旅游等主题旅游的发展，市场对导游提出了更高、更专业化的要求。

目前在携程 APP 端的"当地向导"平台中，仅对向导做了服务类型、性别和年龄的分类。这样的分类方式相比于旅行社随机分配有一定进步，但没有深入地体现个性化和专业化。在笔者看来，应在原有分类方式的基础上加上旅游主题的分类。比如将持有潜水证的导游归类为海岛游类导游。在导游的基础上加以其他行业的认证证书，同时结合导游等级制度，来进一步细化和规范旅游业导游。

在导游的等级晋升考核办法上也应有变化。以消费者反馈的好评率为基础，结合该导游在执业过程中订单数量和导游知识储备考核成绩，将执业过程中的额外荣誉等作为加分项。每一项按照一定的比例折算最后获得总分。对总分制定一定的标准，衡量导游是否满足等级晋升要求。结合导游资格限制放宽，政府只在导游等级上做把控。而在导游分类上，由企业自身做要求，根据企业需求和市场需求来对导游进一步做安排。

五、结　语

导游自由执业化是旅游业发展的必然趋势，也是市场导游资源优化配置的需要。导游自由执业以后不仅有利于提高导游服务质量，缓解导游和消费者之间的矛盾，而且对转变旅行社经营方式、消除旅游市场上的乱象有一定积极意义。未来，随着导游自由执业试点工作的进一步开展，我国的导游管理体制必将更加合理，旅游市场更加繁荣。

参考文献

[1]　中华人民共和国国务院. 导游人员管理条例[Z]. 第二条. 1999.

[2]　张贺娟. 我国导游人员社会保险问题研究[D]. 郑州：河南大学，2010.

[3]　导游自由执业试点管理办法[Z]. 第三条、第十八条. 2016.

[4]　导游人员等级考核评定管理办法[Z]. 第七条、第八条. 2016.

[5]　中华人民共和国旅游法[Z]. 第四十条. 2013.

[6]　邓卓鹏，王多惠. "供给侧改革"背景下导游自由执业的若干问题探讨[J]. 旅游纵览（下半月），2016（10）：30-31.

[7]　余瀛波. 导游自由执业吹响旅游管理体制改革号角[N]. 法制日报，2016-02-15（006）.

[8]　黄秀琳，金秋玲. 导游员薪酬制度与管理模式研究 ——以福建省为例[J]. 山西经济管理干部学院学报，2010（02）：1-4.

[9]　薛美珏，潘云. 导游自由执业背景下的旅行社转型升级研究[J]. 中国商论，2016（23）：79-80.

[10]　李金早. 全域旅游大有可为[EB/OL]. http：//www.cnta.gov.cn/zdgz/qyly/201603/t20160311_763215.shtml

[11]　朱辰. 自由执业导游员只能"讲解"和"向导"吗？[N]. 中国旅游报，2016-08-23（008）.

[12]　黄恢月. 导游自由执业与导游管理[N]. 中国旅游报，2016-02-17（C04）.

山地型重庆悦来生态城规划经验与启示[*]

赵月溪　李斌

目前我国生态城市的建设还处于探索阶段，而对于山地自然环境状态下生态城市建设的理论与实践更是鲜有涉足。重庆作为一所典型的山地城市，在两江新区开展全国首个山地"低碳海绵城市"——悦来生态城的规划实践，转变传统城市开发模式，努力打造一所"会呼吸"的山水园林城市，积极探索了一条发展低碳经济，加强山地生态环境保护的山地城市规划建设的新路径，为山地生态城市建设提供示范。

一、理论综述

（一）生态城市相关理论

1．生态城市的概念

伴随着人类文明的不断发展，人们对于人与自然关系的认识不断升华，生态城市的概念逐渐被提出。联合国教科文组织在20世纪70年代发起的"人与生物圈计划"（MAB）中指出，"生态城市"是综合自

* 基金项目：教育部人文社会科学研究项目（14YJCZH069）；重庆市教委人文社科项目（15SKG095）；重庆市教委科学技术项目（KJ1600622）。

然生态和社会心理两方面共同创造的一种充分融合技术和自然的人类活动的最佳人居环境。国际上对于生态城市的说法不一，但随着城市中各种生态运动的开展，城市生态理论研究的逐渐深入，生态城市的概念也在不断发展和完善。苏联城市生态学家 O.Yanistky 认为，生态城市是将自然、技术、人文充分融合，物质、能量、信息高效利用，居民的身心健康和环境质量得到维护的一种高效、和谐的人类聚居新环境。我国学者黄光宇先生（1997）认为生态城市是根据生态学原理，综合研究社会-经济-自然复合生态系统，并应用生态工程、社会工程、系统工程等现代科学与技术手段而建设的社会、经济、自然可持续发展，居民满意、经济高效、生态良性循环的人类住区。综合诸多学者的探索和实践，从广义上讲，生态城市是建立在人类更加深刻认识人与自然关系的基础上，构建社会和谐、人与自然协同共生的新型社会关系，实现资源的高效利用与可持续发展的新的生产和生活方式；从狭义上来讲，生态城市就是按照生态学原理开展健康、可持续的人居环境设计。

（二）生态城市实践

1. 国外实践

自生态城市的概念被提出以来，全球各国积极参与建设生态城市的实践探索，例如被誉为生态之都、"最适宜居住的城市"的巴西库里蒂巴，以公交为导向的开发模式，使市民的绝大部分出行依赖于公交系统而非小汽车，这极大地减少了燃油消耗，降低了环境污染，改善了交通拥挤，将低碳经济与绿色生态相融合，成就了享誉全球的生态城市典范；位于德国南部的埃朗根生态城，尤其注重绿色基础设施的建设，划定了生态涵养地区的保护边界，并将绿带、绿楔穿插引入城市；美国波兰特在城市规划方面遵循精明增长的原则，混合功能用地，划定增长边界以控制城市盲目扩张；瑞典的马尔默城从原本的工业贸易城市逐渐转向可持续发展的低碳生态城市；日本北九州提出循环经济模式，减少地区整体的废弃物排放。

2. 国内实践

近年来，在我国各个研究领域，生态城市的理论研究与实践探索始终是一个炙手可热的课题。全国各大城市广泛开展了有关生态城市规划建设的探索。其中研究成果较为突出的有中新天津生态城，作为中国与"花园城市"新加坡两国共同探索城市可持续发展模式的一次全新尝试，在选址与土地利用方面，中新天津生态城采取紧凑布局的模式，加强土地集约利用；在产业结构方面，从粗放型的发展方式转向全面协调可持续的产业模式；在人与自然关系方面，突出以人为本理念，加强城市园林绿化，构建完整连续的慢行系统，并采用适宜的技术治理水环境，最终目的是创建一个环境友好、宜人的人居环境。除了最具代表性的中新天津生态城之外，近几年国内还涌现了注重能源与开发的无锡太湖新城、生态指标体系与规划方案紧密结合的唐山曹妃甸新城等。

"未来最精彩的城市将会出现在中国山水交融的山区""中国的后劲在于山"，我国山地城市学的奠基人、生态城市理论研究的开拓者黄光宇教授与著名地理学家丁锡祉教授早在多年前就做出这样的预言。目前，我国生态城市的研究逐渐由平原城市发展到山地城市，重庆悦来生态城作为国内首个山地生态城市，也是面积最小的生态城市示范区域，因其所处环境的特殊性，规划建设经验值得西南山地区域研究与借鉴。

二、重庆悦来生态城基地概况

（一）优势因素分析

1. 区位优势突出，对外交通便利

悦来新城雄踞重庆两江新区西部片区的核心位置，向北辐射水土，南侧以自然河谷为界，与礼嘉相呼应，东接金山大道连接空港，西接蔡家，西临嘉陵江，北侧是与嘉悦大桥相接的城市中环快速路，基地规划范围总面积为 3.46 km²。基地距解放碑-江北城城市中心区距离约 15 km，距江北国际机场 12 km，距悦来两江国际商务中心区 8 km，是两江新区的核心地带，北侧毗邻已经建成并投入使用的重庆国际博览中心。如图1、图2所示。

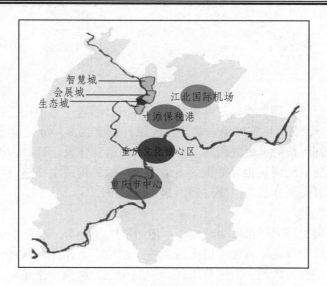

图 1　重庆悦来生态城区位示意图

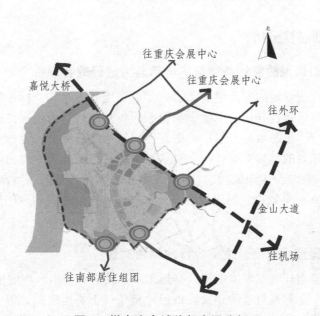

图 2　悦来生态城外部交通分析

2. 生态环境良好，山水空间足

悦来生态城规划场地依山傍水，面朝嘉陵江，背靠中央公园，地块内部地形地貌变化多样，为起伏不平的丘陵地貌。通过对规划场地进行地形分析，发现基地内的制高点位于南部海拔为 356 m 的丘陵上，最低处为西侧嘉陵江江面，海拔约为 170 m，整体用地高差在 190 m 左右，为典型的重庆山地地貌。基地内部分布着陡坎、冲沟、坡地、溪谷等自然地貌，保持着较为完好的原始生态环境，山水空间足，用地条件尽显重庆山地特色。

3. 周边服务设施完善，产业集聚能力强

悦来生态城北侧的重庆国际博览中心在建设的同时，以服务为主的周边基础设施建设也快速跟进。目前，国博中心、会议中心、温德姆酒店项目已经全面建成并且投入使用。随着国际博览中心的建成与使用，大量会展商业、文化、娱乐、餐饮等相关基础设施入驻悦来，产生以会展行业为中心的产业集聚效应。此外，在市政道路工程方面，横向及纵向道路骨架均已搭建，将北部水土组团、西部蔡家组团、南部礼嘉组团与东部空港新城连为一体，西侧的滨江公园也已经对外开放，悦来古镇、行政中心、学校、医院、消防特勤站等基础设施项目也正在建设之中。周边服务设施的逐步完善将为悦来生态城带来舒适宜人的外部居住环境。

（二）制约因素分析

1. 适宜建设用地少

通过高程、坡度坡向分析，建立地块三维模型可以得出，沿着中部主山脊线构成一个"人"字形态的生态廊道，坡度大于 25°，属于生态绿地、非建设区域；坡度在 0～10°，定义为状态良好的适宜建设用地；其余为可以进行局部改造的可改造用地。根据标准，适宜建设用地只占用地面积的 40% 左右，分布于主山脊线东侧，分散为南北两块相对平坦的山地平台区域，构成主要建设用地。山地特殊地形地貌造成的适宜建设用地较少且位置分散是主要限制因素之一。

2. 生态环境敏感性强

悦来生态城基地的土地覆盖因子主要为林地、草地、耕地、水体、建设用地、未利用地等几大类型。其中，林地和草地等主要植物覆盖于高程或坡度较大的丘陵地带，以及西侧嘉临江沿岸成片分布。这些区域属于生态环境敏感性较强的区域，约占总用地面积的 40%，区域生态环境稳定性较差，易受到自然和人类活动干扰而出现区域生态环境问题。

三、悦来生态城规划经验分析

（一）生态优先 —— 对场地的自然条件与环境承载力进行综合评价

要求因地制宜，根据规划场地的实际情况，选取了地形地貌、水文、动植物、土地利用等多个对开发影响较大的因素作为生态敏感性分析的主要影响因子，将基地划分为生态敏感、弱敏感与不敏感三个程度的生态敏感级。在综合了生态敏感级与用地适宜性的结果的基础上，分析、评价基地内各区域的生态适宜性，最后确定功能区划的具体方案；结合对基地资源特色的分析，得出基地所具有的水流、风流和生物流三种生态流。规划要结合生态流理念，保留三种生态流所经过的区域作为生态斑块或生态廊道，构建"斑块-廊道"模式，在此基础上，划定生态保护区域，再进行建设用地的耦合，以此搭建生态安全格局。

（二）慢行社区 —— 塑造小尺度、适宜步行的绿色交通

绿色城区的塑造要求使用环境友好型的绿色交通工具，减少对于小汽车的依赖性，"小尺度街区"模式为此提供了良好的条件。尽管车行道的建设在山地地形条件下有所限制，但"小尺度"使在各个社区间建立山地特色步行道与非机动车道成为可能。在地势相对平缓的道路上建立自行车专用道，保证非机动车道贯穿整个生态城，提高非机动车交通的可达性，构成非机动车与特色步行道的慢行交通系统，为居民出行提供了小汽车之外的替代方案。以"人本位"、慢行优先为原则，通过慢行系统的塑造，最终将形成适宜步行、短出行的绿色城区。

（三）绿色公共空间 —— 生态公园与步行道的建设

绿色公共空间作为城市环境的精华、城市独特魅力的载体，悦来生态城能否建立具有高可达性的绿色公共空间，是生态城建设成败的关键。以基地"人"字形的生态廊道以及西侧滨江地区的生态景观轴，规划多条绿色连廊，如水系步行道、线型公园等将基地内的绿色公共空间连成一个绿化系统。沿嘉陵江岸一带，围绕整个生态城西侧的是自然的带状公园，连续的景观步行系统贯穿其内部，使之连接成为一个整体。

（四）海绵城市 —— 实现传统城市治水模式的转型

针对悦来生态城受山地地形地貌、土壤条件的影响而带来的雨水径流快、下渗能力不足、土壤持水难等特点，规划提出构建低影响开发雨水系统，对社区、道路、建筑、公园等场所进行设计与改造，提

升生态蓄水能力。通过城市道路、绿地与广场、水系、社区与建筑及常用低影响开发设施如绿色屋顶、透水铺装、下沉式绿地、生物滞留带的专项工程设计，对于城市内涝防治、恢复自然水体本身的雨水调节功能起着重要的作用。

（五）开放式街区 —— 富有活力氛围的居住空间形态

悦来生态城采用的小街区、密路网的土地利用模式强调土地集约利用、功能混合、适宜步行，为开放式社区提供实现的可能性。开放式社区的实施能够使社区资源与城市共享，路网融入整个区域道路体系，从而完善城市路网。邻里绿地融入区域绿地系统，增加了公共活动空间。沿着"打开的"路边形成尺度适宜的商业街道，带来商业氛围，重塑街道活力。开放式社区使人从原本封闭的住宅组团里流向街道，促进邻里之间的交流，塑造人性化、富有活力氛围的居住空间形态。封闭社区与开放社区公共服务设施的布局对比如图3所示。

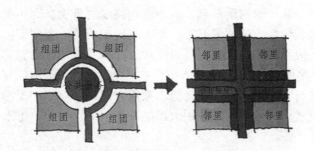

图3　封闭住区与开放社区公共服务设施的布局对比

（六）绿色建筑 —— 具有重庆山地特色的建筑模式

悦来生态城建筑的环境适应性表现在建筑布局上充分结合场地的环境特征，结合坡地布置建筑，由临近江面向外依次布置多层与高层住宅建筑，采用底层架空的群体建筑以改善通风条件，有效地调节了微气候。将塔楼形式作为普遍的建筑形式，对建筑套内空间进行避热处理以减少西晒得热。节能性主要体现在建筑设计中考虑到多种能源的综合利用，如太阳能光热技术与地热能的利用，以及各类降低能耗的设备的使用上。此外，绿色建筑的生态性表现在建筑顶部推广普及绿色屋顶，建筑设计中融入中水利用系统以及雨水收集设施，采用双管线的建筑水系统。建筑外部道路旁设置生物滞留带，构成道路雨水花园，通过植被、沙土和微生物的综合作用净化雨水，补充地下水。

四、悦来生态城规划启示

（一）自然生态格局的构建是根本

对于山地特殊环境下生态城市的建设，尤其要重视在前期识别生态斑块、构建生态廊道，综合各影响因子划分生态敏感区，以确保基地内的自然要素和生物多样性的完整。在山地环境下建设生态城市的过程中，必须重视区域整体的生态格局与网络的构建。这就需要分析城市内部生态结构与区域生态网络的衔接关系，例如生态廊道的构建、湿地空间区域间的连通、生态流的控制等。并根据景观生态学的原理，将"斑块-廊道-基质"作为山地景观生态中的三个基本构成单元。

（二）集约高效的土地利用模式基础

山地城市受山水阻隔、地形的限制，平坦用地和宜建地少，土地资源显得尤为宝贵。因此城市发展应当学习欧美紧凑城市与精明增长的原则：重视对城市存量空间的改造利用，避免盲目扩张，混合功能用地，空间紧凑，减少对于机动车的依赖性。同时，提倡小尺度街区的开发模式，对于居住区，亦可采用开放式街区，有利于土地资源共享与完善城市交通系统。

（三）以人为本的公共交通模式前提

山地生态城市的城市空间形态要结合生态理念与人本理念来把控，提倡以人的尺度为标准，重视人的体验与感受，基于职住平衡的理念以及生活服务便利的需求，在规划上应采用土地混合利用、绿色交通体系的全面综合的方法。绿色交通的核心理念是从车本位到"以人为本"，由于用地的复杂性与局限性，山地生态城市的建设提倡以绿色公共交通系统为主导的发展模式。一方面，在以轨道或公交站点为中心，步行800米范围内组织附近土地的利用模式，有利于提高公交使用率，形成良好的步行和自行车交通环境；另一方面，采用绿色、环境友好型交通工具，例如电力公交代替原有公交、可供行人随时取用的单车，能够极大的降低能耗与污染。构建功能混合、步行友好的公交导向模式，应当意识到充满活力的社区是围绕行人、自行车和公交系统来进行设计的，积极塑造实用性强、通达性强、富有趣味的城市空间。

（四）生态绿色的技术开发模式手段

生态系统作为山地型生态城市的物质基础，应当受到高度的重视。利用低影响开发技术、生态化的建造技术、可再生能源技术、绿色建筑技术对于山地生态城市的建设起到了引导作用。例如在山地海绵城市的建设方面，不同于一般平原城市，需要考虑陡坎、冲沟、坡地、溪谷等原始自然地貌的保留与利用，因地制宜构建自然"海绵体"；在生态修复方面，立足原有水体，通过底泥疏浚、水生植物培养和生态砌岸等手段，提升水体的自我净化能力；在能源再利用方面，大力推广无污染垃圾处理技术，实现循环型经济发展模式；在绿色建筑技术方面，利用太阳能翻板、中水处理、雨水回收再利用、建筑节能设计等来实现生态建筑的目标。

参考文献

[1] Yanitsky. The city and ecology[M]. Moskow: Nanka, 1987.

[2] 黄光宇，陈勇. 生态城市概念及其规划设计方法研究[J]. 规划研究，1997，（6）：17-20.

[3] 黄光宇.山地城市学原理[M]. 北京：中国建筑工业出版社，2006.

[4] 毕瑜菲. 生态城市的内涵、特征以及发展措施[J]. 门窗，2014，04：248-250.

[5] 李和平. 针对山地城镇特殊性，构建规划建设工作体系[J]. 城市规划，2016，02：96-97，112.

[6] 余作健. 山地城市打造宜居生态城市的规划思路[J]. 工程建设与设计，2016，09：148-149.

[7] 辛金. 基于生态观的山地城市设计研究[D]. 重庆：重庆大学，2012.

[8] 赵万民，朱猛，束方勇. 生态水文学视角下的山地海绵城市规划方法研究 ——以重庆都市区为例[J]. 山地学报，2017，01：68-77.

[9] 扈万泰，Peter Calthorpe. 重庆悦来生态城模式 ——低碳城市规划理论与实践探索[J]. 城市规划学刊，2012，02：73-81.

[10] 陈天，臧鑫宇，王峤. 生态安全理念下的山地城市新区规划研究 ——以武夷山市北城新区城市设计实践为例[J]. 建筑学报，2012，S2：34-38.

乡村旅游与社区参与综述

申彦 肖轶

一、相关概念综述

（一）乡村旅游

欧盟和世界经济合作与发展组织将乡村旅游定义为发生在乡村的旅游活动，并进一步认为"乡村性是乡村旅游整体推销的核心和独特卖点"。不同学者对于乡村旅游的定义有着不同的表述，但基本都认同以下两点：① 旅游者的根本动机是旅游者对乡村生活的向往，是心灵上对现实生活的一种否定以及对映像乡村的一种追求；② 乡村及乡村附近是乡村旅游活动发生的地域空间。在适当的乡村开展旅游活动对乡村经济结构重构以及经济的快速发展具有较强的促进作用。

总结我国乡村旅游的发展现状，可以看出我国乡村旅游开发一般有以下几种途径：① 乡村靠近旅游吸引力较强的景区或者资源，由过往游客的需求刺激而自发组织的，以提供食宿为主的"农家乐"，是一种简单的开发模式；② 由于乡村保存着较有特色的文化或者乡村临近禀赋较高的旅游资源而引起外来企业的投资开发，这是一种较为混乱的开发方式，缺乏科学有效的规划；③ 由于乡村的特殊情况而由政府投资开发，这种开发的目的多是为了刺激乡村经济的发展。以上三种方式可以简单说明中国发展乡村旅游由无到有的原因及发展过程。

（二）社区

1887年，德国的弗迪南·滕尼斯在他的《社区与社会》一书中将"社区"表述为：社区是具有共同的社会价值观、彼此之间有亲密关系的人生活的一定地域。国内学者关于社区概念有多种不同的说法，基本上都认同以下几个特征：① 社区的各种生产生活活动都需要一定的空间作为载体，这是社区的空间属性；② 以发展的观念来看，社区内部成员之间的关系需要一定阶段的时间积淀，这是社区的时间属性；③ 社区内部成员之间有着某种互动关系，是一个有着共同文化维系力的人类生活群体及其活动区域的系统综合体，这是社区的社会属性。乡村旅游社区除了拥有乡村社区的属性以外还拥有自己的特殊性。乡村旅游社区是乡村旅游发展中不可忽视的一部分，乡村社区本身也是乡村旅游资源的一种类型，游客在乡村旅游的活动过程中也会经常欣赏乡村旅游社区的生产、生活活动，而世世代代生活在这里的乡村社区居民是这些活动的主体，而且由于需要在乡村长时间的生活，并且有相应的文化积累才能展现原汁原味的各种乡村活动，乡村的活动具有不可替代性，这是乡村旅游社区的资源属性。

二、乡村旅游社区参与综述

（一）乡村旅游社区参与

乡村旅游发展更多的是由政府推动，作为一种促进乡村发展的方式，因此乡村旅游的开发模式更多地表现为政府主导型开发模式。乡村旅游经过多年的发展，在全国涌现出各种各样的乡村旅游发展与开发模式，近十年，乡村旅游已经从原先点式开发发展为现在的片状开发，在乡村旅游资源开发以及社区和旅游发展的过程中出现了一些比较棘手的问题。学界关于社区参与乡村旅游发展已经有了大量的研究，研究大多关注以下几个方面：社区利益、社区参与旅游发展中存在的问题、乡村社区参与下旅游开发模式以及乡村社区参与的影响因素。

（二）社区利益

利益相关者理论的核心观点是：任何一个企业都有许多利益相关者，企业的经营管理要重视综合平衡各个利益相关者的利益。就乡村旅游发展而言，经常会包含开发商、旅游企业、当地政府、旅游资源、乡村社区居民和游客，社区居民不仅是贯穿乡村生态旅游发展过程的利益相关者，也是乡村生态文化的载体。但是乡村社区居民由于对旅游的认识不足导致其经常无法得到合理的利益分配，最重要的原因是在中国乡村基础薄弱，发展乡村旅游时不可避免地需要依靠外来资金或力量的介入。发展乡村旅游确实是一种阻止农业衰退，增加农民收入以及发展农村经济的有效途径，但是由于乡村长期的经济弱势，缺乏必要的发展基金，致使在一些乡村想要发展乡村旅游就要向政府或企业寻求必要的帮助，而政府和企业在投资中所占据的资金优势，会导致发展过程中收获到更大的利益，长此以往，就导致"抽血机制"的产生。简而言之，在乡村旅游发展中，政府和企业获得大量利益，乡村社区居民在发展过程中被边缘化，成为乡村旅游发展的最大受害者和最小利益获得者，大量的利益流走，而乡村未能获得实质性的发展。

（三）社区参与中的问题

在乡村旅游发展中由于矛盾的存在以及在发展过程中的不断激化会出现一些比较棘手的问题，这些问题已经引起了国内学者的广泛注意，根据资料大致可以归结为以下几种："近邻效应""旅游飞地""抽血机制""围城效应"、发展"内卷化""公地悲剧"等，这些问题归根结底都是在讲乡村旅游发展的可持续问题，而诱发这些问题的原因主要可以归结为两种：乡村旅游发展中的产权问题、乡村社区居民对旅游的态度及感知。

首先是乡村旅游发展中的产权问题，乡村旅游发展中拥有不同类型的旅游资源，从产权属性上讲，大部分属于国有产权，从表面上看，这些资源产权体制中的产权主体清晰，即国家和集体拥有所有权，可是这种制度在环境资源一旦进入运营阶段就会出现弊端，没有形成明确的权利、义务、责任主体，或者产权主体出于权责不明确的境地。在产权不清晰的情况下，"搭便车"的情况就会发生，在资源利用中，一方过度利用而全体共同承担后果，最后导致"公地悲剧"的发生。

第二个问题是乡村发展中乡村社区居民对旅游的态度及参与意识。所谓参与意识，主要是指社区居民知道如何参与、怎样参与、参与什么的认识，中国乡村社区居民无法正确地认识旅游，更无法认识到自己在发展旅游过程中的作用，因此居民的参与意识不高，在旅游发展过程中往往表现为象征式参与。随着旅游的进一步发展，社区居民会逐渐认识到旅游发展所带来的消极影响，也会渐渐地对旅游的发展带有抵触情绪，影响乡村旅游的可持续发展。

（四）乡村社区

社区参与下的旅游开发模式可以大致分为三种：企业主导型、政府主导型、社区主导型。政府主导型和企业主导型又可以被叫作"输入型"开发模式，这种模式的缺点是当地居民成为了旅游发展的旁观者，即使旅游发展很好，当地居民也很难获得足够的利益。在企业主导型模式运行时，社区居民常常被作为旅游开发的客体而非主体。政府主导模式则更类似于为当地提供一种公共服务，在乡村旅游发展所得收益中政府除了收回投资和满足旅游区正常运转支出之外不应有盈利，但由于实际操作中的问题，政府其实是旅游发展中主要的受益者之一。从最早的农家乐开始，中国乡村旅游就开始迅速发展，而过多依靠政府和外来企业的发展模式所带来的弊端也越来越多，在这样的背景下，许多学者提出了以社区为主导的开发模式，又可以被叫作"内生式"开发模式。社区主导型乡村旅游是乡村社区居民作为乡村旅游发展的主体之一参与乡村旅游发展，在发展过程中拥有话语权以及决策与规划的权利，社区主导模式其实更多是采取社区集体组织领导的发展模式，社区集体组织成为社区利益代言人有着明显的好处，周永广、姜佳将等整理中国乡村旅游社区参与的研究文献，认为以政府和企业为主导的"输入型"乡村旅游开发模式不利于乡村旅游的可持续发展，而应选取"内生式"发展的社区主导开发模式，刘相军和张杨认为"内生式"的实质是一个乡村社区自我发展能力培养和提升的过程，"内生式"发展也并不意味着对外界力量的排斥。

三、结论与展望

本文从乡村旅游的概念、乡村旅游发展中的问题以及乡村旅游社区参与中存在的问题对乡村旅游的相关研究进行了阐述。关于乡村旅游的研究虽然有学术方面的内容，但是就国内的研究来说，国内学者的关注点偏向于实际应用，并且国内对乡村旅游的研究还有待深入。综上所述，本文认为，国内关于乡村旅游的研究应更多地注重以下方面：

（1）关于乡村旅游的概念问题，无论是国外还是国内都存在着较大的问题，首先是乡村旅游的概念至今无法统一，并且关于乡村发展的地域范围也无法做出一个清晰的界定，从而无法形成一个统一的理论体系。

（2）国内关于乡村旅游社区参与的研究也已经有了大量的成果，学者们的关注点多集中于乡村旅游社区参与的模式、优势以及现阶段乡村旅游社区参与存在的问题和如何解决等方面。确实对乡村旅游社区问题的研究可以很好地解决乡村旅游的可持续发展问题，但是国内少有将关注点放在社区参与程度的研究上，大量的事实表明并不是将乡村的发展全权交给社区居民就能得到良性的结果，在发展中仍需要借助企业以及政府的力量，但是政府和企业在不同的发展阶段应该得到多少比例的利益分配，在参与中承担多少比例的任务以及承担哪些任务，这些方面还需要更加深入的探索研究。另一方面，我们也需要将研究关注点延伸到乡村社区参与过程中如何参与的问题上面，由于乡村社区居民对旅游的发展缺乏科学的认识，因此并不是所有的旅游发展过程都适合社区居民的介入。

（3）在国家大力发展乡村旅游的背景下，如何将新农村建设和发展乡村旅游结合起来而避免乡村旅游的核心卖点"乡村性"丢失是一个重要的内容。乡村旅游得以发展的一个重要原因是城市居民对乡村生活的向往，而"乡村性"丢失的一个重要原因是乡村居民对城市生活的向往。如何解决乡村旅游发展中客观存在的这些矛盾还需要做更多的努力。

参考文献

[1]　马波. 开发关中地区乡村旅游业的构想[A]. 区域旅游开发的理论与实践论文集. 1994：733.

[2]　何景明. 国外乡村旅游研究述评[J]. 旅游学刊，2003（1）：76-80.

[3]　刘涛. 基于产权理论的乡村旅游社区参与研究[J]. 河北旅游职业技术学院学报，2010（1）：34-35.

[4]　把多勋，徐金海.基于社区参与的乡村旅游研究——以江西婺源县为例[J].资源开发与市场，2013，（8）：869.

[5]　周永广，姜佳将等.基于社区主导的乡村旅游内生式开发模式研究[J].旅游科学，2009（4）：36-37.

[6]　刘相军，张杨. 西部民族乡村旅游社区内生式发展模式研究——以梅里雪山雨崩藏族旅游接待村为例[J]. 江西教育学院学报：社会科学版，2011（1）：19-20.

重庆5A级景区旅游厕所现状及对策研究

——以武隆天生三桥景区为例

曹扬　张春

旅游业快速发展，国内游客量激增，使得国内旅游厕所建设的不足日益暴露。文章以旅游厕所为对象，以重庆武隆天生三桥景区为案例，采用文献检索法、访谈法与实地调查法相结合的研究方法，对重庆5A级景区旅游厕所的现状及对策进行探讨。

一、重庆武隆天生三桥景区旅游厕所现状调查

（一）总体分布较合理

根据现场调查发现，从天生三桥景区入口至景区出口共有6座厕所，分别位于景区售票大厅、景区入口、天福官驿、龙泉洞、景区观光车乘车点、景区出口附近，相邻厕所间的距离较为相同，厕所的位置与景区的其他基础设施建设密切配合。

（二）厕所外观与外部环境大致协调

6座厕所的外观颜色以灰色为主，部分为绿色，作为典型的喀斯特地貌，天生三桥景区内的山体为石灰岩，灰色的厕所外墙就如山体一般，给人一种和谐的视觉效果。

（三）内部建设较为合理，如厕环境较舒适

如厕基本环境较好。据调查，所有厕所男女厕位均分开设置，符合男女性的差异化需求；光线充足，地面未见明显积水，厕所内通风良好；有除臭设施，部分厕所有空气清新剂，每间厕所均有檀香型蚊香去除味道和驱赶蚊虫，厕所内无明显异味。

内部环境美化较好。调查发现每间厕所内部墙面挂有文明用厕宣传牌，布置有景区风景画，部分厕所内部放置有绿萝等绿色植物净化空气。

基本辅助设施较齐全。调查显示，景区内每个厕位内置有两个挂衣钩，一个不锈钢材质手纸放置架，一个塑料材质无盖式废弃手纸垃圾桶；每间厕所内均有洗手盆、面镜、洗手液、干手器，设置有无障碍卫生间，低于普通成人高度的儿童小便池，低于普通成人高度的洗手池等。

（四）现有男女厕位比例较为合理

根据调查统计分析，武隆天生三桥景区里男女卫生间内大便厕位比为 1：1.38，1：1.8，1：2.25，1：2.6，1：2，按照《旅游厕所质量等级的划分与评定标准》要求男女厕位（不含男士小便池）比例必须达到4：6，天生三桥景区内厕所基本达到该标准，设置较为合理。

二、景区内厕所存在的问题

（一）设施不完善

景区厕所设施建设不完善，具体表现在以下四个方面：

① 厕所间距过远。景区全程约 3.2 km，售票大厅至出口共 6 个厕所，景区面积结合实际厕所数量调查发现，厕所的数量较少，相邻厕所间隔着较多景点。

② 特殊人群使用设施不完善。根据统计分析，天生三桥景区内总体来说为特殊人群建设的设施较少，没有为母婴建设任何便利的设施。部分厕所没有儿童小便池，儿童够不到小便池，导致不文明行为的发生几率增大。

③ 厕位设施不完善。根据现场调查发现，景区内厕所有一定数量的蹲便器、小便池，所有厕所均无坐便器厕位，厕位设施不完善。

访谈时客人也谈到景区的厕所没有坐便器这一问题，西方客人习惯于使用坐便器，没有坐便器他们觉得很难接受，心理对中国如厕环境比较排斥。天生三桥景区大力发展入境旅游，厕位设施的不完善、坐便器的缺失将成为制约其游客满意度的重要因素。

④ 无其他辅助设施和服务，根据调查发现，景区内厕所附近有椅子的只有两座厕所，附近没有小件寄存、公用电话、影视设备和售货服务点，相关辅助设施不完善。

（二）外部造型简单，内部建设重复，缺乏特色

景区内厕所外部造型远看较为简单，没有设计感，厕所大门都是拉伸式的金属门，显得格格不入，进入厕所近观内部建设，所有厕所内部构造和装修风格相似，内部装饰都是景区内的风景画，没有相应的地域文化作品展示。

（三）标识不清

指示牌总的来说太少，不够醒目。从景区入口到出口较明显的指示牌有三处：第一处位于景区入口处，指示牌上只有中文，没有标注距离，指示不明确，调查时寻找了一会儿才发现所指厕所；第二处为天福官驿附近厕所指示牌，位于厕所100米处，上面有中英文字体；第三处是一个临时指示牌，位于厕所80米的转角处，显得有些突兀；其他几处厕所附近未发现醒目指示牌。综合上述分析，天生三桥景区厕所指示牌存在数量少，字体单一，内容缺少，指示作用不明显的问题。

（四）管理有漏洞

虽然每座厕所内均张贴有卫生保洁制度，但是监督实施力度不够。根据调查发现，景区内离大门较远的厕所保洁力度较差，大部分厕位的纸盒里面没有卫生纸，部分厕位地面有卫生纸，有水渍，盥洗盆里有烟头、塑料袋等。部分临近墙壁的厕位厕所门被损坏，摇摇欲坠。

三、重庆5A级景区旅游景区厕所建设对策

通过调查分析，发现重庆5A级景区内厕所建设存在较多的问题，严重影响了景区的良好形象，加强景区内厕所建设，改善如厕环境，已经显得十分重要。作者针对景区内厕所建设存在的问题，提出以下对策：

（一）改变观念

在中国的传统文化里，厕所问题是羞于启齿的，是污秽的，正视厕所建设就要改变这样的观念，把"厕所是文明的窗口"这一观念树立起来。

第一，政府与企业作为景区内旅游厕所建设的参与主体，要改变景区厕所只需要具备实用性这一观念，景区厕所建设时要树立起人性化、环保低碳、有效利用、展现景区地域文化的理念。

第二，《旅游厕所质量等级的划分与评定》标准颁布与实施后，各地掀起了建设五星级豪华厕所的潮流，政府与企业要走出误区，不能一味地追求厕所建设的高星级，而忽视旅游厕所最根本的实用性、便捷性的作用。

第三，政府作为国民思想指导主体，通过宣传引导，加强如厕教育，增强公民文明如厕意识，提高国民素质。

（二）重视5A级景区厕所的建设，改善如厕环境

景区厕所作为景区的公共基础设施不仅是解决生理需求的地方，具备实用功能，也应具备一定的文化符号性和主题性，体现景区的地域文化。重视5A级景区旅游厕所建设，改善如厕环境，具体从以下几方面入手：

第一，加强厕所外观建设。天生三桥作为重庆著名的5A级旅游景区，厕所外观造型依然简单，反映了重庆5A级景区厕所的普遍情况。加强厕所建设，在满足其隐蔽性的特点之外，考虑内外空间与环境景观样式的和谐化与整体化，现代科学技术与重庆传统文脉相结合，让旅游厕所成为整个景区的一大亮点。

第二，加强厕所建设的私密保护工作。由于景区内厕所是公共卫生区域，来来往往的人很多，厕所建设时应该注意男女士卫生间大门尽量不在一个直观平面上，防止隐私暴露。

第三，完善厕所设施。① 改进厕所设计缺点，增建坐便器。针对天生三桥景区厕所内部装修重复单调、厕位设施不完善等问题，首先在设计时使用防滑地板砖，建设搁物台、穿衣镜、婴儿台，增建坐便器，厕所附近建设一些椅子等。② 将艺术设计引入厕所内部空间，设计时加入重庆的色彩韵味，从视觉上和心理上给游客一种人文关怀，体现其文化性和人性化。在听觉上播放一些轻音乐以及温馨提示，使客人感觉轻松愉悦与温暖。③ 加大特殊人群服务设施建设力度。根据调查显示特殊人群使用设施不完善、部分设置不合理。解决这一问题就要关注全球5亿多的残障人士这一特殊群体，看见其背后的社会意义以及其带动的经济效益，加大无障碍卫生间建设的力度，完善与其配套的专用坡道、专用小便池、专用洗手盆、专用干手设施，在生理上以及心理上给予照顾，体现景区厕所使用上的人性化。

（三）针对5A级景区类型，合理规划布局景区厕所

重庆现有的5A景区有7个，7个5A景区的类型各不相同，景区旅游厕所建设亦不能一概而论。

第一，5A级景区厕所建设不是越多越好，要根据利用率做相应规划，例如巫山的小三峡景区，游览

景区主要是船行峡中，游客在船上观看夹岸风光或者漂流游览，景区内旅游厕所的利用率低，并且由于自然条件限制，建设厕所成本高，更破坏生态环境；大足石刻景区作为全国文物保护单位与世界文化遗产，景区保护工作受到政府的高度重视，宝顶山石刻范围内只有一处极其隐蔽的公共厕所，由于景区范围不大，游览时间不长，景区厕所未见特别拥挤的现象，这类景区厕所利用率不高，景区内厕所就应该少建。

第二，重庆的武隆喀斯特旅游区、酉阳桃花源、万盛黑山谷、南川金佛山、江津四面山这 5 个 5A 级景区属于自然风景区，景区整体面积大，客人逗留时间长，游客量大旅游旺季期间，景区接待游客量数以十万计，景区内厕所利用率高，规划时就需要糅合体验、人本、文化、技术、环保、管理等理念，再根据公共卫生间的服务半径合理规划厕所数量与选址。

第三，对于厕所偏少景区，加快景区厕所增建步伐。分析重庆天生三桥景区内相邻厕所间距离过远的本质就是景区内厕所数量偏少，纵观重庆旅游厕所建设步伐，2017 年将要建设约 3 400 座旅游厕所，5A 级景区第三卫生间计划建设 14 座。天生三桥景区截止到 2017 年 3 月 20 日还没有建成一所第三卫生间，重庆其他 5A 级景区也未见动静，按照规划，筹集资金，加快建设步伐已经十分重要。

（四）运用互联网技术，建设智慧景区

运用智能网络技术，建设智慧景区，使景区管理人员能够对景区实施全面与可视化的运营管理，及时对景区的工作人员进行工作跟进，并将智能网络应用到解决具体问题上去。

（1）加强标识牌的设计与建设。设计时整体色调与景区景观相互映衬。指示牌内容包括具体厕所方向指向箭头、具体距离、语言对照等。由于泰国和韩国客人很多，可在中英文对照的基础上添加泰文、韩文对照。地形复杂路段在拐弯与岔路口再设置一个指示牌，凸显其指示作用。建立景区厕所信息库，增加智能导航系统，在人群集中的景点设置自助电子导览器，建设景区三维实景导航系统，让游客在微信等 APP 上通过地图定位查找附近的厕所，通过景区 APP 查看附近厕所内蹲位的使用情况，选择最优厕所前往。

（2）利用智能网络技术，为游客提供便利。第一，厕所内运用智能温度控制系统，使夏季凉爽冬季保温，引进太阳能热水冲洗技术，为游客提供热水洗手、洗脸；第二，厕所外休息区安装液晶电视，播放景区的纪录片以及和景区有关的电影、电视节目；第三，在厕所外等候区提供免费手机充电桩、自动售货机、自动取款机、扫码购买门票等设备，使厕所不仅是一座厕所，还是一个便捷的服务中心。

（3）实施标准化、制度化、动态化管理。一方面运用智能网络对景区人员实现可视化、动态化管理，一方面建立景区内部厕所设施设备使用情况反馈系统，根据系统反馈及时修缮与更换部分陈旧和被损坏的设施；另一方面引入大众点评，让游客在 APP 内对使用过的厕所进行点评与监督，通过对点评的数据分析，掌握景区内厕所的实际情况。

（五）树立环保理念，建设节能低碳厕所

为了保护景区环境，坚持走可持续发展道路，5A 级景区旅游厕所建设要坚持环保理念，建设节能低碳厕所。

第一，在厕所建设时选用非景区内的本地环保无污染的材料，在专业厂家预制，现场安装，避免木料、石料加工对环境造成的污染，避免破坏景区生态。

第二，厕所屋顶采用透光的材料，减少人工照明的电力消耗，厕所四周采用通风的结构，减少电力通风设施的能耗。

第三，建设新型环保厕所，引进新型厕所设备，例如引进九寨沟景区使用的新型免冲式厕所，不仅可以节约用水，还能对景区内多余的排泄物进行收集与集中处理；引进海螺沟景区厕所使用的新型泡沫微生物环保技术，让微生物对排泄物进行自降解，实现厕所内零臭味、零污染。

第四，利用互联网技术对景区内厕所的排放进行监测，杜绝乱排乱放现象，使景区环境得到更好的保护。

参考文献

[1] 孙枫，汪德根. 中国旅游厕所建设现状与创新发展[J]. 资源开发与市场，2016，32（9）：1115-1121.

[2] 李巧义. 四川山地旅游度假区旅游厕所现状及对策研究 ——以西岭雪山旅游度假区为例[J]. 四川职业技术学院报，2014，24（6）：23-25.

重庆封闭小区开放适宜性研究

刘 洁 刘宸宇

一、引 言

随着我国的经济建设不断发展，城镇规模越来越大，虽然市政道路建设没有停止，但是依然跟不上日益增多的人口和机动车数量，城市交通问题日益突出。而由于我国用地性质的特殊性，城市中的居住区、商业区、学校等单位都是一个完整的地块，市政道路一般不会穿过其内，而是将城市用地分割为块状，内部道路缺乏联系，致使交通流浪集中在主干道上，使得主干道交通压力巨大，导致了城市交通拥堵，出行效率低。

本文通过对重庆开放小区的现状研究，了解现有开放小区的特点，并利用层次分析法对封闭小区开放的适宜性因素进行研究，得出适宜开放和不适宜开放的小区类型。

二、重庆开放小区现状

1．半开放式小区

小区没有围墙，但是市政道路规划没有穿过小区，小区内部对外开放，不设置门岗或者不设置封闭式的打卡或必须核实身份才能进入的门岗，小区内不设立停车场，社会车辆可以自由出入和靠边停靠。如鲁能星城小区、亚太商谷小区。

2．开放式小区

小区没有围墙，而且市政道路直接穿过小区，小区内部道路连接市政主干道，小区不设立门岗，小区内部规划有步行街，商业比较成熟，车辆可以自由通行、停靠。如大坪的浮图关小区、聚丰江山天下小区。

3．重庆现有开放小区风险研究

① 道路网密度低，交通依旧存在拥挤状况；② 开放式小区物业管理存在问题；③ 小区安保情况存在问题；④ 小区环境存在问题。

三、小区开放适宜性因素分析

通过对重庆开放小区的现状及现有不足的研究，我们总结出：在小区开放之前要完善相应法律法规，对开放后小区的管理进行规范，打消居民的顾虑。判断一个小区开放是否适宜的因素有如下7点，我们将各因子评价等级分为四级，采取定量分析的数据分析方法，分级依据是根据国家标准《城市居住区规划设计规范》中对城市规划的要求，结合自我认知、社会经验以及查询到的数据得出分级结论。

① 小区位置：根据小区离主城区位置将其分为一级位置优异；二级位置较好；三级位置一般；四级位置较差。一级 100 分，二级 75 分，三级 50 分，四级 25 分。

② 小区规模：小区的规模越大，市政道路"绕行"的距离就越长，小区居民出行时间和市民通行时间就越长，小区开放对市政道路建设和解决交通拥堵问题就越有利。一级超大型社区，占地规模大于 60 公顷；二级大型社区，规模在 30~60 公顷；三级中小型社区，规模在 5~30 公顷；四级微型社区，规模小于 5 公顷。评价标准：一级 100 分，二级 75 分，三级 50 分，四级 25 分。

③ 车流量：以重庆 2016 年全年高速路平均车流量为标准，数据来源为交通信息网所得数据，平均车流量为 2 100 辆次/小时，分级为一级车流量 4 000 辆次/小时以上，二级车流量 2 000~4 000 辆次/小时，三级车流量 1 000~2 000 辆次/小时，四级车流量小于 1 000 辆次/小时。一级 100 分，二级 75 分，三级 50 分，四级 25 分。

④ 道路复杂度分级：道路复杂度的影响变量是道路量和交叉路口数量，道路复杂度越大，道路数量越多，交通分流效果越明显，交通越发达。根据道路数量、道路交叉路口数量、道路等级等综合考虑，得出以下分级：一级为道路复杂度高，值为大于 6；二级为道路复杂度适中，值为 5~6；三级为复杂度较低，值为 2~4；四级为复杂度极低，值为小于 2。一级 25 分，二级 50 分，三级 75 分，四级 100 分。

⑤ 道路阻力：由车流量与道路网复杂度决定，我们这里简单分为一级阻力巨大，二级阻力大，三级阻力适中，四级阻力小。结果大于 2，阻力巨大，开放得分 100；结果介于 1 和 2 之间，阻力大，得分 75；结果等于 1，阻力适中，得分 50；结果小于 1，阻力较小，得分 25。

⑥ 道路饱和度分级：饱和度公式为 V/C，其中 V 为最大交通量，C 为最大通行能力，道路的饱和度越高，道路的服务水平就越低，交通拥堵问题就越严重。根据车流量与道路承载能力的比值确定一级为道路服务水平优，饱和度在 0.6 以内；二级为道路服务水平良，饱和度在 0.6~0.7；三级为道路服务水平中，饱和度在 0.7~0.9；四级为道路服务水平低，饱和度在 0.9~1。一级得分 25，二级 50，三级 75，四级 100。

⑦ 其他因素视其对小区的影响程度判断其重要性。一级无影响 100 分，二级影响小 50 分，三级影响大 –50 分，四级影响无法忽视 –100 分。

yaahp 层次分析法确定其权重，各因素以其对开放适宜影响程度判断其重要性：
因子①，②，⑦权重为 0.25、③、④、⑥权重为 0.075、⑤权重为 0.025。
开放适宜性综合因子由以下公式计算：

$$D = \sum_{n=1}^{n} (dn \times vi) \quad (n = 1, 2, 3, \cdots; i = 1, 2, 3, \cdots)$$，其中 D 为综合得分，dn 为各因子得分，vi 为各因子权重，

当综合因子得分在 50 分以上时，小区是适合开放的。适宜性得分判断标准为除其他因素为最大负面因子外，其他因素全为最理想开放状态计算得分，计算出适宜开放的分数界限。

以重庆几个代表小区为例，对比分析其适宜开放程度，为后文研究重庆封闭小区开放提供理论基础。小区开放适宜性各影响因素程度及分数如表 1 所示。

表 1 实地调查数据及对应得分汇总

小区名称	主道路车流量	道路阻力	主道路饱和度	小区位置	主道路复杂度	小区规模（公顷）	其他因素
① 重庆恒大名都	4 000 辆次/小时（100）	100/50（100）	0.72（75）	第一级（100）	4（50）	19（50）	第一级（100）
② 重庆水天花园	1 200 辆次/小时（50）	50/50（50）	0.25（25）	第三级（50）	2（50）	25（50）	第二级（50）
③ 重庆丽景雅舍	2 000 辆次/小时（75）	75/50（75）	0.58（25）	第二级（75）	3（50）	3（25）	第四级（-50）

续表

小区名称	主道路车流量	道路阻力	主道路饱和度	小区位置	主道路复杂度	小区规模（公顷）	其他因素
④ 重庆城南花园	1 000 辆次/小时（25）	25/50（25）	0.21（25）	第四级（25）	2（50）	62（100）	第一级（100）
⑤ 重庆林泉雅舍	4 600 辆次/小时（100）	100/50（100）	0.85（75）	第一级（100）	4（50）	9（50）	第二级（50）
⑥ 重庆九街高屋	6 000 辆次/小时（100）	100/25（100）	1（100）	第一级（100）	8（25）	1（25）	第三级（-50）

各小区得分为：

$D_1=81.88$；$D_2=48.76$；$D_3=25.63$；$D_4=64.38$；$D_5=74.38$；$D_6=38.13$。

比较得出结论：小区 1，4，5 适合开放，2 开放后对城市建设效益不大，适宜开放性不强，3，6 小区不适合开放。

综合以上分析，适宜开放的封闭小区类型应为：

① 小区位置较好，规模不大，车流量较大，周边道路复杂度不太高，道路的饱和度较高，小区的开放可以起到分担主道路交通压力的作用，达到解决交通拥堵问题的目的。

② 小区规模大，位置较好，这类小区的存在本身就严重妨碍了市政道路的建设，使得形成了许多打断主干线的丁字路、断头路，小区的开放可以给主要市政道路增加一些"毛细血管"，起到缓解交通拥堵的作用。

③ 小区位置不好，但小区规模巨大，虽然不需要小区开放来分担车流量，解决交通的拥堵问题，但小区由于规模巨大，人口较多，小区的开放能带动小区商业和经济，还能共享公共资源，节约建设成本。

四、不适宜开放小区类型

1．规模太小的小区

如小园坝型组团式小区，开发时便以组团结构开发，小区本身占地面积小，各组团之间留有道路，如果小区开放，在这基础上建设市政道路并没有明显的作用，也没有建设的价值，收益太小。

2．处于郊区位置、规模较小的小区

小区位置不好，周围车流量不大，不存在交通拥堵问题，小区规模不大，公共服务设施建设基本达到饱和或者不齐全、不完善，小区开放加重了公共服务设施的使用压力，给小区带来不利的影响。

3．具有重庆特色的小区

1）具有重庆山城特色的小区

小区具有山地城市住宅建设的特点，因其内部建筑存在高度差，内部供居民行走的道路比较狭窄或者为健身梯类型，小区开放，市政道路建设必定受到高度差的影响，建设难度大，而且健身梯类型的道路建设成为市政道路的可行性不大，反而会破坏山城小区的美感，不适宜开放。

2）温泉类型的小区

小区合理利用温泉资源，打造具有温泉特色的宜居小区，地理位置并不处于城市关键位置，开放打造旅游景点十分单一，开放适宜性不高，保持现状反而是对温泉资源的保护和利用。

4．属于纯高端住宅的小区

小区属于绿化率高、容积率低、建筑密度低的小区，这类小区一般规模较小、人口不多，位置也不会在闹市中，小区内部的公共服务资源供小区内部住户使用，这类小区的居民一般是社会成功人士，追求的是生活品质，小区的开放对交通、公共资源等方面都没有大的影响，反而会引起很多社会矛盾，不适宜开放。

五、结　论

综上所述，小区开放为街区的实质不是简单地拆除围墙，打开门禁，而是实现小区内部道路公告化，增加道路资源，为市政道路建设做出贡献，增加道路网络的密度，达到缓解交通压力的目的，解决交通拥堵的问题。通过我们的调查研究不难得出，民众对政策中封闭小区逐步开放的理论还不够了解，而且并不是所有的小区都适合开放，诚然小区改街区会给城市带来各种积极的影响，但也会触及一些利益矛盾，带来很多负面影响。

所以，在我们逐步实现封闭小区开放为街区的过程中，一定要顺应民意，因地制宜，因区制宜，不要盲目地实行小区的开放，要切实为老百姓的利益考虑，为城市的发展考虑。遵循开放的三个原则：稳步推进、分类处理、科学进行。

参考文献

[1]　缪朴. 城市生活的癌症 ——封闭式小区的问题及对策[J]. 时代建筑，2004（5）：46-49.

[2]　袁奇峰. 大院、封闭小区、围墙与围闭尺度[J]. 北京规划建设，2016（2）：172-174.

[3]　赵万民，　杨黎黎. 重庆当代居住小区的品质评析[J]. 住宅产业，2014（1）.

[4]　李英锋. 小区改街区不宜一刀切[J]. 城乡建设，2014，2.

[5]　李向朋. 城市交通拥堵对策 ——封闭型小区交通开放研究[D]. 长沙：长沙理工大学，2014.

[6]　张乐天. 基于地域特色的山地居住小区外部空间设计研究 ——以重庆为例[D]. 重庆：重庆大学，2013，16（4）：23.

重庆生态脆弱区土地资源可持续利用研究
——以秀山县为例

臧亚君　郑颖

实现土地资源可持续利用是我国可持续发展战略的前提，如何促进资源、人口、社会、经济、环境间的协调发展，对土地可持续利用程度进行有效的管理，实现区域的土地资源可持续利用，已成为近年来国内外学者关注的焦点。重庆作为一个典型的生态脆弱区，面对不理想的农业生产条件，在如何协调人与地的问题上，重庆人民也是付出了辛勤的劳动。但因为人口增长的速度过快，国家的投入量较少，建设同破坏并行，所以生产条件仍然比较落后。

生态脆弱区指的就是在自然或人为多重因素的干扰下，自然生态环境系统抗干扰的能力下降、自我恢复能力差，并且在现有技术和经济条件下，趋势逆向演化而得不到有效控制的连续区域。生态脆弱区分为三种类型：水土流失严重型、土地沙漠化型和土地盐碱化型。作为尺度域，生态脆弱区相对于其他具有特定意义的区域、系统或体系，自身具有特殊的特征与性质，总的来说具有多重胁迫性、胁迫源和胁迫过程分异性和高敏感性等特征。

一、秀山县土地资源利用现状分析

根据秀山县 2015 年土地变更调查和 2015 年重庆《统计年鉴》的部分数据统计，对秀山县的土地资源利用现状做出以下分析。

（一）土地资源利用现状分析

秀山县土地总面积为 246 361 hm²，土地中农用地、建设用地和未利用地的占比情况见表 1。

表 1　2015 年秀山县土地利用现状表

类型	农用地	建设用地	未利用地
面积（hm²）	217 385.66	12 930.00	16 045.65
占地比例（%）	88.24	5.25	6.51

秀山县的农用地总占地面积为 217 385.66 hm²，其构成情况见图 1。由图可以明确地看出，秀山县的农用地主要还是以林地和耕地为主，退耕还林是政府现在一直都倡导的，所以耕地也在逐年递减。其中秀山县的清溪场镇就以林地为主，林地面积占全县的 16.72%；而梅江镇经济还比较落后，主要以耕地为主，其耕地占全县耕地面积的 14.54%，说明秀山县现在还是一个典型的农业大县。

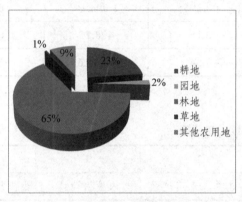

图 1　农用地占地比例图

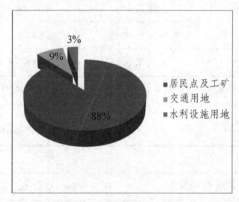

图 2　建设用地占地比例图

建设用地总占地面积 12 930.00 hm²，其居民点及工矿用地 11 407.07 hm²，占 4.64%；交通用地 1 094.18 hm²，占 0.44%；水利设施用地 428.75 hm²，占 0.17%。秀山县处于重庆的边界，无论是它的经济、教育还是交通都显得比较落后，尤其是它的交通问题。秀山县峨溶镇离县城 65 km，是离县城最远的一个镇，通往县城的道路只有一条，大部分都还是泥泞道路，也是交通最不方便的一个镇。秀山县的交通用地仅占总面积的 0.44%，这也说明秀山县的交通还有待改善。

秀山县的未利用地 16 045.65 hm²，占总面积的 6.51%，从整个比例来看，未利用地的比重还是过高，足以说明秀山县的土地利用不充分，浪费面积过大，土地复垦和恢复能力差。秀山县龙池镇的未利用地面积占全县未利用地的 13.87%，该镇的土地撂荒面积过大，主要原因就是务农人口在不断减少。

（二）土地利用程度分析

根据重庆市 2007—2015 年《统计年鉴》整理出的秀山县土地利用变更数据，结合秀山县土地利用的社会和自然特点得出土地利用结构，见表 2。根据中科院遥感所刘纪远等人所提出的土地利用程度分级标准，可以把土地利用划分为 4 个级，分别是：未利用地级；林、草、水用地级；农业用地级；城镇聚落用地级，指数分别为 1，2，3，4，见表 3，表达式为

$$L_{\mathrm{d}} = 100 \times \sum A_i \times C_i \tag{1}$$

式中，L_{d} 为土地利用程度综合指数；A_i 为第 i 类土地利用程度分级指数；C_i 为第 i 类土地利用程度面积百分比。

表2　2007、2015年秀山县土地利用结构

地类		2007 年		2015 年	
		占地面积（hm²）	占地百分比（%）	占地面积（hm²）	占地百分比（%）
农用地	耕地	51 948.79	21.08	50 690.18	20.58
	园地	2 364.42	0.96	4 879.82	1.98
	林地	136 839.45	55.54	141 770.03	57.55
	草地	17.43	0.01	1 429.97	0.58
	其他农用地	19 402.26	7.87	18 615.69	7.56
建设用地	居民点及工矿	10 958.08	4.44	11 407.07	4.64
	交通用地	951.24	0.39	1 094.18	0.44
	水利设施用地	383.26	0.16	428.75	0.17
未利用地	未利用地	23 496.38	9.54	16 045.65	6.51

注：数据来源于重庆市秀山县土地利用现状变更调查。

表3　秀山县土地利用分级

分级指数	1	2	3	4
土地利用类型	未利用地级	林、草、水用地级	农业用地级	城镇聚落用地级
2007 年所占比例（%）	9.54	55.71	29.91	4.83
2015 年所占比例（%）	6.51	58.30	30.12	5.05

选取秀山县 2007 年、2015 年作为研究对象，经计算，其土地利用程度分别为 230.01，233.67，8 年间土地利用程度仅增加了 3.66，变化幅度并不大，说明秀山县土地利用正处于发展期。造成这样结果的原因主要表现在两个方面：第一，在比较效益的作用下，农民将部分的耕地改变成园地，改变了传统的耕作方式，在投入相同劳动力的基础上可以获得更高的利益；第二，部分农民对中低产田、坡耕地等耕作困难的土地进行撂荒，投入二、三产业中，可以获得更高的效益。因此，土地利用程度的变化可以看出部分耕地变为级别较低的林地和草地，说明农民的农作方式改变了，农民放弃了传统的农业，而改从效益更高的二、三产业，在提高自身收入的同时还与国家提出的退耕还林相适应，改善了当地的自然环境。

二、秀山县土地资源可持续利用评价

（一）土地资源可持续利用评价指标体系

土地资源可持续性评价包含建立评价指标体系，确定各个指标的权重，给各指标进行赋值，并进行综合评价的整个过程。其评价体系框架见表 4。土地可持续利用评价指标可以分为三个部分：一是生态指标，主要包括生产力指标、生产稳定性指标和土地资源保护性指标。在时间的作用下，生态指标主要是受土地利用的影响，影响因素的变化又将反作用于土地利用的持续性和稳定性；二是经济可行性指标，该指标通过分析、计算，可以得到一个定量的结果；三是社会可接受性指标，在评价过程中利用专业的判断法、调查法，定性评价土地对社会环境的影响。

表4 土地可持续利用评价指标体系框架

目标层	准则层	指标层	单位
重庆市秀山县土地资源可持续利用评价	生产力指标	土地生产率	元/hm²
		人均产粮	kg/人
		土壤肥力	
		人均年肉类产量	kg/人
		人均蛋类产量	kg/人
	生产稳定性指标	人均土地面积	m²/人
		中低产田占耕地比例	%
		森林覆盖率	%
		水土流失面积比例	%
		复垦指数	%
	土地资源保护性指标	耕地减少量	hm²
		复种指数	%
		大气 SO₂ 浓度	mg/m³
		大气 TSP 浓度	mg/m³
		人均绿地面积	m²/人
		土地污染面积	m²
	经济可行性指标	人均国民生产总值	元/人
		人均年纯收入	元/人
		非农产业产值比重	%
		非农业人口比重	%
		恩格尔系数	%
	社会可接受性指标	人均住房面积	m²/人
		人口自然增长率	%
		城市化人口比重	%
		个人接受能力	
		团体接受能力	

（二）秀山县土地资源可持续利用评价

通过采用综合指数法与单指标多角度评价两者相结合的方法，对秀山县土地资源可持续利用进行评价。

1. 综合指数法

综合指数评价法，就是通过消除量纲的影响，不同的指标赋予不同的权重，利用公式计算，最后得到的结果就是综合评价指标值：

$$F = \sum f_i \times a_i \qquad (2)$$

式中，f_i 为第 i 个评价指标的分值；a_i 为第 i 个评价指标的权重。

综合指数法会根据增长型、递减型、平稳型、控制型进行每一项评价指标分级。增长型和递减型都是根据增长和递减的波动情况进行分别赋值，强增长弱波动赋值为 0.9，弱增长强波动赋值为 0.1，其余介于 0.1～0.9，如果增长型指标出现下降趋势，递减型指标出现增长趋势，则均赋值为 0。稳定型和控制型指标按变异系数不同分为强、中、弱和差 4 个级别，分别赋值为 0.9，0.6，0.3，0。参考 2015 年重庆《统计年鉴》的数据，给各个指标进行赋值。

　　本文采用层次分析法确定权重，首先按照各指标之间的关系，将影响土地资源可持续利用的指标进行目标层、准则层、指标层的设置，然后构造判断矩阵，把所有因素进行两两比较，得出相对重要程度的比较权，再根据判断矩阵计算出的最大特征根以及相对应的特征向量进行层次单排序，这个过程还需要进行一致性检验，之后得到各层要素相对于上一层某要素的重要性排序，从上到下用上一层各要素的组合权重为权数，对本层次各要素的相对权重向量进行加权求和，进行层次总排序，层次总排序过程也需要进行一致性检验，最终得出各层次要素的权重值，具体过程及结果见表 5，6，7。

表 5　各指标的排序权重

评价指标	权重
水土流失面积比例	0.103 2
人均绿地面积	0.083 3
人均国民生产总值	0.064 5
中低产田占耕地比例	0.062 3
人均产粮	0.050 9
恩格尔系数	0.050 2
土地污染面积	0.047 6
耕地减少量	0.046 0
人均年纯收入	0.039 6
复垦指数	0.039 4
复种指数	0.039 4
大气 SO_2 浓度	0.036 6
森林覆盖率	0.036 1
土壤肥力	0.035 7
人均土地面积	0.033 3
城市化人口比重	0.032 2
土地生产率	0.030 7
非农产业产值比重	0.030 6
大气 TSP 浓度	0.026 0
人均住房面积	0.021 2
人均年肉类产量	0.021 2
团体接受能力	0.018 4
非农业人口比重	0.017 8
个人接受能力	0.014 1
人口自然增长率	0.010 1
人均蛋类量	0.009 8

表6 各指标的相关系数及权重

土地资源可持续利用评价	生产力指标	生产稳定性指标	经济可行性指标	土地资源保护性指标	社会可接受性指标	W_i
生产力指标	1.000 0	0.500 0	0.333 3	0.500 0	4.000 0	0.148 2
生产稳定性指标	2.000 0	1.000 0	3.000 0	2.000 0	3.000 0	0.359 7
经济可行性指标	3.000 0	0.333 3	1.000 0	1.000 0	3.000 0	0.223 8
土地资源保护性指标	2.000 0	0.500 0	1.000 0	1.000 0	2.000 0	0.193 5
社会可接受性指标	0.250 0	0.333 3	0.333 3	0.500 0	1.000 0	0.074 8

表7 秀山县土地资源可持续利用评价结果

准则层	权重	指标层	权重	指标类型	赋值
生产力指标	0.148 2	土地生产率	0.207 0	平稳型	0.3
		人均产粮	0.343 2	控制型	0.3
		土壤肥力	0.241 0	平稳型	0.3
		人均年肉类产量	0.142 8	平稳型	0.3
		人均蛋类产量	0.065 9	平稳型	0.3
生产稳定性指标	0.359 7	人均土地面积	0.092 7	控制型	0.3
		中低产田占耕地比例	0.173 3	平稳型	0.3
		森林覆盖率	0.100 5	增长型	0.6
		水土流失面积比例	0.286 9	增长型	0
		复垦指数	0.109 4	平稳型	0.3
		耕地减少量	0.127 9	增长型	0
		复种指数	0.109 4	递减型	0
土地资源保护性指标	0.193 5	大气 SO_2 浓度	0.188 9	控制型	0.3
		大气 TSP 浓度	0.134 6	控制型	0.3
		人均绿地面积	0.430 6	增长型	0.6
		土地污染面积	0.245 9	控制型	0.3
经济可行性指标	0.223 8	人均国民生产总值	0.288 2	增长型	0.6
		人均年纯收入	0.176 8	增长型	0.6
		非农产业产值比重	0.136 6	控制型	0.3
		非农业人口比重	0.079 6	控制型	0.3
		恩格尔系数	0.224 2	平稳型	0.3
		人均住房面积	0.094 6	增长型	0.6
社会可接受性指标	0.074 8	人口自然增长率	0.134 6	增长型	0
		城市化人口比重	0.430 6	平稳型	0.3
		个人接受能力	0.188 9	平稳型	0.3
		团体接受能力	0.245 9	平稳型	0.3

根据各项指标的权重和赋值，计算其结果并进行定量评价，最后结果就是其综合指数。综合评价得分>0.8，为强可持续性；0.55~0.8为中可持续性；0.3~0.55为弱可持续性；<0.3为不可持续性，见表8。经分析和计算，最后的得分是0.313 8，由此可见，秀山县土地资源可持续利用属于弱可持续性。

表8　土地资源可持续利用程度分级表

综合指数值	>0.8	0.55~0.8	0.3~0.55	<0.3
可持续程度	强可持续性	中可持续性	弱可持续性	不可持续性

2．单指标多角度评价法

综合指数法可以看出土地资源可持续利用的一个总体情况，但还是容易忽略土地利用中的某些障碍因子，因此，我们也可以用定性的方法进行辅助评价，就是所谓的单指标多角度评价法。单指标多角度评价法是从生产性、安全性、保护性、经济可行性和社会可接受性这五个方面进行评价。如果这五个方面有一个不持续，就可以判定其利用方式是不可持续性的。单指标多角度评价的结果可以反映出土地利用中存在的某些问题，以及问题发生所影响的时间点，根据秀山县土地利用的现状分析，我们可以做出以下的分析评价，见表9。表中显而易见，秀山县土地资源可持续利用的稳定性和安全性比较差，这也和秀山县是水土流失型生态脆弱区息息相关。针对土地利用中存在的问题，特别是解决具体问题时可以分出主次，便于做出正确的判断。

表9　秀山县土地资源可持续利用障碍因素

因素	评价	存在问题	影响时点
生产性	一般	土地生产力低，土地自然特性变化较大	目前及未来
安全性	差	人地矛盾严重，经济波动较大	未来
保护性	差	水土流失严重，灾害频繁发生	未来
经济可行性	一般	投入产出高，农地与建设用地争地严重	未来
社会可接受性	一般	农工业差距较大，弃耕现象较严重	未来

从两种评价方法综合来看，秀山县2015年的土地可持续利用仍然处于发展阶段，还需要通过分析发现土地利用所存在的问题，提出合理的建议，调整土地利用管理的措施，逐步实现土地利用的可持续发展。

三、秀山县土地资源可持续利用的对策与建议

秀山县土地资源数量少，生态环境脆弱，自然生产力低，人口密度大，劳动生产力低，环境压力大。为了实现秀山县土地资源可持续利用，根据以上评价结果，再结合秀山县的现状，提出相应的对策与建议如下：

1．控制人口数量，提高人口质量

人口超过了土地承载力就会打破生态平衡，人口压力也是秀山县生态环境恶化的根源，控制人口就是改善生态环境的关键因素之一，所以有必要控制人口数量，提高人口素质，这样既可以改善生活环境，又可以保护生态环境。

2．实施陡坡地退耕，减少水土流失面积

水土流失的主要原因就是大面积的坡耕地过度开垦，而秀山县就是水土流失比较严重的地区。想要改善生态环境就必须将陡坡耕地逐步退耕还林、还草，这才是防止水土流失的有效途径。在退耕的同时，也必须要结合经济效益和生态效益，提高经济林、防护林在种植上的比重，既保护了生态环境，又增加了农民的收入。

3．加强土地利用规划，合理开发土地

土地利用规划是土地可持续利用的基础，首先必须要做好土地利用专项规划。为了不浪费土地，减少荒废面积，就要对土地进行合理的开发。秀山县还有一个优势就是旅游资源，可以作为一种新资源进行规划，也可以改变农民的生活环境和增加他们的额外收入。

4．加大投入，增加扶贫力度

秀山县无论是从社会经济还是交通来看都是比较落后的，也是政府的重点扶贫对象。要从资金和人才方面加大对秀山县的投入，一方面，加大国家对秀山县的扶贫力度；另一方面，秀山县也应该从自身的现状出发，增强自己的能力，争取早日脱贫。

5．运用现代科学技术，加强土地资源动态监测和评估

秀山县土地资源数量、质量及其变化情况等各方面的调查研究工作还是比较落后的，且其成果在全面性和现实性方面还比较差，应加强对秀山县土地资源的基础调查和监测工作，掌握该地区的土地资源动态，再建立一套完整而高效的动态监测与管理信息系统。

参考文献

[1] 周宝同．土地资源可持续利用评价研究[D]．雅安：西南农业大学，2001．

[2] 许尔琪，张红旗．中国生态脆弱区土地可持续利用评价研究[J]．中国农业资源与区划，2012，03：1-6．

[3] 伍黎芝．生态脆弱区土地资源可持续利用问题——以三峡库区为例[J]．中国土地科学，2000，02：13-16．

[4] 吴秀国，马明英．西部生态脆弱区土地资源可持续利用研究——以贵州省为例[J]．山地农业生物学报，2008，02：142-145．

[5] 姚登惠．西部生态脆弱区土地资源可持续利用研究[D]．雅安：西南农业大学，2003．

[6] 时丽艳．基于生态足迹的重庆市土地资源可持续利用研究[D]．重庆：西南大学，2008．

[7] 周宝同．土地资源可持续利用基本理论探讨[J]．西南师范大学学报：自然科学版，2004，02：310-314．

[8] 张昕．重庆市土地资源可持续利用评价及对策研究[D]．重庆：重庆大学，2014．

[9] 谢金宁，杨庆媛，周宝同，郝府祥．重庆市土地资源可持续利用综合评价[J]．西南师范大学学报：自然科学版，2005，02：362-365．

[10] 陈艳梅．区域土地可持续利用评价指标体系研究[D]．哈尔滨：东北农业大学，2005．

[11] 韩蕾，孔祥斌，郭洪峰，罗卓．西南山区生态敏感区土地生态安全评价——以秀山县为例[J]．水土保持研究，2015，01：229-234，240．

[12] 张琳．秀山县城市总体规划实施评估研究[D]．重庆：重庆大学，2010．

[13] 方时姣．西方生态经济学理论的新发展[J]．国外社会科学，2009，03：12-18．

[14] 张骞，陈晓军．土地利用与经济发展研究：以重庆秀山县为例[J]．河南城建学院学报，2009，06：33-36．

[15] 李宽．县级土地利用总体规划指标空间优化配置研究[D]．重庆：西南大学，2009．

[16] 齐晔，蔡琴．可持续发展理论三项进展[J]．中国人口·资源与环境，2010，04：110-116．

[17] 金自学．生态经济学是可持续发展的理论基础[J]．生态经济，2001，10：1-3+9．

[18] 黄贤金．土地经济学的基础理论与学科前沿[A]．中国土地学会.21世纪中国土地科学与经济社会发展——中国土地学会2003年学术年会论文集．中国土地学会，2003：5．

[19] 黄成敏，艾南山，姚建，罗文锋．西南生态脆弱区类型及其特征分析[J]．长江流域资源与环境，2003，05：467-472．

[20] 张昕．重庆市土地资源可持续利用评价及对策研究[D]．重庆：重庆大学，2014．

[21] 杨玉婷，石培基，潘竟虎．干旱内陆河流域土地利用程度差异分析——以张掖市甘州区为例[J]．干旱区资源与环境，2012（02）：102-107．

[22] 张碧，高成凤，张素兰，张世熔，于丽娟．四川土地可持续利用评价指标体系与实证研究[J]．西南农业学报，2011（01）：171-177．

[23] 黄宗祥，徐伟. 秀山县生态环境问题及对策措施[J]. 三峡环境与生态，2009（06）：1-3.
[24] 张富刚. 土地空间利用分析及土地利用程度评价研究[D]. 北京：中国农业大学，2005.
[25] 陈艳梅. 区域土地可持续利用评价指标体系研究[D]. 哈尔滨：东北农业大学，2005.

重庆市文化演出设施的构成分布及利用情况研究

许　曦　郑　雪

　　文化演出设施是为文化演出提供条件的平台，主要指演出场所，同时包括其周边配套的交通、文化商品售卖及餐饮住宿等设施，是开展文化传播的重要物质载体[1]。城市文化演出设施是城市基础设施的重要组成部分，它不仅是城市的代表和象征，同时也是城市空间格局的重要组成部分，是政府主导的公共投资的重要领域，在满足现代城市功能、彰显城市品牌形象、提升服务水平和竞争力、推动城市转型升级等方面具有非常重要的作用。

　　近年来，随着中国整体经济水平的提高和人们消费观念的不断改变，文化对于社会生活的作用愈发明显，文化产业发展日益壮大。作为文化产业核心部门的文化演艺业也表现出强劲的发展势头。据文化部《2015 年文化发展统计公报》显示：全国文化产业增加值 27 235 亿元，对 GDP 增量贡献达 6.5%，文化产业增加值占 GDP 的 3.97%。文化产业已成为经济增长的一大亮点。据《2015 中国演出市场年度报告》显示：2015 年中国演出市场总体规模经济为 475.43 亿元，相较于 2014 年的 446.59 亿元增长了 6.46%，文化演艺业的发展势头由此凸显。而作为四大直辖市，重庆近年来城市建设和经济发展喜人，人民生活水平不断提高，文化需求愈发丰富，文化演出设施场馆与文化演出活动也越来越多。本文即着眼于此，通过实地考察演出设施、横向比较相关数据，研究分析重庆文化演出市场、文化演出设施的现状和存在的问题，并针对所存问题提出了几点建议。

一、重庆市文化演出设施的构成

　　广义的文化演出设施包括博物馆、电影院、剧院、体育馆、艺术中心、排演厅等，只要是能承接展演和节庆活动的场所和设施都属于文化演出设施，而狭义的文化演出设施则指能够进行实景和现场表演的场馆，主要指剧场剧院、音乐厅、体育场馆和一些展览馆[2]。本文采用狭义的概念，调查地区为重庆市主城九区。具体情况统计如表 1 所示。

表 1　重庆市主城九区文化演出设施一览表

地区	场馆名称	场馆类型	场馆面积（m²）	观众座位数（座）
江北区 （6个，含重庆市 群众艺术馆）	重庆大剧院	剧院	10.3 万	1 850
	重庆群星剧院		2.45 万	1 200
	重庆川剧艺术中心		1.2 万	666
	重庆市歌剧院	音乐厅		
	江北人民大厦	其他		
	重庆市群众艺术馆		2.5 万	1 200
渝中区 （18个）	重庆市体育馆	体育馆	12 万	12 000
	大田湾体育场		12 万	45 000

地区	场馆名称	场馆类型	场馆面积（m²）	观众座位数（座）
渝中区 （18个）	重庆市人民大礼堂	剧院	6.6 万	4 600
	劳动人民文化宫		5 万	1 400
	抗建堂剧场		2.91 万	1 150
	国泰艺术中心		3 万	1 150
	天地文化剧场			1 700
	少年宫剧场	小剧场		
	正点青年艺术中心			275
	市委礼堂			
	重庆天地		8.5 万	
	巴渝剧院	音乐厅		847
	山城曲艺场			308
	文化宫大剧院		5 000	1 400
	MAO Livehouse 重庆			220
	坚果 Live House			188
	三峡博物馆学术报告厅	其他	3 万	
	演艺剧场			1 200
九龙坡区 （4个）	奥林匹克体育中心	体育馆	6.28 万	5 748
	K-Land 时代	剧院		256
	荷苗小剧场	小剧场		312
	重庆市农业展览中心	其他	2.7 万	1 800
沙坪坝区 （5个）	沙坪剧院	剧院	2 400	800
	沙坪坝文化馆	小剧场	2.4 万	1 200
	巴渝书场			180
	沙坪坝图书馆影剧院			126
	重庆师范大学礼堂	其他		230
巴南区 （2个）	巴南区体育场	体育馆	5 889	16 000
	巴南行政中心大礼堂	其他		380
南岸区 （10个）	江南体育馆	体育馆	2.85 万	3 500
	凯帝演艺中心	剧院		20 000
	施光南大剧院		2 万	1 244
	南岸艺术中心剧院		2 600	718
	海韵商城小剧场	小剧场		128
	国瑞·303 剧场			150
	青少年活动中心梦想剧场			246
	南岸艺术中心	音乐厅		718
	南坪会展中心	其他	5.8 万	4 400
	国际会议展览中心		7 万	2 200
渝北区 （7个）	渝北体育馆	体育馆	3.9 万	6 000
	人和川剧艺术中心	剧院	1.2 万	800

续表

地区	场馆名称	场馆类型	场馆面积（m²）	观众座位数（座）
渝北区 （7个）	重庆人民大厦会堂		9 434	1 786
	文联艺术剧场			216
	丁丁剧场	小剧场		136
	TMG艺术中心——live剧场			288
	重庆国际博览中心	其他	20万	15 000
北碚 （2个）	缙云文化体育中心	体育馆	6.4万	28 000
	西南大学大礼堂	其他		236
大渡口区 （1个）	重庆钢花影剧院	剧院		126

重庆主城九区内共有演出设施56个，其中盈利性演出设施55个，公益性文化事业设施 —— 群众艺术馆1个。

二、重庆市文化演出设施的分布与布局

56个文化演出设施散布于重庆主城九区，但从数量上看又主要集中在渝中和南岸区，这两区数量达28个，占比达50%。具体分布如图1所示。

图1　重庆市主城九区各区文化演出设施分布图

整体而言，重庆市主城九区的文化演出设施分布呈现一定的集聚趋势，主要分布在主城区中部即渝中区、南岸区、江北区，且在此三区内也呈集聚分布。

三、2016 年重庆市主要文化演出设施的演出及使用情况统计

为研究方便，本文以 2016 年文化演出活动为准，将活动场次较多的几个场馆列出，并做了细致统计，具体数据如表 2 所示。

表 2　2016 重庆主要文化演出场馆的演出情况统计

演出场馆	文化演出活动场次（场）						观众（万人次）	平均上座率	表演团队		
	总计	歌舞	话剧	儿童亲子	戏曲综艺	杂技马戏			国际	国内	本土
重庆大剧院	134	72	27	25	10		17.28	66.7%	68	62	4
重庆群星剧院	18	3	7	6	2		1.56	70.4%	8	10	2
国泰艺术中心	120	67	32	10	11		8.74	62.3%	37	76	7
奥体中心	2	2					3.41	98.1%	2	2	2
施光南大剧院	64	34	12	14	4		5.92	74.3%	30	34	
国瑞·303 艺术剧场	7		7				0.89	84.7%		3	4
国际博览中心	13	10	2	1			19.1	97.4%	2	10	1
人民大厦会堂	13	10	3				1.66	71.2%	4	6	

从表 2 可以看出，尽管各场馆的功能、观众容纳量等各不相同，但演出活动多以歌舞类节目为主，其次为话剧类，儿童亲子类也占较大比例。从观众人次和平均上座率来看，平均上座率最高的为举办演唱会的体育馆，其为观众人数的贡献率也最高。以重庆大剧院为例，虽然平均上座率不高，但因场馆的观众容纳量大、举办活动场次多，它对观众贡献率也就较大。但由重庆本土演出团体提供的演出活动数量占比最低。

四、重庆市文化演艺设施构成分布及利用中存在的问题

1．文化演出场所总体数量较多，但区域分布不均衡，不能满足重庆庞大的人口需要

首先，从数量上看，现有各类场馆 56 个，相比北京的 138 个、杭州的 68 个，总体数量并不算少。但考虑到 3 017 万的常住人口和 730 个艺术表演团体，显然不能完全满足需求。其次，这些文化演出设施分布不均衡。以渝中和南岸为例，这两区分布了 28 处，占总数量的一半，渝北和江北也有分布不均、整体集聚的趋势，使得整体分布不均加剧。最后，从体量上看，据《重庆市城乡公共服务设施规划标准》显示：用地面积达 20 000 m²、观众容纳量 4 000 ~ 6 000 座的体育馆为大型体育馆，用地面积达 15 000 m²、观众容纳量 2 000 ~ 4 000 座为中型。建筑面积达 6 000 m² 的文化馆、剧院剧场和艺术中心为大型场馆，建筑面积 3 000 ~ 6 000 m² 为中型，建筑面积小于 3 000 m² 为小型场馆。以上述标准考察，重庆文化演出设施情况如 3 所示。

表 3　重庆文化演出设施规模情况统计

	文化演出设施							常住人口 （万人）	区域面积 （km²）
	场馆数	规模分布			馆内座位				
		大型	中型	小型	≥1500	≥300	≤300		
渝中	18	4	7	7	4	11	3	63.08	23.71
南岸	10	3	2	5	4	3	3	65.1	263.09
渝北	7	2	1	4	3	4	3	150.35	1 452.03
江北	6	3	3		1	5		60.18	220.77
九龙坡	4	1		3	2	2		111.24	431.86
沙坪坝	5		1	4		2	3	108.07	396.2
巴南	2	1		1	1	1		91.9	1 834.23
北碚	2	1		1	1		1	78.62	754.19
大渡口	1			1			1	34.37	102.82

可以看出，整体以小型场馆居多，占比近 50%；占比最低的是中型场馆。大型场馆多集中在渝中、南岸和江北区。此外，面积和人口最少的渝中区，文化演出设施反而最多。平均每 1.32 km² 分布一个场馆，每个场馆平均服务 3.5 万人。而巴南区平均每 917 km² 才分布着一个文化演出场馆，每个场馆平均服务 45.95 万人，分别是渝中区的 694 和 13 倍。这种场馆分布的高度集聚化，和辐射人口的不均衡性显然无法适应城市发展和市民的文化需求。

2．文化演出场馆周边配套基础设施不够完备，不能完全满足观众需求

为了最大限度地满足顾客需求，提升服务水平，文化演出场馆周边配套设施都要尽可能完备。目前，重庆市文化演出设施整体而言相对完备，中小剧院多分布在公建设施完备的商圈，大型文化演出场馆的相关设施配备程度也较高。但仍存在一些问题，如公共交通收班时间早，观众回家难，停车场车位不足，餐厅不足，周边休闲娱乐设施缺失等。

以重庆大剧院为例，平均每年举办演出活动 160 场以上的大剧院建筑周边有两处停车场，但同时需承载重庆科技馆、翰林当代艺术中心。公共交通线路有轻轨 6 号线、101，861 列公交，101 在晚 21 时收班，861 和 6 号线在 22 时 30 分收班，晚间演出结束时公共交通均已收班。同样，国博中心周边餐饮设施不够完善。施光南大剧院周边无配套的商业街。

3．演出主体、内容单一，本土特色演出产品缺失，演出供给不足

重庆文化演出场次丰富，但目前主要以音乐和话剧类为主要演出类型，其中歌舞类演出中音乐会占比达 65% 以上。而话剧类演出中，受观众热捧的演出基本来自固定的艺术团体，如开心麻花、孟京辉团队等，且演出内容较单一，同样的演出节目往往连续多年重复上演，如《夏洛特烦恼》《恋爱的犀牛》等。其中，《夏洛特烦恼》自 2012 年推出以来，每年在渝演出 4~6 场，场场爆满。

另外从产品的演出团体属性看，出自于本土表演团体的产品屈指可数，原创蹒跚起步，受众对其接受能力还很弱。如即将要上演的重庆话剧团原创的《朝天门》卖座率不高。而且目前的文化创作并未跟上文化需求增长的步伐，新出的文化演出产品数量较少，且质量良莠不齐，演出市场有效供给不足。

五、相关建议与对策

1．形成市场合力，加大资金投入

政府部门要打破文化设施建设国家垄断的格局，从战略的高度统筹协调文化设施建设，加快文化

单位体制改革。加快建立公共财政体制，使国家核拨的经费更有效地应用到文化演出设施的建设和发展中来。

同时，财政部门也要进一步明确财政供给范围，加大对文化演出设施建设的资金投入。通过增加专项资金、转移支付等手段，增强对文化演出设施建设的宏观调控，将有限的资金投向重点项目。同时积极拓宽民间筹资渠道，建立和完善奖励机制，鼓励民营企业投资文化演出设施建设，充分发挥民间资本为文化设施建设服务的功能，引导和奖励社会力量参与重大文化演出设施建设，完善演出设施组织体系配套，形成多元化、多方式发展文化演出设施的建设格局。

2．完善文化演出场馆配套设施建设，培养相关专业人才

政府要充分发挥公共服务的职能，积极推进行政管理体制改革，变管理为服务，加强对演出主体的服务。完善演出场馆配套设施，解决相关的交通问题。如鼓励个体商户到文化演出场馆周边，完善和建立更多的出租车站台，并宣传引导出租车到场馆周边以减轻交通压力等。

除此之外，政府和高校、社会要通力合作，培养各类专业人才。建立起多层次、多类型、有水平的人才培养体系，提高从业人员的职业素质和专业水平，提升专业化水准。从建设发展和运营管理上着手，提高文化演出设施的服务水平，促进其健康、有序、平稳地向前发展。

3．多方协作，培育群众审美

一方面，政府要逐步淡化管理中的创作导向和评奖导向，变政府监督管理职能为协助扶持职能，以相关政策引导公益文化资源投放表演艺术创作，简化民营演出团体、民营演出中介的审批手续，引导鼓励各专业艺术表演团体积极创作。加强演出团体人才培养，提高其专业素养和专业能力。另一方面，各艺术表演团体、相关从业人员也应积极主动地创新创作，演出创作要适应市场的不断变化和发展，根据不同需求迅速做出反应，创作出优质而又多元化的文化演出产品，不断为文化演出市场注入活力。

目前的文化演出市场上并不是完全没有优秀作品，好戏遇冷的情况也屡见不鲜，究其原因则是文化演出氛围还不够浓厚，人民群众的审美品位还不够成熟。要培育起顺应文化精神需求和满足文化演出市场发展的文化环境，需要政府、社会、人民多方合力；要培养一个城市的文化氛围，就更需要在文化演出产品本身着力的基础上，通过教育、媒体等多方合作。要鼓励新闻媒体多宣传各类文化演出活动，让文化演出活动在潜移默化中得到观众的认可。

参考文献

[1] 常毅. 大众文化演出市场特色经营模式分析[J]. 论坛，2015（05）.

[2] 张德阳. 重庆市文化产业发展瓶颈[J]. 南北桥，2014（11）：171.

[3] 欧阳海虹. 作为整体的文化产业及其运作模式研究[D]. 黑龙江：黑龙江大学，2010.

[4] 龚晓菊，史琳，蔡立勇. 我国演出市场消费现状及发展趋势[J]. 投资与创业，2011（10）：16-17.

[5] 李鹏. 重庆市城乡公共文化设施规划配置体系探讨[J]. 公共服务设施规划专题，2013（05）：30.

[6] 沈建军，张明举. 重庆市都市区文化重大设施建设研究[J].重庆三峡学院学报，2009（6）：111.

重庆市渝中半岛商住楼平屋顶花园景观模式探讨

——以菜园坝南区路 143～159 号为例

李 琴 龚晓黎

新常态下，中国城市规划正进入存量规划时代。如何在现有规划基础上进一步优化其功能、发掘

其潜力、补充其不足是当下城市规划应考虑的问题。而屋顶花园恰能优化库存、实现生态文明建设理念。当前，重庆正向国际化的大都市迈进，作为重庆的门户之地，渝中半岛的城市形象显得愈发重要。生态良好是现代城市经济文明的重要体现之一，因而在渝中半岛率先打造良好的城市生态景观是十分必要的，而屋顶花园规划正是可取的方法之一。

一、重庆市渝中半岛商住楼平屋顶花园现状分析

渝中半岛是嘉陵江与长江交汇处的狭长半岛。通过高精度的三维卫星地图可以发现，渝中半岛屋顶绿化率低，屋顶绿化的可利用性较弱、可观赏性不佳，整体缺乏规划设计引导。尤其是大部分可进入的平面式商住楼屋顶都未进行屋顶绿化，使屋顶未得到充分利用。

平面商住楼屋顶具有可进入、有需求、有市场等优点，最适宜建设屋顶花园。将恰当的商业形态融入屋顶花园经营模式，在满足职场员工和楼内居民观景休闲与情感放松的同时，能极大地改善商住楼的生态环境，且植入的商业为花园的养护管理提供了有利的资金保障。

渝中半岛南部菜园坝南区路 143～159 号所在的商住楼自落成至今有近 20 年的历史，虽然已十分陈旧，但其建筑质量好。目前，有部分顶层住户利用屋顶搭建了棚架，作为自己的私家菜园或阳台，利己不利他的同时使得商住楼的屋顶风貌杂乱无章。该商住楼底层的商业多为中低端零售、服务、餐饮业，居住人群多为中老年人。商业服务人群范围较广，居住人群对目前的生活环境十分不满。总体来说，其商业性质有待转型升级，居住环境亟须大力改善。该商住楼的现状对于渝中半岛滨江沿线的大部分商住楼具有很强的代表性，故以其为例进行商住楼平屋顶花园景观模式探讨。

二、菜园坝南区路 143～159 号商住楼屋顶花园景观模式

（一）方案理念

基于菜园坝南区路 143～159 号商住楼现状，其屋顶花园景观以"城市让生活更美好"为理念，旨在通过屋顶花园自上而下改善该商住楼现状风貌，为楼中居民增加一处休闲娱乐的空间。本案成功后再推广至周围楼栋。

（二）主题构思

该商住楼位于渝中半岛常年主导风向的下风向，背风面水。面朝珊瑚公园，背靠邹容公园，作为观景休闲平台实为佳选。且该商住楼历史悠久，承载了许多重庆的记忆。故将屋顶花园的主题定为"重庆记忆"，可开发具有重庆特色的商业休闲旅游项目。

（三）功能定位

为保证屋顶花园的管理运营市场化，将其功能定位为"商业休闲娱乐"。商业所获得的收益可用于花园的养护费用开销。

（四）平面布局

该商住楼建筑屋顶形式为阶梯状平面顶，可进入性较强，利于景观层次的塑造。故因地制宜利用跌水喷泉景观将其阶梯状的屋顶连为一体，在顶层台阶平面布置藤棚吧台、天台雨棚与鱼池等重要景观。通过景观小品和植物的配置，营造出一个"色、香、味"俱全的世外桃源。

（五）景观结构

1. 景观视线

在屋顶花园可观赏园内的花草树木、园外的霓虹闪烁；可观赏长江之浩瀚、星月之轮回；可远眺

江对岸的南山、细看鱼池中的鱼影。

2．重要景观节点

① 水体景观：花园内的水体景观有跌水喷泉、景观鱼池、生态鱼池。跌水喷泉作为主体景观，由阶梯状的跌水池、低矮的水边花草、高大的路旁乔木构成，重山叠水的视觉效果充分体现了花园主题：重庆（山城、水岸）记忆。生态鱼池和景观鱼池分别养殖食用鱼和景观鱼，景观鱼池的替换水流向生态鱼池，保证水体清洁、观赏性佳，替换水经跌水喷泉层层过滤、净化、加氧后为生态鱼池提供养殖用水，使水资源得到充分循环利用。

② 非水体景观：花园内的非水体景观有天台雨棚、藤棚吧台。天台雨棚由复古的壁灯、木质的亭子、如茵的绿草、唯美的花境组成。作为楼内空间与屋顶花园的衔接部分，充分发挥其划分楼内外空间的重要作用。作为整个屋顶花园的制高点，其具极佳的景观视线。藤棚吧台空间有四周围合的安全感、隐秘感，有不同高度植物群落的丰富立体感，有不同色彩相呼应的美感，还有丹桂栀子的清香。

水体景观与非水体景观共同构成了屋顶花园的水循环系统。晴天：植物产生蒸腾作用，缓解高空高温；雨天：绿地与水池可吸收储蓄降水；雨季：跌水水池有蓄水功能；旱季：水池中的水可提供绿化用水。

（六）功能分区

阶梯状的跌水喷泉景观与鱼池景观构成运动休闲观景区；藤棚吧台与观景天台雨棚构成安静游憩娱乐区。各要素间紧密相融，动中有静，静中有动。

（七）交通流线

垂直上升路径为楼外钢化玻璃电梯，方便居民日常出行，在需求集中的楼层与楼内空间进行连通，避免外来游客对楼内居民生活的干扰。

平面路径分为公共观景路和私密游步道。观景路宽 1~2 米，视野开阔；游步道宽 0.5~1.0 米，私密性佳。游览路径形成环线，不用走回头路。

（八）给水排水

采用雨污分流制排水、树枝状给水管网。雨水排放口设于花园四周的墙角，雨水经排水渠收集由排水管沿外墙直接排入城市下水系统。借鉴雨水花园排水模式，采用鹅卵石排水渠排水。整个屋顶花园的防水层连续，防渗处理到位，避免渗漏。

遵循就近排放，污水排放口位于主要污水源地：洗手池，由排放口排入该商住楼下水系统。经暴雨强度计算，采用 DN80 的排水管径。

进水口位于主要用水区——吧台，通过水管供给景观鱼池，保证景观鱼池的水体清洁。经用水需求估算，采用 DN50 的给水管径。

屋顶花园不设置厕所，厕所可由经营者在商住楼内租赁。

（九）照明系统

屋顶花园的照明系统分为电力和非电力照明。电力照明为固定照明，布置于藤棚吧台；非电力照明为可移动照明，布置于草木之间、鱼池之上。电力照明设施由电线接入商住楼电力系统。非电力照明设施采用酒精、天然气等清洁能源。蜡烛、荷花水灯等移动式照明设施可按需自由布置于非固定照明区。

（十）园林植物与小品配置

花园内的植物大多兼具观赏和经济价值，不少还具药用和食用价值。大多植物对于生长环境的要求不苛刻、易成活、便养护。主要有：洋甘菊、栀子、女贞、棕竹、八月桂、蓝蝴蝶、绿竹、苏铁、秩草、睡莲、月季、红枫、德国兰、草皮、红水仙等。植物的高度、大小尺寸以及根系的发达程度等在考虑屋顶承重、防渗的基础上达到平面与垂直维度共同形成层次丰富的景观效果，并与花园内的鸟、鱼等动物共同构成稳定的生态系统。此外，女贞、棕竹、八月桂等植物对 SO_2、HCl 等有害气体具有吸附抵抗作用；睡莲具有吸附重金属、净化水质的作用。

通过藤棚、吧台、木质铺砖、洗手台、栏杆、天台雨棚等户外家具小品塑造出具有温暖感的安静休憩娱乐区；通过碎花石铺砖、石质桌椅、玻璃台阶、兽头喷泉嘴、景观石、鱼池等景观小品塑造出古雅灵动的花园景观。舒适的材质、悦目的色彩、人性化的小品尺寸，充分调动人的各个感官。另外，本屋顶花园配置有可移动的"晴雨两用"伞棚，避免炎炎夏日与狂风暴雨对花园观赏、经营活动的干扰。

（十一）商业项目设计

依托屋顶花园内的景观进行设计，设计有以下六个项目：
（1）休闲茶饮：依托藤棚吧台进行打造。可供到访者休憩品茶，也可为朋友聚会提供场所。
（2）摄影写真：依托跌水喷泉景观打造。对于到访的客人都可为其摄影写真留念。
（3）莲池泛灯：花园内的水体景观可泛莲花灯使花园的夜景更加别致。
（4）秉烛夜游：夜晚可捧着蜡烛或提着油灯在花园里的非固定照明区尽情欣赏重庆的夜景。
（5）花艺教学：花园内三季都有花，可在花期举行插花花艺教学活动。
（6）自制花茶：花园内的洋甘菊、桂花等可制成花茶，提供给吧台。

三、屋顶花园实施效益评估

（一）经济效益

花园内的动植物兼具观赏、药用、食用等多种经济价值。同时，游客给该商住楼底层的商户带来更多的产品需求，亦产生可观的经济效益。

（二）生态效益

屋顶花园的绿化覆盖率达 60%以上，能充分发挥其隔热、降噪、降温、吸收太阳辐射、吸收有害气体、释放氧气等生态效益。

（三）社会效益

屋顶花园的建成将极大改善商住楼的生活、生态环境，为社区注入新的活力，营造和谐、安全的社区环境。

四、总　结

本文以渝中半岛菜园坝南区路 143～159 号商住楼为例，因地制宜，以人为本，将园林艺术与"雨水花园"的生态理念融入其屋顶花园景观，并依托景观植入适宜的商业形态，充分践行了"城市让生活更美好"的理念，实现综合效益的最大化，达到通过屋顶花园自上而下改善商住楼整体环境的目的。

以下几点商住楼平屋顶花园的景观塑造模式，可由案例点沿滨江线推广，逐步达到改善渝中半岛城市形象与生态环境的目的：
（1）以人文关怀作为屋顶花园的理念出发点，使屋顶花园的建设契合商住楼的现状需求。保证屋顶花园方案实施具有高度的现实意义。
（2）将先进的屋顶花园建造技术与生态技术理念充分融入屋顶花园的景观塑造，使屋顶花园最大程度地发挥其生态效益。

（3）屋顶花园的景观塑造要充分考虑园林的艺术性，利用中西方园林的造景手法，结合商住楼的屋顶形式，紧扣花园的主题，因地制宜，打造出具有主题特色、地域特色、文化特色、时代特色的花园景观。

（4）园林植物的选取应充分考虑植物的形态、高矮、颜色、生长年限、根系的发达程度、对有害气体的吸收特性、是否会产生易过敏原、是否具有药用（食用）或其他经济价值等，以塑造出层次丰富、舒适宜人、景色优美、价值丰富的植物景观。景观小品的配置应从功能需求、视觉效果、触觉效果、与周围景观的搭配效果等方面进行考虑，要满足所服务人群的审美要求、功能需求与情感诉求。

（5）充分利用商住楼"商住融合"的特点，依托屋顶花园的景观将适宜的商业模式植入屋顶花园的经营管理，使屋顶花园的养护与管理有足够的资金保障。

参考文献

[1] 陶帅. 浅析高密度城市发展中公共空间的创造方法[J]. 建筑工程技术与设计，2014（26）.

[2] 侯莉敏. 屋顶花园景观设计中设计思想的表达和景观功能的实现[D]. 石家庄：河北工业大学，2006.

[3] 苏友赛，韩瑜，黄白梅. 城市屋顶花园的功能与生态效果研究[J]. 民营科技，2012.

[4] 李晓芹. 屋顶绿化施工技术[J]. 城市建设理论研究：电子版，2012（30）.

[5] 杨茜茜. 屋顶花园设计研究[J]. 杭州：浙江大学，2014.

[6] 赵卫艳. 浅谈我国屋顶花园设计的作用、现状和原则[J]. 河南农业，2009（2X）：61-62.

[7] 王月宾，单进，韩丽莉. 国内屋顶绿化施工技术解析[J]. 中国园林，2015，31（11）：18-21.

[8] 李爽，刘慧民，许文婷. 哈尔滨市居住区雨水资源化与景观整合设计[J]. 福建林业科技，2015（03）.

档案袋评价法在高校课程中的应用探索*

王飞飞 景 晨

档案袋评价（Portfolio Assessment）是20多年前由美国发起的一项评价技术，又称成长记录袋评价，指的是在一段时间内，通过有目的地、系统地收集和评价学生作品，记录和评价学生进步的过程和学习成就，是发展性评价方法之一。20世纪90年代中期以来，作为以学习者为中心的"促进学习的评价"（assessment for learning），档案袋评价以其独有的优势，在美国、加拿大和英国、法国等欧洲课堂教育领域得到广泛的应用，在一些课堂上，档案袋已成为评价学生的唯一方式[1]。高校课程注重过程、注重学生的发展、注重教师学生的共同参与，这一特点与档案袋评价法的运用要求十分契合。将成长记录袋迁移至大学生高校课程中，教师、学生本人和朋辈同学共同收集能够证明该生学习努力以及在知识、技能、情感、态度等方面发展的成果、资料，包括计划、中间过程、最终成果和教师、同学的评价等相关资料，捕捉、记录学生成长轨迹，并以此来评价学生学习和进步状况。将教育评价领域中的发展性评价理论和模式迁移运用到高校课程新领域，并根据新的教育情境进行理论重构和实践应用，对于改进当前高校课程评价主体单一、评价方式刻板、评价的鉴定功能有余而改进功能不足等方面的现状有重要的实践意义，对于提高高校课程的实效性有重要的现实意义。

* 基金项目：本文为重庆工商大学教育教学改革研究项目"高校形成性教学评价研究与实践"（项目编号：2010220）成果。

一、档案袋评价的特征与模式

与高校课程传统的考试评价和阶段性的终结性评价方式不同，档案袋是一种动态的过程性评价。档案袋评价所关注的不仅是学生的成绩，还包括学生努力和进步的过程；评价不再只是由课程教师实施，而是有学生参与，并在师生民主协商的基础上共同完成；自评和反思成为重要目标，学生在过程中能不断调整学习的预期目标；尊重个体差异，以揭示学生的优点为目的，从而激发其自信，强化其内在的学习动机；注重学生的阶段性成果，多维度、全方位地考量他们在具体情景中的行为能力，避免传统考试重结果轻过程的弊端；兼用量化和定性的方法报告评价结果；评价环境宽松，减轻学生的考试焦虑情绪等。

综上所述，高校课程中的档案袋评价呈现如下特征：① 评价主体。档案袋评价法中的评价主体是师生，学生与教师一起参与档案袋的创建过程和评价标准的制定。② 评价客体。档案袋评价法中评价的对象是学生成长过程中能证明其努力程度及进步的资料，包括计划、中间过程、最终成果和教师、同学的评语、建议等相关资料，捕捉、记录学生成长轨迹。③ 评价方式。档案袋评价法的评价方式是开放多元的，包括过程中学生不断进行的反思、自评，朋辈同伴之间进行互评，以及教师评价。④ 评价结果。档案袋评价法注重定性的评价结果，评价结果的应用目的不是单纯为了鉴定，而是为了学生长足的改进和发展[2]。

以 Jennifer.Delett 为首的美国华盛顿大学的研究人员在吸取了美国各地区教师的意见后，提出了一个综合多种成分，适用于各个教育层次、不同语种的档案袋评价的模式（见图1）。档案袋评价的七个步骤中，确定评价目的是实施档案袋评价的第一步，它引导档案袋评价的整个过程。评价目的一旦确定，学生和教师需进一步明确教学目标，并将其分解，设计相应的任务和评价标准，然后确定档案袋的组织形式，即如何归类和存放。前五个步骤是实施前的准备工作，之后开始实施，并管理和监控评价过程，促使学生定期按要求将需要的材料放入档案袋，教师及时给予信息反馈等。学期末教师反思整个过程，评估是否达到了既定目的，检查评价的准确性与一致性程度。

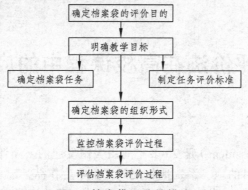

图1　档案袋评价的模式

作为一种新的以学生的发展过程为关注点的评价方式，档案袋评价最初是以发展性评价方式引入英语的学科教育领域的，其后有不少教师和学者对不同教育层次、不同语种和不同课程类型的课堂分别进行了档案袋评价的开发和研究。在我国，有学者应用档案袋评价后，发现档案袋评价是主体取向的发展性评价方法，能发挥学生主体作用，促进教师的专业发展，整合高校教育资源，能够培养学生的自主学习能力，能真实地记录学生学习过程中的成长足迹，督促学生经常自我评价，反思学习方法，培养他们学习的自主性和自信心[3]，促进综合素质的发展。

二、档案袋评价法在高校课程中的效果

基于以上对档案袋评价这一新的发展性评价方式与高校课程现实情景契合度的论证，在高校课程中进行了档案袋评价的实践探索。实践探索的结果表明，档案袋评价法的理论、模式与高校课程实践的情

境契合良好，效果显著，是高校课程评价的创新。

1. 记录成长轨迹，将学生无形的成长过程有形化

档案袋评价的应用关键是采用成长记录袋采集大学生课程过程中的素材，包括职业生涯规划、学年计划、学年反思、课程作业、论文作品、优秀读书笔记、讲座观后感、活动照片等，记录学生的成长轨迹，将学生无形的成长过程有形化，为大学生提供自己和身边朋辈鲜活的成长案例，通过正能量事件的正强化和负能量事件的负强化，起到榜样示范和危机警示作用。

2. 反思成长过程，强化大学生的自组织功能

组织是系统内的有序结构及其形成过程，从组织的进化形式可分为他组织和自组织。如果一个系统靠外部指令而形成组织，即为他组织；如果不存在外部指令，系统按照相互默契的某种规则，各尽其责而又协调地自动地形成有序结构，即为自组织。大学生对自己成长档案记录袋中的内容如计划、阶段总结、作品定期进行回顾、梳理，总结收获，反思不足，能调动自身的主观能动性，促进自我认知；大学生主动参与自己成长规划和阶段性反馈、调整，能提高其自主学习能力和自我管理能力。实践表明，档案袋评价变被动的高校课程评价为学生主动的自我管理，提高了大学生的主体性，强化了大学生个体的自组织功能，在即使没有外力监督的情况下，大学生也能够和朋辈、老师一起按照既已形成的规则默契、协调地维持个体系统和组织系统的有序运转，启动螺旋式上升的良性循环，完成大学生成长层面上量的积累和成才层面上质的突变。

3. 同伴评价成长过程，提高朋辈间的协作能力

与大学生朝夕相处的室友、班级同学、年级同学等同伴定期翻阅该生的成长记录袋，写下感触，做出评价，提出建议，见证该生的成长过程。这种同伴评价能够增加同学间的相互了解，提高同学间的协作能力，是大学生与外界交换信息的良好途径。人类社会赖以生存、发展的三大基础是物质、能量和信息，信息是大学生探寻内部自我和外部世界的凭据。当前新媒体环境下，人机交流方式已经逐步追赶人人交流方式并呈超越之势，成为大学生信息交流的主导方式之一，档案袋评价法中朋辈间成长过程中的互评互助显著提高了大学生朋辈间信息交流的质量，增强了朋辈间的沟通协作能力。

4. 教师见证学生的成长轨迹，显性陪伴压力变动力

课程教师是学生档案袋评价项目的组织者和参与者，教师和学生一起合作采集该生成长过程的点滴，定期翻阅学生的成长记录袋，写下评语，并把老师、同学们的留言反馈给学生，发现问题，及时解决学生的思想困惑，帮助学生成长，这种显性的成长陪伴给学生带来"被关注"的压力，并将这种显性的陪伴压力转化为他们前行的动力。

5. 师生互动、生生互评，提高班级凝聚力

以档案袋评价为载体，通过教师和学生之间、大学生同伴之间的互评、互动，增加了师生之间、同学之间的沟通频率和沟通质量，师生协作共同解决学生成长中的问题，营造同患难共优乐的班级文化氛围，提高了班级凝聚力，增强学生的归属感、荣誉感和责任感。

6. 关注过程，淡化结果，无为而治实现过程与结果的双丰收

档案袋评价关注大学生成长和发展的过程，不是仅以考试成绩或评优结果、综合素质测评名次等结果为标准的评价方式，而是以"重过程淡结果"为导向的高校课程方法创新，克服了传统学生评价方式中"成绩好的同学评优——评优的同学拿奖学金——拿奖学金后评优的机会更多"的优等生马太效应，让班级大多数的普通同学进入评价的视野，得到老师和同学们的关注，找到适合自己的发展方向。这种关注过程淡化结果的导向，能够达到无为而治的效果，实现"润物无声"学生管理过程与"立德树人"学生管理结果的双丰收。

三、档案袋评价在高校课程中的应用展望

1. 可尝试开发电子档案袋相关平台

目前档案袋评价的教育功能已被普遍认可，近年来，档案袋的应用又扩展到高等教育多个领域，并

影响到世界各地。随着信息技术的飞速发展，档案袋也逐渐由纸质转向电子形式，电子档案袋可以存放大量不同类型的档案，能按时间、主题或其他分类标准进行组织、排序和检索，具有可共享性和可互动性，便于评价主体和客体双方更便捷地使用[4]。依据新媒体时代特征和"90后""00后"大学生特点，纸质成长记录袋虽具有直观、易操作的特点，但不具备电子成长记录袋容量大、互动更及时等特点，因此在档案袋评价以后的实践中，在一定的技术支持下，可尝试开发电子成长记录袋相关平台。

2. 收集更多学生第一课堂作品，让档案袋成为知识、能力、情感、态度的综合体现

对于大学生而言，其第一课堂是专业知识学习和高校课程的主渠道，占据其绝大多数时间和精力，因此在以后的实施过程中可将档案袋评价法扩展到更广泛的教育领域，收集更多学生第一课堂作品，在知识、能力、情感、态度的综合评价中，更有效地引导大学生成长成才。

参考文献

[1] 黄纪针. 国外档案袋评价应用和研究述评[J]. 解放军外国语学院学报，2012，06：46-52.

[2] 张耀灿，曹清燕. 发展性评价：高校思想政治理论课教学测评的指导理念[J]. 思想理论教育导刊，2009，05：65-68.

[3] 苏文秀. 如何利用档案袋评价培养学生的自主学习能力[J]. 教学与管理，2012，30：50-51.

[4] 陆小玲. 多元化教育评价视野下的电子档案袋评价[J]. 黑龙江高教究，2012，08：56-58.

人才培养

重庆红色旅游资源开发探析

余 新　吴金桂

一、重庆红色旅游资源开发的现实意义

（一）重庆红色旅游是爱国主义教育的载体和基地

面对当今国际国内形势的深刻变化和因改革开放带来的价值观念、文化观念等冲击所引起的思想认识模糊、道德行为失范、理想建构空虚的社会现实，青少年的思想道德建设面临严峻的挑战。红色旅游资源是展现中国人民在中国共产党的领导下进行革命、战争、社会建设、改革开放的伟大实践的重要载体，它是那段特殊历史时期的历史见证物，展现了中国人民的革命精神、奋斗精神、爱国精神。

（二）重庆红色旅游对重庆老区经济发展具有拉动效应

红色旅游可以成为革命老区经济发展的重要增长点，是促进革命老区经济发展、提高群众生活水平的惠民工程。发展红色旅游不仅促进了革命老区的基础设施建设，而且还优化了老区产业结构，有效带动了老区人民脱贫致富。革命老区的红色旅游取得了良好的经济效益和社会效益。第三产业快速发展，就业率和生活水平得到了明显提高，地区的区位形象和知名度都有很大提升。

（三）重庆红色旅游有利于培育和发展重庆旅游业新的增长点

随着经济社会的发展，旅游消费支出逐年增长，对旅游内容和产品提出了新的要求，红色旅游的出现顺应了这种要求，不仅吸引了大量国内游客，也吸引了许多外国旅游者。红色旅游作为中国特色旅游业的重要组成部分，对于满足旅游需求、促进旅游业发展、增强旅游业发展后劲、开拓更广阔的旅游消费市场具有积极作用。从经济价值分析，红色旅游资源是区域发展旅游经济的基础，红色旅游资源对游客产生吸引力，进而促使游客去区域旅游，推动区域旅游经济的发展，具有十分重要的经济价值。

二、重庆红色旅游资源开发存在的问题

（一）文化内涵挖掘不深

重庆红色旅游产品在设计时对于重庆抗战文化元素的挖掘不够深入，没有将抗战文化、陪都文化等重庆红色文化元素充分展示出来。重庆作为我国一个红色旅游资源富集地区，拥有抗战文化、红岩文化、陪都文化等红色旅游资源，但在红色旅游产品设计当中并没有有效地对这些文化资源进行深度挖掘。重庆很多红色旅游景区的产品还停滞在橱窗的展示模式，旅游产品缺乏生动性，没有充分调动游客的参与性，静态式的布展方式不利于对游客构成吸引。

（二）资源保护不足

长期以来，重庆在城市建设过程中整拆整建，不注重于对红色旅游资源的保护。近年来重庆经济社会取

得了巨大成就，城市面貌得到了良好的改善，但在城市的建设过程当中，没有对历史文化资源尤其是红色旅游资源进行保护，没有将红色旅游资源保护纳入城市总体规划，导致破坏资源的现象屡见不鲜。红色旅游景区大兴土木将现代建筑生硬地移植到红色旅游景区，破坏红色旅游的氛围，造成红色旅游资源的破坏。

（三）旅游管理人才相对短缺

红色旅游景区行政管理和企业管理人才的缺乏，限制了红色旅游景区的发展，不利于红色旅游资源的科学合理开发。红色旅游景区具有对游客进行爱国主义和革命传统教育的任务，因此对导游的要求很高。长期以来，红色旅游景区服务人员文化素质比较低，绝大部分服务人员不具备高中以上学历，因此他们对红色旅游资源的文化内涵了解不深，不能够更好地为游客服务。加之红色旅游景区对服务人员的培训较少，所以服务人员的业务水平长期得不到提高。

（四）品牌优势不强

重庆红色旅游形成具有全国知名度的红色旅游景区还很少，除了红岩连线景区以外，其他红色旅游景区的知名度不是很高，没有形成自身的红色旅游品牌。因此，重庆其他的红色旅游景区要积极创新红色旅游产品、优化红色旅游线路、挖掘自身的文化内涵，形成红色旅游品牌优势。只有在重庆多树立几个具有全国知名度的品牌红色旅游景区，才能进一步扩大重庆红色旅游的影响力。同时在重庆周边的红色旅游区如四川广安、贵州遵义都具有全国知名度，要规避他们的形象遮蔽效益，只有树立自身的品牌优势，走品牌化营销战略。

（五）资金投入不足

重庆许多区县对于旅游营销财政投入力度不够，甚至在部分区县的旅游营销投入几乎为零。还存在着一些地方财政虽然有专门的旅游促销专项基金，但旅游部门却不投入旅游营销当中去的现象。由于地方政府财政有限，仅仅靠地方政府的资金投入是不够的，因此，我们要加大从社会公益资源、吸引民间资金、旅游相关企业等方面来促进区域红色旅游资源营销的力度。

三、重庆红色旅游资源开发的对策建议

（一）挖掘红色旅游资源内涵

长期以来，重庆在红色旅游资源开发过程中，不注重对抗战文化、陪都文化、红岩文化的深度挖掘，重庆红色旅游产品和红色旅游线路单一，不注重更新。加强党史研究，充分体现革命历史文化和地域文化的特征。加大"红色元素"的推广和应用，展示形式应采用高科技的声、光、电结合外加一些原汁原味的陈列展示形式。多开展以"红岩精神"为主题的教育活动、文艺演出、知识竞赛，让游客身临其境。纪念品应注重生活化、情感化、理想化，同时要始终把握纪念性、针对性、艺术性、礼品性、文化性的原则。

（二）建立重庆红色旅游品牌

重庆的红色旅游产业开发尚存在很大发展潜力。重庆市的旅游产业已经成为重庆经济发展的一个重要支柱。在众多的红色旅游资源中，应重点发展红岩系列景点，通过弘扬红岩精神，不断融入重庆当地红色文化，深度挖掘红岩文化、抗战文化、陪都文化等内涵，打造重庆红色旅游的精品。采取以品牌为核心的体验式营销策略，加强游客对重庆红色旅游产品参与性程度，扩大市场需求。加快红色旅游景点建设和资源整合，可将革命老区的红色旅游和生态旅游、民俗旅游相结合，增强红色旅游的吸引力和感染力，从而实现各类旅游资源的协调发展，促进当地旅游经济增长。

（三）重视重庆红色旅游资源保护

要建立健全红色旅游资源保护的体制机制，加强红色旅游资源保护体系建设，为保护红色旅游资源提

供法律支撑，加强对红色旅游资源保护的立法工作，同时要利用乡约民规对村民的行为进行约束，加强对红色旅游资源的保护。各级文物部门要加强对红色旅游资源的保护，同时规划部门应该将红色旅游资源的保护纳入到城市建设的规划当中去。建设和完善各景区连线的配套设施，将各景区有机连线在一起，发挥道路交通、邮电通信、建筑、媒体、教育等行业合作，为有效整合红色旅游资源提供制度设施保障。

（四）加强红色旅游区域合作

加强区域合作与景区联合已然是21世纪旅游业发展的必然趋势，也是顺应经济全球化的战略选择。科学地整合区域红色旅游资源，有利于增加产品的层次性，打破红色旅游产品的单一性，丰富红色旅游产品体系，增强红色旅游地的吸引力，形成红色旅游产品的核心竞争力。重庆要立足于自身实际，加强与周边省区的红色旅游景区的区域合作，以形成合力，重庆是"川陕渝红色旅游区"的一部分，要加强与陕西、四川等省份的区域联动、整体营销，进而增强"川陕渝红色旅游区"区域之间红色旅游景区的营销效果。

（五）打造一支专业化的优秀导游队伍

导游服务水平的高低直接影响游客对红色旅游景区的评价。要加强对重庆红色旅游景区的导游人员文化知识的培训，使每个红色旅游景区的导游对景区的历史文化有深入的了解和研究，这样才能为游客提供专业化的讲解服务。要加强对红色旅游景区导游德育知识的培训，这样才能有利于导游挖掘红色旅游景区的德育资源，对游客进行爱国主义和革命传统教育。要大力引进高素质人才充当导游，通过志愿者的招募形式来吸引人才，全面提高导游人员的素质，努力建设一支高素质的导游队伍。

重庆拥有丰富的红色旅游资源，拥有全国统一战线传统教育基地，如白公馆、渣滓洞、曾家岩等，在众多的红色旅游资源中，应重点发展红岩系列景点，通过弘扬红岩精神，打造重庆红色旅游的精品，采取以品牌为核心的体验式营销策略，加强游客对重庆红色旅游产品参与性程度，扩大市场需求。可将革命老区的红色旅游和生态旅游、民俗旅游相结合，增强红色旅游的吸引力和感染力，从而实现各类旅游资源的协调发展，促进当地旅游经济增长。重庆红色旅游是一项重要而极富特色的旅游形式，要在对区域资源和市场深入调查和评价的基础上，创新思路，实施综合开发，发挥自身优势，解决存在的问题，实施重庆红色旅游业发展的增长战略，促进重庆红色旅游的可持续发展，为重庆的旅游经济发展做出贡献。

参考文献

[1]　葛雅兰. 重庆抗战文化遗产的保护对策[J]. 重庆行政（公共论坛），2013（04）：89-90.

[2]　黄小伊. 谈重庆的经色旅游资源及其开发[J]. 旅游纵览（下半年刊），2016（05）：94.

[3]　何建民. 重庆红色旅游市场的可持续发展战略思考[J]. 旅游纵览：行业版，2011（01）：32-33.

微媒体视域下高校辅导员
思政教育影响力构建研究

张　颖

在以互联网为代表的新技术的影响下，伴随着移动通信终端[1]的迅猛发展，微博、微信、微电影、微公益……各种"微"概念层出不穷，不知不觉间，我们已悄然步入了一个微媒体时代。以移动互联网为基础的现代传播技术为微媒体时代的到来提供了必要的条件。作为最容易获取新鲜资讯、接受新生事物的青年大学生，对新技术应用和基于新技术的产品具有较强的操作能力，他们已经完全能够熟练驾驭各种微媒体。高校辅导员作为大学生思想政治教育的一线工作者，是大学生思政教育的骨干力量，在微媒体视域下如何构建自己在思政教育上的影响力，有效开展大学生思想政治教育工作、切实提高工作的有效性和针对性是我们亟待研究的问题。

一、微媒体时代的界定及主要特征

关于微媒体时代，到目前为止没有一个统一的规定性定义。本文中，我们把许多个微小的博客、微信等所组成的信息传播网络看作一种媒体，这类由许多独立的发布点构成的网络传播结构，叫作微媒体。微媒体创造的内容简单易读；互动性比传统媒体和新媒体都更强，内容的创造者与阅读者是面对面的关系；并且阅读者可以通过关注、取消关注、订阅等操作进行选择性的阅读。微媒体时代可以将微博作为传播媒介的代表，以短小精炼作为文化传播特征，微媒体时代信息的传播速度更快，传播内容更具冲击力。从更广泛的意义上来看，微媒体时代应该包括微博、微信、微电影、微公益等，以数字化技术为基础，运用信息通信技术和视频、音频、图像、文字等多种方式，通过移动便捷的新型显示终端，进行以高效、实时、互动为特征的新传播时代。

微媒体时代的主要特征包括以下几个方面：

第一，信息传播形式灵活多样、方便快捷。在微媒体时代，人们可以通过微博、微信等客户端，发表和接收文字、图片，还有音频、视频等。同时，可以通过多种平台进行信息的传播和接收，比如电脑、智能手机、IPAD（平板电脑）等。2015 年 2 月 3 日，中国互联网络信息中心（CNNIC）在京发布第 35 次《中国互联网络发展状况统计报告》显示，截至 2014 年 12 月，我国网民规模已达 6.49 亿，其中手机网民规模达 5.57 亿，网民中使用手机上网人群占比由 2013 年的 81.0%提升至 85.8%。手机端即时通信使用保持稳步增长趋势，使用率为 91.2%。随着科技的发展和各种电子设备的普及，可以更方便快捷地传播和接收信息的各种媒体平台当然会受到包括青年大学生们在内的大众的追捧。

第二，全体民众都可以主动、广泛地参与信息的发布与传播，影响力不容小觑。在微媒体的背景下，社会大众和每位大学生都可以低成本、便捷地拥有自己的微信、微博等微平台。在各种微平台上，每位微民[2]可以随时随地发布简短的文字、图片、语音甚至视频信息。内容可以是自己当下的经历，可以是对时事的看法、评论，还可以是自己的所思所想等。没有人强制要求，也没有机构进行绩效考核，大家出于信息沟通和交流的欲望，会积极主动、非常广泛地参与其中。由于微民数量巨大，信息传播呈几何式和交叉式增长，信息影响面十分广泛。正如互联网趋势研究者谢尔·以色列在其著作《微博力》中写到的一样，"微博兴盛，140 字虽然微小，力量却波及全世界，微革命之势已不可逆转"。

第三，信息内容简短，多呈碎片化传播态势，同时信息的发布者往往容易张扬个性，所发布信息的主观性程度很高。就像微博所要求其表述语言不得超过 140 个字一样，通过微媒体平台发布或接收的信息通常都非常迷你，短小简洁。内容简短，发布的不连贯性导致了信息呈碎片化传播态势，海量的信息以及对其他人可能毫无意义的碎片化信息大量充斥各微媒体平台。同时，在自媒体[3]的传播模式下，人人都是信息的原创者，同时也是编辑者，还是信息的发布者和传播者。因此，信息的内容往往个性张扬，主观化程度非常高。

第四，互动性强，传播速度快，时时传播，时时互动交流。在传统媒体作为传播载体的情况下，信息的发表和传播之间是存在时间差的，但微媒体时代，信息的传播非常迅捷，几乎可以与事件的发生、进展实现同步。各微媒体平台均具有信息的时时上传和及时交互功能。也正是由于微媒体时代信息的时时传播和交流互动才吸引了包括青年团员在内的社会大众广泛的参与热情。你随时随地可以发表信息，也有人会随时随地地关注和回复你的信息。

二、微媒体背景下高校辅导员思政教育新模式构建

微媒体在改变人们传统的信息接收、观点发表和交流模式的同时，也在更深层面上影响着人们的思维方式、行为习惯甚至意识理念。2013 年 8 月，习近平总书记在全国宣传思想工作会议上指出，"意识形态工作是党的一项极端重要的工作""能否做好意识形态工作，事关民族凝聚力和向心力"。在新时代，我们高校辅导员必须充分运用新技术、新应用，适应并主动创新媒体传播方式，占领信息传播制高点，提升辅导员在思政教育上的影响力，教育和引领广大青年大学生，为切实做好高校辅导员思想政治教育工作做出努力。

（一）微媒体为高校师生提供及时的信息发布、分享、交流平台，创新辅导员思政教育工作的方式

传统的辅导员思想政治教育工作多是通过一对一，或一对多地与学生面对面进行交流的方式来进行的，多为辅导员单方面的灌输式传递，高校青年学生被动参与的模式，大学生处于被动参与和接受的状态，对思政教育的内容和形式都没有主动参与的机会和可能。在微媒体背景下，微博、微信、微公益、微终端等平台为广大高校辅导员提供了可以时时发布信息、分享精神正能量以及与广大青年大学生交流思想的机会和可能，高校辅导员可以通过各种形式的微媒体平台提升思政教育的影响力，进行思想政治教育理念的宣传和正能量的传递，而不再是传统的、简单的面对面说教式。例如，通过微博传递正能量，新颖的形式可以提高青年大学生的关注度，扩大思政教育的影响力。再比如，在召开班会或者团日活动时，可以在网络、微博上进行宣传、投票等。微媒体从根本上打破了传统的思想政治教育的时间和空间限制，在教育的时效性方面得以加强，当然，教育的效果也更显著。

（二）微媒体背景下移动终端成为高校辅导员思政工作的新阵地，创新运用微媒体，增强思政工作的吸引力

传统的高校辅导员开展思想政治教育工作方式是固定的、单向的和滞后的。在微媒体时代，因为各种微媒体的出现，使得辅导员各种思政教育信息的发布、分享甚至交流变得更加容易实现，辅导员开展思政工作的方式从根本上得以创新。思想政治教育工作将不再是由辅导员单方面实施，而是由辅导员和广大青年大学生一起双方共同来完成。

常见的微媒体平台有微博、微信、微课和微公益活动等。

微博，是微型博客的简称，是一种通过关注机制分享简短实时信息的广播式的社交网络平台。微博是一个基于用户关系信息分享、传播以及获取的平台。用户可以通过WEB、WAP等各种客户端组建个人社区，以 140 字（包括标点符号）的文字更新信息，并实现即时分享。微博作为一种分享和交流平台，其更注重时效性和随意性。较为知名的微博包括新浪微博、腾讯微博、网易微博、搜狐微博等。

微信，是腾讯公司推出的一个为智能终端提供即时通信服务的免费应用程序，微信支持跨通信运营商、跨操作系统平台通过网络快速发送免费语音短信、视频、图片和文字。微信还提供公众平台、朋友圈、消息推送等功能，用户可通过"摇一摇"、"附近的人"、扫二维码等方式添加好友和关注微信公众平台，同时可将内容分享给好友以及将看到的精彩内容分享到微信朋友圈。

微课，是一种由主讲人出镜或者话外音讲授的方式，内容简洁、持续时间短，可以以视频、动画等基于网络流媒体播放，是适用于基于移动设备进行移动学习的一种新型教学资源。

微公益，顾名思义就是从微不足道的公益事情着手，强调积少成多，点滴善心汇集成大爱无疆。作为高校的在校大学生，虽然暂时可能还不具备雄厚的经济实力，没有亿万家产，也没有强大的社会影响力，但这都不妨碍大学生团员从自身的实际能力出发，用自己微小的力量去从事相关的公益事业，用自己的实际行动去帮助需要帮助的人，用小爱聚集成大爱。

传统的辅导员单方面说教式地进行思想政治教育对青年大学生的吸引力日趋减弱。在新的时代，如果我们能够创新运用微媒体平台，利用"线上"和"线下"相结合的方式，通过开发APP，拍摄微电影，

组织微公益活动等多种形式并用，提升大学生对辅导员开展思政工作的认同感，无疑会在很大程度上提升辅导员思政工作的成效。

（三）微媒体平台为高校辅导员思政工作的开展提供了了解、联系和引领青年大学生的新渠道、新阵地

思政教育工作作为高校辅导员工作的重心，传统的工作开展方式多为由教育者单方面进行说教，不仅耗时费力，而且效果欠佳。微媒体为我们提供了及时的信息发布和相互交流平台，各种信息的传播、分享以及评论都在各种微平台上时时进行，不仅我们的教育者可以在各平台上发布、分享、评论，作为受教育者的学生同样可以随时随地对时事政治、突发事件或者社会现象进行信息收集、整理以及分享。这就要求我们的思政教育工作者转变以前的"填鸭式""灌输型"教育方式，通过对话交流、循序渐进、疏通引导等方式达到思想政治教育的目的。同时，通过这样的互动、交流，也为我们更好地了解和联系青年大学生提供了很好的平台。在微博、微信上传播正能量，潜移默化、润物细无声地实现对青年大学生的思想引领，通过开展微公益活动，为培养大学生从小处做起、践行社会责任提供了一个很好的平台。

三、结　语

辅导员影响力的充分发挥，是其能够高效地履行工作职责、有效开展青年大学生思想政治教育工作的重要前提和有效保障。身处微媒体时代，在此背景下如何构建、提高高校辅导员开展思想政治教育工作的影响力、做好思想政治教育工作是摆在所有高校辅导员面前的一个值得深入思考和研究的课题。

群团改革背景下打造服务型高校基层团组织的思考

邓　丽

当今世界已经进入数字化时代，当今中国也已经进入工业发展到服务业发展的快速时期。2015 年服务业增长 8.3%，超过全年 GDP 总量的 6.9%，在三大产业中增速最快。服务业与大数据、数字化、互联网的结合，满足了大众个性化的需求。而伴随着这一时代巨变成长起来的中国青年"90 后"，他们是互联网时代的原住民，他们有自己的文化，自己的语言，自己的价值体系，他们的成长有互联网的全程参与。正是这样的时代特征与供给侧促使着群团组织，特别是高校共青团组织的自我革新，从而更好地贴近青年、服务青年、引导青年、凝聚青年，让共青团组织真正成为青年学生的家园。

一、群团改革、共青团改革及其历史

群团改革与经济社会改革紧密联系，不同时代有不同的经济社会发展目标和党的奋斗目标。中国共青团作为党的助手和后备军，是青年群众工作的主要承担者，诞生锤炼于农业经济下的革命年代，蓬勃成长于国家开始工业化的建设年代，发展壮大于现代化进程中的改革年代，转型求变于进入信息化的互联网时代。回顾历史，改革开放以来，群团改革的历程大致经历了三个阶段：第一阶段是 1988 年的体制改革。团中央印发《关于共青团体制改革的基本设想》，此次共青团改革是为了更好地体现团的性质，明确团的社会职能，理顺党团关系。去行政化，把工作重点放到基层，代表、维护青年利益，增强团组织的凝聚力和吸引力是共青团的主要工作内容。第二阶段是 1993 年机关机构改革。《共青团机关机构改革

方案》指出在充分发挥共青团政治功能的前提下，完善和拓展共青团的社会功能，更好地发挥党的助手和后备军作用，更好地发挥党和政府联系青年的桥梁和纽带作用。第三阶段是 2001 年机关机构改革。此次改革提出四项任务：一是完善群团机关的领导和管理体制；二是理顺关系、合理划分职责；三是改进运行机制，克服行政化倾向；四是精干内设机构、精简人员编制。[1]

由此可见，历次群团改革均是在国家总体改革与时代发展的大背景下进行的，或者说是形势倒逼的改革，包括此次新时期下的群团改革。其次，每次群团改革的主要内容都反复强调"克服行政化"和"加强基层建设"，这是共青团组织联系群众、服务群众、凝聚群众的根本。然而，这也是共青团组织面临的难题，基层建设在不同的历史时期有不同的体现。

如果说 2013 年中共十八届三中全会吹响了全国经济改革再出发的号角，那么 2015 年中央 4 号文件的出台和中央党的群团工作会议的召开则揭开了群团改革再出发的大幕。2015 年 11 月中央全面深化改革领导小组第十八次会议审议通过了《上海市群团改革试点方案》《重庆市群团改革试点方案》等文件，2016 年 8 月，中共中央办公厅印发了《共青团中央改革方案》，指出："共青团改革必须坚持党的领导、把准政治方向，坚持立足根本、围绕时代主题，坚持服务青年、直接联系青年，坚持问题导向、有效改进作风，坚持加强基层、支持基层创新，构建'凝聚青年、服务大局、当好桥梁、从严治团'的工作格局。"[2]由此可见，此次改革同样重心下移，"加强基层建设"，而加强基层建设的目的是凝聚青年、服务大局、当好桥梁。高校是青年最为集中之地，高校基层团组织是联系青年、凝聚青年、服务大局的重要载体。新时代共青团改革的大前景下，进一步推进建设服务型基层团组织，是响应改革的号召，也是时代的需要。

二、服务型基层团组织的提出与发展

服务青年是共青团的基本组织职能，但明确提出"服务青年"的工作理念是在我国确立进行社会主义市场经济改革之后。1993 年团的十三大确定了各级团组织"服务经济、服务社会、服务青年"的工作主题；1998 年团的十四大报告中提出，要"服务大局、服务社会、服务青年"，7 次提到"服务社会"，12 次提到"服务青年"；2003 年团的十五大报告中提到"服务青年"的地方多达 23 处；2008 年团的十六大报告中 9 次提到"服务青年"，并作专章论述；2013 年团的十七大报告将"竭诚服务帮助青年成长发展"列为专章，同时明确提出要建设基层服务型团组织。[3]

2014 年 7 月 11 日共青团中央印发《关于加强基层服务型团组织建设的意见》强调："建设基层服务型团组织，是建设学习型、服务型、创新型马克思主义青年组织的基础工程，是引领和统揽共青团全部基层建设和基层工作的重要载体，对于密切团组织与团员青年的联系，代表和维护青年利益，提高团的建设科学化水平，更好地履行团的组织职能，实现团的组织使命，都具有十分重要的意义。""面对新形势新任务，基层团组织要转变工作方式、改进工作作风，把服务作为自觉追求的基本职责，寓教育引导于服务之中，通过服务贴近青年、团结青年、引导青年、赢得青年。""学校要围绕思想引领、学习成才、就业创业、身心健康、困难帮扶搞好服务，通过建立服务组织、活动阵地、学习小组，开展社会实践、科技创新、校园文化、体育锻炼、骨干培训、志愿服务等方式，把解决思想问题与解决实际问题结合起来，促进学生全面发展"[4]。这份意见为我们建设服务型高校基层团组织指明了方向。然而，当前共青团组织本身存在一些问题，服务型基层团组织的建设仍然存在基础薄弱、服务意识不明、服务能力不强、服务青年常态化机制不健全等现实困境。不同时代，共青团服务青年的职能不变，但服务方式与方法、服务内容与路径却是需要与时俱进，契合服务对象的需求，不断创新、发展。

三、群团改革背景下打造服务型基层团组织的思考

众所周知，高校是青年学生最多的聚集地，而青年学生是共青团组织主体，既是服务的主体也是被

服务的主体。青年学生的学习、生活、思想、行为等方方面面都异于一个完完全全的社会人。青年学生的特殊性再加上数字化互联网发展的时代性，建设高校服务型基层团组织需要更多的思考与创新。另外，作为一项组织职能的提升必然离不开组织整体的支持。没有组织整体全面深化的改革，就没有局部的创新与发展。《意见》为我们高校服务型基层团组织建设指明了方向，群团改革为我们高校服务型基层团组织建设提供了机遇与保障。

（一）完善高校基层团组织自身建设

一方面，提升基层团组织自身形象，利用青年聚集的新媒体平台做好对外沟通与宣传，

巩固和壮大共青团的基层组织，人是第一资本。对基层团组织而言，不能吸引和凝聚绝大多数优秀团员的加入，那么工作将无法开展。虽然，是否有利成为大众普遍的选择标准，但是否有趣也是90后青年学生最为看重的选择准则。我们的基层团组织更有活力，更能创新，更理解青年，贴近青年，就能为我们凝聚更多的优秀青年，从而更好地发挥服务职能，形成一个良性循环。

另一方面，要突出团员属性，强化团员意识。共青团员是先进青年的代表者，共青团员不等同于普通青年，共青团员要在基层团组织建设中冲锋陷阵，自觉发挥青年模范和行动先锋的作用，使共青团员成为基层服务型团组织建设的一张"名片"。

（二）提高高校基层团组织青年服务能力和水平

首先，让服务理念与服务意识教育形成常态机制。高校基层团组织就是铁打的营盘流水的兵，对一个新组织的认识，以旧带新，团委书记的思想引领很重要。很多时候作为基层团组织的学生会学生干部并不能意识到自己的服务职能，甚至这种行政化在组织内容上有所加强，因此，组织内部的思想引领、服务理念教育应该形成一种机制，通过会议、口号、标识、标语经常性提醒。其次，服务水平与服务能力决定了是否能吸引、凝聚青年。对基层共青团组织而言，要以此轮改革为契机，切实提高服务青年的能力和水平，打造专业化服务团队，构建完善青年服务网络体系，以青年满意不满意、高兴不高兴作为评判服务质量和服务能力的首要标准。而不是为了服务而服务，为了主题而服务。同时，要在实现共青团组织全覆盖基础上，着力解决共青团服务青年的渠道和载体问题，着力推进共青团服务青年的"供给侧改革"。一方面要提供青年公共服务产品，丰富服务产品的内容，让青年获得实实在在的服务享受；另一方面要统筹优化服务项目，统筹青年服务需求与共青团现有服务品牌和项目，推动每个基层团组织或几个基层团组织联合谋划和实施青年乐于参与的服务项目。[5]

（三）打造高校基层团组织青年服务特色项目与常态机制

一方面，高校的基层团组织设在不同的专业学院，是第二课堂的重要载体，第二课堂是相对于第一课堂（即课堂教学）而言的具有素质教育内涵的学习实践活动，是学生在规定的教学计划课程之外自愿参加、有组织地进行的各类活动。而这类活动的承办与开展多为基层团组织，既是教育青年学生，也是服务青年学生。借助专业特色、学院特色这一视角，打造青年服务特色项目，服务青年增加自身活力。特色项目可以做到面广，参与度高，惠及本学院尽可能多的青年学生，增加共青团组织与群众联系面。另一方面，针对不同年级，特殊困难的特殊青年学生，要构建服务的常态机制。

（四）切合实际、不忘初心，避免服务型基层团组织建设流于形式

群团改革，打造服务型基层团组织不是喊口号，更不是摆样子、走形式，看着干得轰轰烈烈气势磅礴，实际却收效甚微，甚至是劳民伤财，惹得青年学生怨声载道。所以，在服务型基层团组织建设中，一方面，必须广开言路，多方听取青年学生意见，吸引学生自发参加。青年学生既是基层组织的主干力量，也是基层团组织的服务对象，团组织开展的活动要真正服务到学生，吸引学生，而不是被迫参与或是为了完成任务，人到心未到。另一方面，改善工作方法与话语体系。运用新媒体、新载体以及学生喜闻乐见的便捷方式与话语体系开展活动，贴近学生，增强青年学生的接受度。

参考文献

[1] 胡献忠. 群团改革背景下的共青团：问题与前瞻[J]. 青年学报，2015（4）：17.

[2] 中共中央办公厅. 共青团中央改革方案[Z]. 2016.

[3] 胡献忠. 共青团职能历史演进与拓展的文本分析[J]. 中国青年社会科学，2015（5）：65-70.

[4] 共青团中央. 关于加强基层服务型团组织建设的意见[Z]. 2014.

[5] 巫长林. 加强基层服务型团组织建设的实证研究 ——基于广州市的调查数据[J]. 山东青年政治学院学报，2015（11）：64-69.

大学新生专业兴趣调查及对策研究

冯 敏

　　随着现代社会工种和岗位的日益增加，热门专业与冷门专业就业率及薪酬待遇的对比，使得大学生专业选择和专业兴趣出现较大差异[1]。大学新生经历"十年寒窗苦读"，进入高校开始专业学习，所学专业到底是"梦寐以求"还是"学非所愿"呢？为了更深入了解大学新生专业兴趣现状，更好地培养新生专业兴趣，提高专业学习成效，本文以重庆工商大学大一新生中旅游管理、酒店管理、土地资源管理、人文地理与城乡规划四个专业为调查对象开展了专业兴趣调查研究。兴趣是学生最好的老师，一个符合自己兴趣与能力的专业将为学生创造良好的职业生涯发展方向[2]。

一、新生专业学习兴趣现状

　　本研究从大学生的专业选择认知、专业学习现状、专业兴趣动态变化等方面开展调查。对重庆工商大学大一新生中旅游管理、酒店管理、土地资源管理、人文地理与城乡规划四个专业 326 名学生进行了问卷调查，共取得有效问卷 302 份，有效问卷比例为 92.64%。

（一）专业选择认知

　　在上大学之前，学生选择所学专业的依据，26.7%的学生因个人兴趣，26.5%的学生服从调剂，18.1%的学生听从家长老师朋友的建议，14.4%的学生考虑就业前景，14.3%的学生选择了其他原因。对本专业就业方向，71.2%的学生一般了解，22.8%的学生不太了解，5%的学生相当了解，1%的同学完全不了解。关于所学专业是否适合自己能力的发挥和潜能的发展，66.9%的同学认为一般适合，24.5%的学生认为适合，8.6%的学生认为不适合。由以上统计数据可看出，学生选择专业受多因素影响，大多数学生对所学专业和自我能力认知了解程度一般，缺乏全面深入的了解和认识。

（二）专业学习现状

　　在校期间，学生大部分时间分配大不相同，34.9%的学生大部分时间用于学习专业课程，23.1%的学生用于休闲娱乐，20%的学生用于学习专业课外知识，22%的学生把大部分时间花在社团活动中。关于学习动力，40%学生的学习动力来自于不挂科，38.7%的学生来自于就业压力，仅有21.3%的学生的学习动力源自于专业兴趣。对于期末考试，51%的学生都是临时抱佛脚，只有 37.4%的学生做了充足准备，剩下 11.6%的学生都是胡乱应对考试。由此可知，虽然大多数学生在校时间用于专业学习，但学习动机不足，更多是来自于挂科和就业压力，而非专业兴趣，大部分学生对待学习和考试的态度也不够积极，缺乏努力学习，争取优秀的表现。

（三）专业学习兴趣的动态变化

专业兴趣的产生和形成在外界环境及自我因素的共同影响下，会发生持续的动态变化。新生开学第一次接触本专业时，对所学专业的兴趣，76.8%的学生感觉一般，15.3%的学生兴趣浓厚，7.9%的学生不感兴趣。经过一个学期专业学习后，47%的学生感觉一般，50%的学生喜欢本专业，3%的学生不喜欢本专业。如果可以重新选择专业，54.4%的学生还是会选择本专业，45.6%的学生会选择其他专业。经过一个学期的专业学习，学生专业兴趣有所提高，但还是有近一半学生对所学专业不感兴趣。对专业不感兴趣的原因很多，如高考盲目报考，专业调剂，理科生不喜欢偏文科专业，学业迷茫等。

二、专业兴趣与专业成绩的相关分析

大一新生在经历了好奇、迷茫、适应三个阶段的校园生活后，他们对待学习的态度在各种因素影响下潜移默化地发生改变。学习成绩作为学习态度和学习效果的重要呈现方式，常被用作相关性分析。专业兴趣作为大学生学习动机的主要因素，与专业成绩之间的相关性值得比较研究。本文将16级旅游管理、酒店管理、土地资源管理、人文地理与城乡规划四个专业学生数据从专业兴趣数值、专业兴趣离散度、专业兴趣与专业成绩的相关分析三个方面进行了比较研究。

（一）专业兴趣数值统计

专业兴趣调查问卷采用"非常喜欢""喜欢""一般""不喜欢""非常不喜欢"5个层级评定，与此对应，分别记5，4，3，2，1分，得分越高，表明专业兴趣越强；得分越低，则表明专业兴趣越弱。本研究中四个专业的专业兴趣平均值为3.533分，专业兴趣最强的是人文地理与城乡规划专业，其次是酒店管理专业、旅游管理专业，专业兴趣最低的是土地资源管理专业。

（二）专业兴趣离散度情况分析

本研究采用专业兴趣的标准差数值来分析，标准差数值越大，表示班级大部分学生专业兴趣差异越大；标准差越小代表班级内部学生专业兴趣差异较小，专业兴趣相对稳定。本研究中16级四个专业兴趣标准差较大的是旅游管理专业和酒店管理专业，专业兴趣标准差较小的是土地资源管理和人文地理与城乡规划专业。分析其原因，与专业招生文理科配额有关。旅游管理和酒店管理专业文理科学生兼收，土地资源管理专业和人文地理与城乡规划专业只招收理科生，学生学业背景、学科性质不同是导致专业兴趣离散度差异的重要原因。

（三）专业兴趣与专业成绩的相关分析

本研究将学生专业兴趣分值与专业成绩做相关分析，四个专业的相关系数都大于0，说明专业兴趣与专业成绩成正相关。相关系数越大表示专业兴趣对专业成绩的影响越大；反之相关系数越小，表示专业兴趣对专业成绩影响越小。四个专业中，相关系数最大的是酒店管理专业，其次是人文地理与城乡规划、旅游管理、土地资源管理。影响学生学习动机的主要因素包括外部因素和内部因素，专业兴趣是在外界影响下而形成的内部因素，酒店管理专业大一开设的专业课程为学生专业兴趣的培养创造了良好条件。如表1所示。

表1　专业兴趣分析统计表

Major	Mean	Std.Deviation	r	N
旅游管理	3.518	0.467	0.112	85
酒店管理	3.577	0.377	0.152	78
土地资源管理	3.394	0.366	0.107	69
人文地理与城乡规划	3.643	0.270	0.132	70

三、大学新生专业兴趣培养对策

（一）开启新生入学专业兴趣启蒙教育

刚进入大学的新生对新鲜事物充满好奇，其中最关注的问题莫过于自己将要学习的专业，所以在开学进行专业启蒙教育显得尤为重要。为期一周的专业教育，除了给新生介绍学校概况、大学校园生活、大学生行为规范、大学生素养等方面内容，专业了解也是重要内容之一。首先需要邀请本专业教授给新生介绍专业性质和研究内容，教学老师讲解专业培养方案，指导就业方向，让学生初步了解专业学习方向。其次通过邀请高年级优秀学生做专业学习经验交流，导航学长定期开展主题活动和班会，留学生分享专业留学交换项目等形式正确引导学生的专业学习，给予学生更多的交流机会。最后带领学生观摩学院实验室，通过展示师生科研成果，提高新生参与专业项目研究积极性的同时让学生找到专业研究方向和专业学习价值。为期一周的专业兴趣启蒙教育，学生对专业有一个初步认识，对四年的学习规划和未来就业方向有了清晰的思路，激发学生专业兴趣的同时，培养学生正确的学习态度和学习方法[3]。

（二）搭建师生专业兴趣沟通桥梁

教师不仅是传道授业解惑者，还是学生专业兴趣培养的引路人。课堂教学是师生沟通的主要途径，专业课教师要充分利用学科专业特色吸引学生兴趣，把握课程中学生关注的章节，对学生感兴趣的内容要充分备课，采用案例教学、支架式教学、抛锚式教学、体验式教学等形式多样的教学方法培养学生的专业兴趣。除了课堂上的专业知识传授，教师还可以通过担任专业学习兴趣小组的指导教师，给学生做更多的专业指导和兴趣培养。教师的一言一行不仅是身为人师的示范，更是潜移默化影响学生行为的重要因素。教师自身的专业成长和科研经历，会拉近师生距离，给予学生专业素养熏陶。指导教师在兴趣小组中可以充分展示自己的专业水平和教学成就，吸引学生的目光，提升学生专业认同感和成就感。学习兴趣小组中学生通过研究自己感兴趣的课题，一方面加深专业认知，另一方面提高专业能力和专业自信。专业学习兴趣小组的组建将为师生搭建良好的沟通桥梁，是教和学的良好组合，更是新生专业兴趣培养的有效途径。

（三）创新专业课外实践途径

学生在校内第一课堂，依据教学计划和教学大纲，在规定的教学时间里进行课堂教学活动、学习专业知识、开展专业实验。第一课堂是专业兴趣培养的主要途径之一，与此同时在第一课堂之外的第二课堂也逐渐成为培养学生专业兴趣的主要途径。在学校的统一管理和教师的指导下开展的一切与学生教育相关的活动，如课余理论学习、文体活动、科技创新、社会实践等都是第二课堂的主要内容。充分发挥第二课堂的魅力，成为创新教学实践的主要途径。旅游文化月的导游风采大赛、商务礼仪大赛、策划规划设计大赛、旅游攻略大赛、中国旅游日、旅游绿地图等丰富多彩的课外活动，对于培养学生的专业兴趣、提高学生的专业能力、提升学生的综合素养具有重要作用。土地资源管理的地学基础实习，人文地理与城乡规划专业、酒店管理专业、旅游管理专业的认知实习是学生最喜欢的专业学习方式，把专业野外实习和专业认知实习课程安排在大一，成为提升学生专业新鲜感和专业体验感的有效途径。结合企业资源，为学生提供专业认知和暑期实践机会，让学生感受真实职业情景，体验市场氛围，有利于学生寻找职业发展方向和目标。第二课堂增加了师生互动交流的机会，让学生提前实践体会就业，为学生在大一做好职业生涯规划提供参考。

四、结束语

社会发展过程中对专业人才的需求越来越大，要求越来越高。高校承担国家人才培养重任，需做到与时俱进开展教学改革、创新培养方案、提高专业人才素养。专业兴趣是培养专业高素质人才的保障，通过新生入学专业教育开启专业兴趣启蒙教育,指导教师组建学习兴趣小组搭建师生专业兴趣沟通桥梁,创新专业课外实践途径提升学生专业新鲜感和体验感,从而培养学生浓厚的专业学习兴趣和良好的专业素养,实现专业培养目标。将专业兴趣与职业目标紧密联系,为职业定向,提高学生就业率,为社会不断输送职业兴趣度高的专业人才。

参考文献

[1] 董文娜. 大学生专业兴趣调查及对策研究[J]. 德州学院学报,2016,30（2）：104-108.

[2] 宗晓斌. 大学生专业选择影响因素及其与专业满意度的关系[J]. 江苏科技信息,2012（12）：25-26.

[3] 郑清平. 专业兴趣培养的几点思考[J]. 教育教学论坛,2014（26）：69-70.

高校贫困大学生常见心理问题及对策探析

赵梓琰

随着市场经济体制的不断改革和深化,社会的飞速发展,社会贫富差距问题日益显著。相对而言,高校贫困大学生的数量和比例并没有减少。然而,以往人们对贫困大学生的关注重点是其经济上的问题,对于他们的心理问题却常常忽视。相对于经济问题,心理问题更难发现、更难解决。因此,贫困大学生的心理健康教育成为了高校教育工作者的工作重点和难点[1]。

高校是青年学子云集的地方,是其通往辉煌道路上的驿站。然而,在当下的大学校园里,很多学生深受心理问题的困扰:诸如学业压力大、感情受挫、人际关系和家庭关系不和等。由于很多大学生并未成熟到可以自行解决心理问题,无法排解的问题长期积郁,最终常常导致这些大学生以极端的行为来解决问题,给自身和身边的同学带来无法挽回的伤害和损失。因此,对贫困大学生的心理问题和解决方法的探讨具有迫切性和必要性[2]。

一、贫困大学生常见的心理问题

由于成长环境的差异和经济条件的限制,贫困大学生离开自己的家乡,来到高校校园以后,跟非贫困生相比,由于存在无法避免的弱势,导致其心理问题日积月累。通过对比各地方高校贫困大学生存在的问题,归纳出以下常见的心理问题:

（一）自卑心理

一方面由于经济上落后于他人,导致无法享有跟别人一样的生活水准,诸如名牌衣服和手机、电脑等用品。另一方面,从小接受的教育水平差异,无法像别人一样拥有特殊的才艺,诸如钢琴、绘画等耗资昂贵的才能。因而,常常会在内心感到惭愧、羞愧、畏缩,甚至灰心丧气。于是,在人际交往过程中或者公众场合,常常表现为羞怯,凡事不敢说,不敢做,不敢出头,不热衷于与他人主动交流沟通[3]。

（二）焦虑

焦虑是一种比较复杂的负面情绪,是在学习生活中对于可能产生的心理冲突或引起挫折的实践进行反应时的消极的情绪。贫困大学生在预知到一些难题或窘境时,往往会感到束手无策,心理紧张,表现出不明原因的忧虑和不安。另一方面，此类学生常常会给自己增添无形的压力，希望自己通过学业成就来改善一切，因此，在感到困难或压力时，则往往显得更加焦虑，为前途和未来过分担忧[4]。

（三）极强的自尊心和人际关系敏感性

与非贫困生相比，贫困生具有更强的自尊心，他们更加有意识地保护自己的自尊，不愿意提及自己窘迫的家境，不愿意暴露自己没有像别人一样拥有的才能和物品，目的在于不愿意让同学怜悯和看不起自己，缺乏真正的自信心，自尊心里夹杂着复杂的自卑心理。于是，在人际交往过程中，他们会特别在意别人的评价，为了避免内心受到伤害，常常封闭自己，远离人多嘴杂的群体，对于别人的玩笑话或者不经意的调侃特别敏感，总以为别人是在嘲笑自己，多疑，敏感性极强[5]。

（四）偏执和敌对

与非贫困生相比，贫困生常常具有偏执性思维，包括投射性思维，甚至敌对猜疑，不愿意听别人的意见和建议，为了彰显自己的自尊，经常罔顾事实，一意孤行。同时，具有更强的戒备心理，甚至不愿意相信别人，对周围的环境及人充满敌意，有着不可抑制的厌烦感。时常与人争论，并带有攻击倾向，自己有时会为自己的敌意感觉到痛苦，但是难以自控，陷入恶性循环[6]。

二、诱因分析

贫困大学生心理问题的诱因通常是出于社会环境、家庭教育、传统学校教育以及生活压力等诸多因素。社会、学校和家庭钧在其心理问题的形成上具有一定的贡献。

（一）高校前教育水平的差异

落后地区的教育水平与城市相比存在明显的差异。这些地区的教育观念落后，教育设施不全，教育水平受到极大的限制。这些客观存在的教育缺陷使得贫困落后地区的大学生在知识和修养方面与城市大学生具有巨大的差异，从而导致他们来到大学校园以后感到自己的欠缺，进而产生焦虑和自卑[7]。

（二）家庭因素

家庭因素是贫困大学生产生心理问题的重要原因。一方面，家庭的经济条件给大学生带来了很多限制，他们没法像城市学生一样享有更好的教育资源，接受一些艺术课程的熏陶，没有机会和条件选择自己最喜欢或最擅长的专业，如音乐、美术等花费巨大，使得他们只能按部就班走最传统的教育路线。另一方面，贫困大学生的家庭教育极其有限，他们的父母往往也没有受过高等教育，他们的知识和各方面认知都存在一定的欠缺，从而导致他们在家庭教育方面存在缺陷[8]。

（三）自身因素

很多贫困大学生存在人格缺陷、科学认知匮乏以及盲目攀比等问题，这往往导致他们在面对客观存在的条件差异时不能坦然面对，于是，进一步释放自己的性格缺陷，产生诸如多疑、嫉妒、心理不平衡、情绪波动等问题，在人际交往过程中使自己处于被动的境况，更会影响自己在学业、生活等方面的发挥，形成恶性循环[9]。

（四）社会庸俗文化的导向因素

互联网时代，很多庸俗的文化极易传播，这些不正确的价值观会对青少年产生重要的影响。暴力血腥、色情虚荣的文化导向让很多贫困大学生在自身条件不足的情况下滋生奇怪而错误的想法，久而久之，难以改变，随着步入高校校园和社会，这些潜在的错误导向仍会发挥负面的作用[10]。

（五）高校的资助政策和心理教育缺陷

针对大学生的经济贫困问题，国家和地方以及高校启动了一系列奖助学政策。尽管如此，奖助布施依然存在一些问题，比如公平性，奖助金额不足等问题。更重要的是，高校的心理健康教育存在明显的不足，与当下心理教育需求脱节，很多教育政策空于表面，流于形式，并没有真正为有心理问题的学生给予实质性的帮助[11]。

三、应对策略探析

贫困大学生群体庞大，由于每个人的心理问题差异很大，问题产生的原因不尽相同，因此，在解决问题的过程中，必须坚持实事求是的原则，从个人实际情况出发，详细询问，认真分析，最终加以实施。

1. 结合古今中外医学、心理学知识

我国古代思想家、医学家曾在心理治疗方面有过巨大成就，他们强调在疏导过程中把双方的精神状态作为整个疏导工作的一部分，特别注重耐心说服与解释，争取被疏导者的合作与信任。西方国家的心理学医学在治疗心理问题上有独到的见解。所以，应当结合古今中外心理治疗的经验和技术，充分考虑不同贫困大学生的心理特点，并与心理疏导策略融合，建立一套高校贫困生心理问题解决的方法[12]。

2. 坚持以人为本原则

心理问题的解决应当以疏导双方的真诚为基础，是启发与促进内心观念改变的过程，而不是一种灌输的关系。贫困大学生自尊心强，心理承受能力有限，错误的疏导方式只能适得其反，引发他们内心的抵触心理，达不到想要的治疗效果。在治疗过程中，耐心倾听和细致询问是疏导者必要的品质，被疏导者由于长期压抑，必定会有很多话要倾诉，而认真倾听有助于他们释放紧张的情绪，解除其心理负担。此外，心理疏导者应当保守秘密，否则，其隐私的泄露会是对贫困大学生的再一次伤害，导致他们失望与怨恨，最后造成疏导以失败告终[13]。

3. 预防与激励原则

在平常的教育中增添心理健康教育的宣传有助于贫困大学生自我治愈，让他们了解心理学的相关问题，他们会潜意识里自我对比和自我防范，在心理问题产生前，他们的主动发现和主动求治有助于他们更快地解决问题。而激励是指利用一定的物质和精神手段增加内在的动力，使贫困大学生自觉地产生努力奋斗的斗志。激励性原则通常需要在激励时保持教育目标和激励目标的一致性，不能纯粹满足贫困生物质上的需求，需要结合精神鼓励。该原则在心理健康问题疏导时必须坚持[14]。

4. 心理咨询平台建设

在每个学院建立多样化心理咨询平台，一对一、一对多模式任由学生选择。建立网络疏导平台，在网络上利用文字、图像和声音等多媒体形式普及心理健康知识和解决方案。通过学院的咨询平台或者网络平台，让有问题的学生达到倾诉问题、深刻领悟、自我控制和增强自信心。

5. 校园文化导向

高校的校园文化不仅是一所大学精神风貌的标志，更是心理疏导工作中的重要载体和有效途径。良好的校园文化氛围可有效调节贫困生的情感与心理问题，减轻贫困大学生的不良情绪。开展校园心理文化系列活动，如心理拓展练习、心理电影赏析等。这些活动的开展可让贫困生们在活动中保持心情愉悦，释放内心的压力，逐步完善人格[15]。

6. 家庭教育

家庭教育在学生的身心发展和人格成长过程中起着至关重要的作用。家长们的言行举止和思维方式对孩子的人格形成具有重要的导向作用。在解决心理问题的环节中，家庭教育同样有着不可或缺的作用。因此，高校贫困生的心理疏导工作需要家长们的密切配合。一方面，通过与家长沟通，了解学生心理问题的成因；另一方面，需要家长业参与到心理疏导工作。

参考文献

[1] 曾朝晖. 地方高校贫困生心理状况与心理疏导对策[D]. 长沙：中南大学，2012：4-19.
[2] 李妩祎，曲莉. 高校贫困大学生心理障碍成因分析与解决对策[J]. 科协论坛，2010（3）：163-164.
[3] 刘阳. 广信钦州市贫困大学生自测健康状况及影响[J]. 中国健康教育，2016，32（12）：1091-1094.
[4] 王红兰. 简析贫困大学生的心理问题及对策[J]. 临床医药实践，2014，23（9）：680-681.
[5] 李从东. 论贫困大学生心理疏导[J]. 吉林广播电视大学学报，2013，23（6）：23-24.
[6] 宋艳. 贫困大学生的心理贫困问题与对策[J]. 经济研究导刊，2011，124（14）：232-233.
[7] 刘阳. 贫困大学生心理健康测评比较研究[J]. 钦州学院学报，2014，29（10）：81-85.
[8] 夏冬晴. 贫困大学生心理贫困“诊断”与“对症下药”[J]. 企业家天地，2008（8）：113-114.
[9] 于小兵. 贫困大学生心理问题及解决办法[J]. 甘肃农业，2006（4）：230.
[10] 吴秀清. 贫困大学生自尊心问题探析[J]. 科教文汇，2008（2）：29-30.
[11] 新疆高校贫困大学生自卑心理疏导对策探析[J]. 教育教学论坛，2015（36）：59-60.
[12] 张瑜. 新时期大学生常见心理问题教育对策研究[D]. 西安：西安科技大学，2011：11-50.
[13] 都业红，刘阔. 新时期高校贫困生心理 entire 探析及应对教育策略[J]. 辽宁经济管理干部学院学报，2010（6）：70-71.
[14] 李春莉，余平，李津渝，等. 重庆市高校贫困生心理健康状况研究[J]. 现代预防医学，2010，37（17）：3281-3283.
[15] 李艳红，陈保平. 自我效能感研究对高校贫困生心理健康教育的启示[J]. 高等理科教育，2006（3）：130-133.

高校团日活动融合专业特色发挥育人功能

——以“穿越时光，寻找记忆中的老街”团日活动为例

胡 菡

“穿越时光，寻找记忆中的老街”团日活动实例

漫步老街，体会历史的沧桑　　走过古巷，感受那浓烈的乡愁

一杯清茶，抛开那繁复的喧哗　　我们的足迹，将是老街历史的延续 ——题记

【活动背景】

为响应习总书记提出的“开放、共享”的号召，积极参与重庆市高校“抢板凳”活动。2016 年 10 月 22 日，旅游与国土资源学院 2015 级旅游管理二班支部组织“穿越时光，寻找记忆中的老街”团日活动，近日走出校园，走进下浩。

活动报名链接：https：//jinshuju.net/f/0ovgBA（网络平台制作的网络报名链接）

【活动地点介绍】

下浩，始称龙门浩，在长江主流水泾上，顺江卧着两条巨大的龙形礁石。下浩老街依山而建，能看到鳞次栉比的居民楼，缆车从中掠过。这里是喧闹都市中的清净之地，是重庆的一个缩影，是长江南岸的旧时标本。随着城市的商业化，下浩老街面临着拆迁，而时光是否还能留住她那经久不衰的脸庞？

【活动特色和亮点】

（1）主题把握青年脉搏。2016 年 6 月《美国国家地理》杂志题为《下浩老街：长江南岸的旧重庆》的文章谈论了重庆的山水格局对街巷发展演变的影响，这篇文章引发团员们对下浩古街的关注。

（2）践行“开放共享”的理念。采用网上报名的方式，重庆理工大学、重庆医科大学和重庆交通大学的团员通过网上报名并参与了本次活动。

（3）活动形式创新。本次团日活动在形式上有较大突破与创新，团日活动第一次走出校园。

（4）紧扣专业特色。旅游管理专业团员自编导游讲解词，城乡规划专业团员手绘古街。各专业团员就老街保护与开发展开讨论。

（5）活动设计贴近青年。参与活动的30余名同学根据自己的专业与特长分别加入摄影、逛吃、文艺、调研、手绘五个小组。活动中每位成员都能找到自己的喜好，发挥自己的特长。

【活动成果】

活动结束后，通过网络渠道，收集整理照片和随笔，形成以下纸质和电子成果，在学院的官方网站、线上线下共享。

（1）下浩老街摄影展与老街明信片；

（2）多彩手账app制作的下浩老街旅游和美食攻略；

（3）下浩老街的参观旅游路线和导游讲解词；

（4）绘画下浩老街的景点和建筑手绘图。

活动新闻报道：学院官方网站新闻、微信公众号平台、微博平台、重庆青年报。

一、研究背景

全国高校思想政治工作会议的召开，标志着我国"大思政"战略定位和工作格局的正式确立。习近平总书记在讲话中明确将共青团干部作为高校思想政治工作队伍的重要组成部分，特别强调要注重发挥共青团、学生会组织和学生社团的作用，重视加强第二课堂建设，重视以文化和实践育人，这些重要论述为高校共青团做好思想政治工作指明了前进方向、提供了巨大动力[1]。

高校团支部担负着具体工作落实的重要任务，其活力建设工作的开展关系着团组织对团员的吸引力和凝聚力，对团组织各项目标的实现，对学校的发展和学生的成长成才有重要的作用[2]。中央16号文件中明确指出：高校班级团支部是团的最基层组织，作为高校共青团工作的基础，是高校重要的德育基地，新形势下增强团支部的活力具有重要的意义[3]。高校共青团为学生提供自觉、自主、自育成长的平台载体，提供组织归属和组织化成长空间，拥有着可为、能为、应为的广阔天地，又是服务促进学生自我成长的主角。高校共青团在"大思政"格局中充分发挥不可或缺的独特作用。

高校团日活动是学生个体展现青春才华，提高思想道德水平的重要渠道，同时也能帮助其树立正确的、符合时代要求的人生观和价值观[4]。团日活动对增强班级团支部的凝聚力和向心力、培养高素质的团干队伍、充分发挥团员青年的先进性具有重要的引导作用。团日活动的有效开展离不开明确的指导思想、合理的活动主题设计，按计划分步组织实施。结合时代发展与国家、社会需要，共青团组织及活动应"通过对青年广泛深入的宣传引导，帮助广大青年增强对中国特色社会主义道路、中国特色社会主义理论体系、中国特色社会主义制度的内心认同感"，深入思考团日活动的本质属性、内在功能、实践范围、基于学生个体发展、社会需求等因素，挖掘团日活动的思想政治教育功能，将专业实践、专业培养与团日活动相结合，创建以团日活动为载体的教育实践体系。

团日活动是推进班级团支部建设的有效载体。班团一体化有利于共青团组织解决新问题，开拓新思路，创造新方法，对推进高校共青团改革具有积极意义。班团一体化引领班级的思想建设，形成在团支书的带领下，班团干部相互配合的工作氛围，提高团组织对学生的影响。大学的班级是按照专业来划分，不同专业的班级拥有各自的专业特色。团干部和团员发挥积极性和自主性，挖掘专业知识，开展专业特色突出的团日活动，锻炼个人的组织协调能力。团日活动融合专业特色作为专业实践活动，锻炼团干部和团员的专业实践能力。

重庆工商大学旅游与国土资源学院2015级旅游管理2班团支部开展的"穿越时光，寻找记忆中的老街"团日活动集中体现了班团一体化的实践成果，并且在校团委组织开展的团支部主题团日"抢板凳"活动暨"十佳团日活动"评选中获得精品活动称号。所以，选取该团日活动进行实例分析。

二、团日活动亮点和特色

（一）团日活动主题把握青年脉搏

习近平强调，团的工作要把握住广大青年的脉搏。团日活动主题的确定是在给团日活动定调，在整体上把握着活动开展的情况，给整个活动指定大方向，所以，在活动主题的选取上，应充分考虑团支部中团员职业生涯发展所需要的社会文化技能的培养等方面，使团日活动的主题融教育性、针对性、娱乐性为一体，吸引凝聚团员，增强团支部的活力[5]。

本次活动缘起一篇在 2016 年 6 月《美国国家地理》发表的题为《下浩老街：长江南岸的旧重庆》的文章，文章中的内容引发了广大地理相关学科的团员们对下浩古街的关注。在文中，作者称下浩老街在重庆的山势沟壑中保存下来，成为长江南岸旧重庆的标本。下浩老街是"另一个世界"。此外，文章中还从地理专业的角度谈论到了重庆的山水格局对街巷发展演变的影响。但这条经历过风雨、记录历史、承载故事、侥幸保存下来的老街，即将面临拆迁。于是，古街该如何开发和保护成为了一个值得思考的话题。

（二）团日活动设计紧扣专业特色

在形式设计上，采用社会实践的形式在实地参观，开展贴近青年学生的活动：旅游管理专业团员编写导游讲解词，城乡规划专业团员手绘古街。各专业团员就老街保护与开发展开讨论。学生通过了解下浩老街的历史人文价值，讨论如何保护老街文化，将专业知识与实际案例结合起来，对以后大学阶段的学习和工作有启发性的作用。通过本次团日活动，团员们更好地了解了本专业的知识与特点，了解了当今社会对人才的需求，明确了人生理想与目标。

（三）团日活动分组促进团员全员参与

在团日活动中，团干部是策划者和组织者。考虑到其他同学主要是活动参与者，其主动思考、积极发言、组织筹划等方面的表现机会较少，其能力的提高就受到限制。为了更好地提高活动的互动性和参与度，达到全员参与、全员受教育的活动效果，团日活动设置了摄影、逛吃、文艺、调研、手绘五个小组，各位团员可根据自己的个人喜好或者专业特长加入喜欢的小组，让团员变身活动主体，探索自身存在并发展个体的独特价值。

（四）团日活动利用新媒体凸显活动成效

新媒体的快速发展给学生活动融入了科技元素的机遇，同时也提供了新的技术手段，创造了新的组织生活模式[6]。为了扩大活动参与者的范围、增强活动效果的影响力，采用新媒体手段创新性的开展团日活动报名和宣传工作。

活动开始之前，特别注重线上宣传工作，通过金数据网制作图文结合的报名网页，经过若干次修改后，制作完成即生成二维码和链接通过 QQ、微信、微博转发的方式，发布到校内外官方群，吸引有意愿参与人员填写网上报名表，同时通知各班团支书负责向本班同学做宣传。截止到报名结束，重庆理工大学、重庆医科大学和重庆交通大学的团员通过网上报名并参与了本次活动。

活动结束后，通过"团支部"微信群和"活动参与人员"的 QQ 群渠道，收集整理照片和随笔，形成以下纸质和电子成果在学院的官方网站、线上线下共享，成果包括：① 下浩老街摄影展与老街明信片；② 多彩手账 APP 制作的下浩老街旅游和美食攻略；③ 下浩老街的参观旅游路线和导游讲解词；④ 绘画下浩老街的景点和建筑手绘图。利用学院"分团委""学生会"微博、团支部微信群和 QQ 群将学生的团日活动成果通过网络平台分享。

（五）团日活动评比机制推动活动创新

科学合理的考评机制和总结表彰保证团日活动树立精品活动，激发各个团支部的积极性、创造力和成就感，及时总结新鲜经验和成功做法，并及时推介，形成团日活动长效机制，有效地激励团日活动的持续创新[7]。本次活动利用学校分团委开展全市高校网上团支部主题团日"抢板凳"活动展示大赛的契机。校团委老师组成团日活动评审小组围绕"青春聚力·开放共享"的主题思想，根据详细的团日活动评分细则和考评办法对团日活动的设计、策划、开展情况进行观摩，从团日活动的立意、质量、参与度、影响力等方面进行全面的考核评比，最终评定结果是旅游与国土资源学院 2015 级旅管二支部被授予"精品团日活动"称号予以表彰，活动新闻通过校团委官方网站和新媒体平台宣传和推广，激发了支部团干和团员对下次团日活动策划和参与的积极性。

（六）辅导员加强指导保证活动质量

辅导员作为与学生接触最多、交流最多的学生管理人员，决定了他们在青年团员群体中的影响力最为广泛，所以辅导员的支持可以推动团干部的工作更有效地开展，辅导员的参与、指导，有效提升了团日活动的质量[8]。

本次团日活动的举办场地在户外，为了切实保证学生的人身安全，辅导员要亲临现场，全程跟进活动进程，处理学生在户外活动时遇到的突发情况；在团日活动的开展过程中，当团员出现错误观点或片面看法时，辅导员可及时进行点拨与纠正；辅导员及时解答学生提出的问题和产生的疑惑；在团日活动气氛沉闷、团员参与度不高时，辅导员应调动学生的积极性，活跃气氛。

三、结　语

从重庆工商大学旅游与国土资源学院 2015 级旅游管理 2 班团支部开展的"穿越时光，寻找记忆中的老街"团日活动实例来总结班团一体化团日活动的实践探索成效，挖掘团日活动的思想政治教育功能，将专业实践、专业培养与团日活动相结合，旨在发掘典型特征，做类型化研究，达到探讨立德树人的根本目的，同时也为探索高校基层团支部建设开展团日活动融合专业特色的新路径提供借鉴。高校团日活动凭借自身存在的合理性与必要性，通过开发融合专业特色的实践活动，形成以社会主义核心价值观为核心的教育实践体系，体现团日活动本应具备的政治教育、个性化教育和社会化教育功能。高校团日活动在秉承政治理念传承与政治信仰树立的同时，要融合专业特色，与专业实践相结合，与专业技能的养成相结合，切实地增强高校团日活动对青年团员的育人实效。团日活动应注重学生群体发展和个体发展的关联性，满足高校学生发展的需要。借助团日活动的实践探寻与检验，将理论学习与实践活动有机结合，正确参与并遵循相应社会身份的行为规范，灵活运用专业知识，最终实现个体社会形象和职业能力的塑造。

参考文献

[1] 充分发挥高校共青团在大学生思想政治工作中的生力军作用 —— 深入学习习近平总书记关于高校思想政治工作的重要论述[EB/OL].人民网：http://cpc.people.com.cn/gqt/n1/2017/0126/c363174-29049819.html，2017-01-26.
[2] 杨文金，黄锦煜.新形势下高校基层团支部的建设和发展[J].湖北广播电视大学学报，2011（6）.
[3] 共青团中央学校部.高校基层团支部活力宝典[M].北京：中国青年出版社，2011：1-3.
[4] 马强. 高校团日活动的社会主义核心价值观教育功能研究[J]. 教育评论，2015（07）：58-61.
[5] 张欢. 新形势下对高校主题团日活动的几点思考[J]. 智富时代，2015（07）：222.
[6] 徐晓. 新媒体时代下进一步做好青少年工作研究[J]. 中国青年研究，2016（01）：35-37.
[7] 李莲花. 新形势下高校团日活动的创新与发展研究 —— 以新疆大学为例[J]. 商，2015（45）：292-293.
[8] 韩春红，唐悦. 辅导员在高校团支部活力建设中的作用[J]. 上海青年管理干部学院学报，2012（02）：15-18.

高校学生主题班会教育内容、体系、机制研究*

邓　丽

著名教育家马卡连柯说："教育了集体，团结了集体，加强了集体，以后集体的本身就能成为很大的教育力量"，而基于班集体开展的主题班会就是教育学生、团结学生、加强学生的重要手段与途径。在实践中，高校主题班会是辅导员加强班级管理，对学生进行素质教育和实施思想政治教育的重要平台，贯穿于整个大学阶段，有助于学生形成科学的世界观、人生观、价值观。《中共中央国务院关于进一步加强和改进大学生思想政治教育的意见》也明确提出要着力加强班级集体建设，组织开展丰富多彩的主题班会等活动来实现大学生的自我教育。可见，高校主题班会在整个大学教育起着举足轻重的作用，在潜移默化中完成对学生的系统教育。

一、当前高校主题班会相关研究现状

近年来，无论是理论研究还是具体实践，高校对主题班会的重视程度远远不如中小学，高校主题班会实践效果远远不如它所具备的重要性，存在着诸多问题：一是理论研究较为薄弱，不成系统。不少研究成果只是研究者的经验总结与描述，或者是一次主题班会的分享，内容散乱不成系统，没有上升到理论高度。二是研究缺乏全面性，部分理论研究多侧重于主题班会的方法、形式和实施过程，而对主题班会的内涵、指导思想、教育目标的探讨较少，然而对这些根本性、全局性问题的思考是有效开展主题班会的前提。三是在具体实施过程中随意性较大，不成体系。部分辅导员对主题班会缺乏系统规划，往往倾向于自己比较熟悉或感兴趣的主题，缺乏连续性与系统性。四是对主题班会的创新不足，缺乏亲和力与针对性。当前主题班会的内容、形式、组织过程已经不能满足新时代学生的学习需求，主要表现在：主题班会内容和方式显得相对滞后，缺乏吸引力，针对性不强，存在忽视学生个性发展，联系学生实际不够，忽视学生心理健康教育等问题。习近平总书记在全国高校思想政治工作会议上发表重要讲话，提出要"不断创新工作方法，增强高校思想政治工作的时代感和吸引力，提升思想政治教育亲和力和针对性"，主题班会为提升思想政治教育亲和力和针对性提供了最好的平台，但实际工作中，因各种原因，没能真正发挥好其功能作用。五是对主题班会的重要性缺乏认识，甚至认为班会的功能仅仅是通知事项，因此工作中没有规划、策划、组织。

二、高校主题班会指导思想的确立

指导思想是活的灵魂，是对主题班会开展的方向性规定，它指明了主题班会的内容选择方向与根本要求。从国家对高等教育发展人才培养的理念出发，以高等学校人才培养目标为抓手，运用发展心理学、组织行为学的相关理论，结合学生心理成长的阶段性特点与实际需求，从而确定主题班会开展的指导思想。

三、高校主题班会教育的内容、体系构建

主题班会的内容是具体的、可操作的，体系是对内容的分类、分层、搭建。所以根据指导思想与教育目标确定主题班会教育的内容体系，可以考虑三个方面的内容模块：思想政治教育、能力素质教育、健康安全教育。在这三个内容模块确定的情况，对从事学生工作的辅导员、副书记以及各年级学生调查下根据学生通过问卷调查，收集主题班会子细目，对资源库的扩充与专题项目方案的委托、征集，提供

* 基金项目：本文是重庆工商大学校内科研项目"重庆工商大学学生主题班会教育内容、体制研究"（项目编号：1753010）成果。

数据。在内容体系确定的情况下，可参加资源库的子细目，根据学生的成长阶段特征交叉融合开展主题班会。主题班会规范化、标准化，就是把主题班会教育当做课程体系来开发，在各专题方案收集中应该有明确的教学目标、教学大纲、教学方式等。当然，主题班会不同于一般的课程，它更强调学生的自我教育，学生与学生、学生与辅导员的交流，强调的是潜移默化。

（一）思想政治教育

作为最为重要也最为基础的主题班会内容，应当贯穿于大学四年，根据学生的成长规律，循序渐进，要让青年学生懂得，在一个民族、一个国家里，必须知道自己是谁，从哪里来，要到哪里去；要引导学生正确认识世界和中国发展大势，正确认识中国特色和国际的对比，正确认识时代责任和历史使命，正确认识远大抱负和脚踏实地这几种关系，从中引导做一名合格公民、合格大学生应该具备的品格 —— 社会主义核心价值观的教育。这样，才能不断提高学生思想水平、政治觉悟、道德品质、文化素养，从而帮助学生形成正确的三观，让思想政治教育充满时代感和吸引力。这一模块的内容体系设计非常丰富、形式多样。可以结合一些重要的纪念日、一些热点事件作为引子，设计主题班会。此外，思想政治教育主题班会设计还可以与专业特色相结合，从不同的视角引入思想政治教育主题。总之，在设计主题班会时，要善于运用学生熟悉、关心、感兴趣的点引入教育主题，并始终围绕主题，用他们喜欢的方式展示、呈现、参与。

（二）能力素质教育

能力素质教育既能帮助学生更加有效的度过大学生活，也是提升学生未来社会竞争力的重要部分。包括入学时的大学生适应性教育、人际关系教育、时间管理与规划、大三阶段的职业认知教育、职业生涯教育，也包括大四阶段的就业能力演练与职业素质教育。实际上，主题班会的有效开展本身就是对大学生的素质教育；主题班会的开展过程中需要学生的大量参与，也是对他们组织能力、协调能力、表达能力等的锻炼。总之，对于能力素质教育，概括起来大致的路线就是认识自我 —— 认识自我与他人的关系 —— 认识职业 —— 制定职业生涯规划 —— 提升职业素质与能力 —— 顺利就业。

（三）健康安全教育

健康安全是一切工作的基础，没有了健康安全就谈不上为国家为社会教育、培养好一个合格的大学生，因此安全教育应该成为常态。安全教育在每一个阶段都应该涉及，并且与社会发展动态密切结合，与时俱进，但在不同的阶段也会有不同的侧重点，因为学生在不同阶段所处的环境，所关注的焦点不同。健康安全教育既包括身体的，也包括心理的，还包括财与物的安全。如：恋爱心理与健康、传染病常识教育、网络健康与安全、生命教育、情绪管理、防火防盗、交通安全等。

四、主题班会教育的运行机制

在内容、体系、指导思想确定的情况下，如何能够保证主题班会的有效运行就是机制的问题。机制是落地措施，是实施保障，也是评价与反馈。因此，主题班会的运行机制应该包括以下内容（见图1）：① 计划。将主题班会教育纳入思想，引领工作安排，每位辅导员在每学期初制订好所带班级本学期的三次主题班会开展计划与时间表，并上交学生处备案。辅导员根据学生所处的不同阶段，确定大的主题方向，具体方案设计可与学生一起完成，调动学生的积极性与参与性。② 主题内容。根据学生所处的阶段与专业特色设置主题内容或参考主题班会资源库，借鉴提炼。③ 主题班会资源库建设。通过主题班会比赛、专业方案征集、特色案例征集、收集各种内容、形式的主题班会教育资料、案例集，充实资源库，构建共享平台，共享平台可考虑用 AAP 作为载体或使用微信公众账号作为载体。④ 评价。包括学生主体评价与同行评价、自我评价等。利用网络问卷，如金数据，现场收集学生主题班会会后感与意见或建议，同行观摩经验交流，完善方案等。⑤ 形成主题班会总结记录。辅导员反思整个过程，总结经验与改进建议。整个主题班会运行机制体现了主题班会的规范化，集成了辅导员工作要求中的经验反思、行动研究、同行观摩和终身学习，这些都是辅导员专业发展的重要途径。⑥ 主题班会课程化。最后可以将这些运行机制通过文件制度的方式固定下来，如能将主题班会课程化纳入辅导员的教学课时之中，运行机制将更加完善。

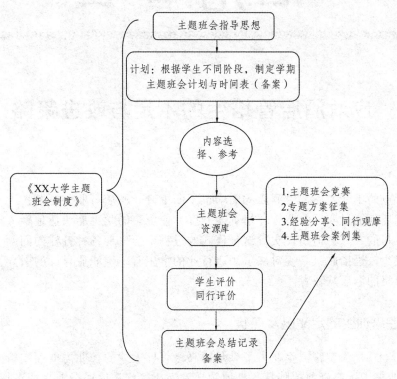

图1　高校主题班会运行机制

参考文献

［1］雷广宁，聂久胜. 高校主题班会教育"系列化、规范化、课程化"的探索及意义[J].高校辅导员学刊，2011（3）.

［2］王可，冯祥. 主题班会教育与新生班集体建设[J].高校辅导员学刊，2010（5）.

［3］李树琼，杨春华. 充分发挥主题班会在社会主义核心价值体系教育中的作用[J]. 曲靖师范学院学报，2010(2).

［4］张筱荣. 主题班会高校思想政治教育创新的新手段[J]. 高校辅导员学刊，2010.

［5］陈白鳗. 论高校主题班会促进辅导员专业发展[J]. 科技文汇，2009（7）.

［6］方展画. 罗杰斯"学生为中心"教学理论述评[M]. 北京：教育科学出版社，1999.

［7］饶雅琴. 巧用主题班会提高大学生思想政治素质[J]. 高教研究，2010（14）.

酒店管理

应对酒店管培生的不足与改进策略

刘 英

随着近年旅游业的不断发展，对酒店的需求也不断上升。酒店行业的不断扩大，也导致人才供应的不足。所以许多酒店就通过实行一些管理培训生制度，使更多的学生能快速地融入酒店的工作，为酒店行业储备一批高质量的人才。但是在实行这种模式的过程中会呈现各种各样的问题，本文通过分析其中的一些原因以及提出改进措施，希望对从事酒店行业的学生有一定职业目标的引导，以此来不断地完善自我，成为一名合格的酒店从业者。

一、酒店管理培训生的定义以及现状

管理培训生（MT）是大型跨国企业为了满足对高级管理人才的长期需要而实行的一种新型的人才培养制度[1]。这些企业集中优势资源招聘具备高层领导者潜质的优秀应届毕业生或者毕业 1~3 年的优秀毕业生进行 1~3 年的系统的、全面的管理培训。那么酒店管理培训生就是酒店行业为了适应国际化对人才的更高要求，需要一批具有领导力的优秀人才在人力资源部门的计划下根据自身的特点在酒店的各个岗位进行轮流培训，了解酒店整个的运作流程，从而为酒店储备更多的人才资源。现阶段，酒店管理培训生作为一个听起来比较体面的工作，而且它的发展潜力也比较大，使得这份职位成为许多想要从事酒店行业学生的首选工作。但由于国内酒店教育的不完善，许多学生接受知识的不全面导致在竞争这一岗位时会有很多的劣势。

二、酒店从业学生应对管培生的不足

首先，理论知识的不充实。酒店管理专业被划分为一个管理类的学科，是旅游管理的一个子学科。在许多高校都会设置诸如旅游学概论、旅游心理学、旅游经济学、酒店管理概论、旅游市场营销学、旅游英语……这些课程涉及面其实很广。我想大多数高校设置这样的课程，其实是希望同学们在毕业后有更强的竞争力以及有更广的就业面。这样的出发点固然好，但也会出现另一个我们在本科阶段所学的专业都会遇到的问题，那就是学得很多但是真正精通的却很少，导致同学们对核心理论的知识不够深入。酒店管理培训生作为酒店引进的高素质储备人才必须具备一定的专业知识。所以在应聘这一职位时，酒店高层在询问到这一问题时，许多学生不能从专业的角度看问题。

其次，实践经历的缺乏。酒店行业作为服务性的行业，拥有必备的基础技能是不可缺少的。本科阶段的学生在学校注重的是理论知识的学习，而且许多学校的设施设备也不足，不能给学生在上课时起到直接实践的效果，导致理论知识不能及时运用于酒店服务中。现在很多的大型酒店集团是不会接受大一大二的学生寒暑假去实习的，他们怕的是学生在实习的这段期间丧失了意志，毕竟酒店是一个需要忍耐力的地方，并时不时地需要加班，每天身体的消耗也很高强度的。那么该专业的学生在大一大二时要想找到一个对口

的实习机会，就只能去一些小的餐厅、低档一点的酒店或者是一些零售企业。这样不正规的实习与国外一些学校边学习边实践的差距还是蛮大的。所以实践经历的缺乏也是学生在应聘管培生这一岗位时的劣势。

再者，职业目标的不确定。酒店行业一直是流动性比较大的行业，不光是因为学历门槛低的原因，更重要的是酒店行业刚入职的新员工，工资比较低，员工在里面感受不到自己的重要性，实现不了自己的价值。常常会干一年还没有升职，就跳槽进入其他的酒店或者甚至转行，这样的不稳定性使得大学生在就业前一直处于一个观望的状态。他们不能肯定自己进入酒店行业是否会有一个很好的发展，或者说自己是否会很喜欢酒店这样的工作环境。所以，由于专业就业窄的局限性，许多学旅游管理或者酒店管理的学生其实在应聘这一职位时，是朝着管培生这一光鲜亮丽的名号去的，而不是真正的想从事这个行业，以及不明白管培生是怎样的一种人才培养模式。

最后，性格也是一个不容忽视的方面。酒店作为一个盈利性的组织，它的直接目标是赚钱。那么赚钱当然是从顾客那里赚，想要赢得顾客更多的信任，就必须得让顾客满意。让顾客满意不光得从酒店的产品质量入手，也必须得关注酒店的服务。那么在这一行业更看重的是人的情商，所以一些热情大方、愿与人打交道的人在这里面一般都工作得还可以，相反一些看起来就很严肃的人往往不会得到顾客的喜欢，这就是希尔顿集团在今天也提倡向每一位来到酒店的客人人人一个微笑的服务。但目前很多的大学生由于心高气傲，觉得服务客人，并且时时时刻刻必须保证一张高兴的脸就是在降低自己的身份，他们不愿意这样去做。而且有些学生本来就属于外向型的性格，也会使得他们在这一条路上注定走得不长久。

三、应对酒店管培生的改进策略

酒店管理培训生是酒店培养人才的一种特殊模式。它要寻找的目标是具有领导潜能的年轻人；通过集中企业资源，制订一系列系统的培训计划；培养出更具有实际经验与专业技能的未来领导者。这些优秀的领导资源来源于学校。这些学生会为企业带去新的活力，注入新的血液。所以如果学生的择业目标是要当一名酒店的高层领导，那么他就得朝着这个目标前进。

（一）从个人自身出发

这个出发点包括我们的理性和感性。理性大致指的是个人做事能力层面的塑造，那么感性则是指个人性格方面的塑造。现在一个人是否能得到企业和社会的认可，靠的是自己的能力高低。一个人自身能力的培养其实从小就已经开始了，当我们越来越大时，能力也会逐渐提高，我们都会经历一个量变到质变的过程，大学在这一过程中起到了承上启下的作用。在量变的过程中，我们首先需要做的就是不断拓宽自己的知识面，能对自己的专业有不同的认知能力，酒店行业虽然特别强调经验，但当你去应聘管培生时，就意味着你不光在这一岗位需要积累到足够的经验，也需要具备足够的管理意识，最终才能去领导下面的员工。然后我们需要在大学期间为自己树立好一个明确的职业目标，只有当一个人有了目标，他才会为此付出实际的行动。那么想要从事酒店行业的学生不妨把管培生当成自己的职业目标，这样可以在大学期间不断完善自我，达到管培生需要的要求。再者，酒店作为一个服务性的行业，必然需要热情开朗大方的人。在科学家的研究中也表明性格是影响职业选择的重要原因之一，酒店不可能让一个整天面目严肃的人去当服务员，这会影响酒店的经济效益。所以当你准备选择管培生这一职位时，你是否有考虑到自己是一个外向型性格的人，这一点也很重要。所以，学生在应聘这一职位时，需要的不光是完善自我的外在，也必须丰富自我的内在。

（二）从学校教学体系出发

高校在为企业输送人才起到了重要的作用，但就目前的形势来讲，酒店业最缺乏的不只是某一部门的专才，更多的是需要集理论、实践、公关、外语等于一身的有一定实践能力的复合型人才[2]。那么学校应立即高度重视这一问题，以打造酒店职业经理人为目标进行人才培养。通过一些教育方式的变革，使得学生能更好地符合酒店所需的要求。国内应引进西方的教育模式，比如实行"校企合作，工学结合"

的模式，这一模式虽然在中国有了一些雏形，但是由于经验的不足，实行起来还是有一定的难度。酒店管理专业是一门专业性和职业性都比较强的应用型学科，所以改变一般本科培养人才的思维方式也极其重要。首先，学校可以从专业课程体系进行革新，现阶段培养的人才一定是以核心专业为主，从而才拓宽知识，选择自己的兴趣所需。再者，酒店行业是一个面向国际性的行业，拥有高水准的英语技能也是必不可少的，同时也需要一些实际操作能力，学生在大学期间应积极学习计算机操作。最后，无论学的是什么，都必须将理论运用于实践，学校可以通过校企联合的方式，聘请一些酒店经理人来给学生上课，因为他们往往比任课老师拥有更好的经验，这样可以提高学习兴趣，同时还可以发现人才，挖掘具有潜力的学生。学校也应该给学生提供一些实践的场所或者配备一定基础的教室，使学生能够在上课时及时与实际相联系。学校教育的改革更具有针对性，使想要从事酒店行业的优秀学生不断地与行业靠近。

（三）从企业用人制度出发

管理培训生这一制度是近年来伴随着一些跨国企业进入中国才流行起来的。由于这是吸引人才的良好方式，使得企业招聘管理培训生不断地泛滥。不管是小的企业还是一些大企业，都纷纷效仿这一制度，其实许多小的企业对这一制度的概念很模糊，由于资金、人力等因素，让这些同学大都去充当了低廉劳动力的角色，而一些大企业对这一培养模式也还探索得不够，没有达到人尽其用的效果。不同企业管理培训期的时间会有所不同，有的几个月，有的一年，有的甚至几年，所以企业为了留住人才必须制定完整的培养方案。那么酒店行业所涉及的部门相对较多，所以时间也会相对长一点儿。酒店想要留住这些人才，可以从以下几个方面着手。首先，由人力资源部制订一套相对合乎情况的人才培养计划，不能存在中途因为酒店人力的不足，随意"使唤"管培生，因为他们需要将这一体系全部实践完，否则跟一般的服务人员没有多大的差别。再者，实行导师制，其通过为管培生提供高级管理人员（部门总监）作为导师，帮助管培生尽快适应项目、解决问题与设计职业生涯，对管培生有莫大裨益[3]。最后，建立一套监督管机制体系也是很有必要的。他可以随时跟进培养进程以及适当根据具体情况调整策略，使得管培生能更快地成长。企业用人制度的调整可以使得酒店行业的管培生学生更清楚地看见自己的职业目标，更好地适应企业，与企业一同成长。

总之，为了使学生更好地适应酒店管理培训生的要求，需要学生、学校以及企业都努力。学生个人素养的不断提升是为了更加明确自己的职业目标，更加能够承担起管培生的职责，做一名合格的职业经理人。学校不断改革教学体系，使得教学与职业相符合，也是为了能给酒店培养出更加专业化的人才。那么酒店要想通过管培生这一制度吸纳更多优秀具有潜力的人才，就必须具备完整且成熟的一套职业培训发展模式，让学生能够更加的信赖酒店，最终为酒店所用。

参考文献

[1] 李成. 管理培训生制度发展中的问题和改进方法[J]. 企业导报，2015（03）：121-122.

[2] 游富相. 国外酒店管理专业人才培养模式对国内的启示[J]. 吉林省教育学院学报，2009（06）.

[3] 曾国军，胡志成. 国际酒店集团管理培训生制度：酒店管理本科生之预期与现实差异[J]. 旅游论坛，2014（04）.

论酒店的时间有效管理

肖梦宇

一、酒店管理中存在问题

时间管理的效率问题是当今管理中最核心的问题，尤其在酒店业，由于其管理内容是由许多繁杂的重复服务工作组成，因此，对时间要求比其他行业严苛的多。而酒店管理者也或多或少存在着时间浪费的现象，如：工作被打断导致效率下降、拖延工作、任务不下放等问题，这些小问题的存在也影响了整个酒店的服务效率，导致工作效率低、顾客满意度不高等问题，所以，要想从根本上解决问题，就需要合理、有效地管理时间。

二、存在原因

（一）主观原因

（1）无法管理外在要求，酒店管理者的工作很大一部分需要与他人互动，所以来自外界的干扰就太多了，有些来自同事，有些来自宾客，随时要放下手边的工作去做别的事情，如电话干扰、上司召见太随意、不知道如何说"不"等。

（2）做事无方法没有主次和轻重缓急之分，对喜欢和熟悉的事尽快做完，对棘手的事已退再拖等原因。全凭自己熟悉的或直觉的方法来做，会花费风很多时间而无法最有效率的完成。

（3）不懂得授权，总是不放心下属工作而事必躬亲，让下属一一汇报每一项工作安排，而导致下属闲、自己忙的工作状态，浪费了人力资源，也浪费了工作时间。

（二）客观原因

周围干扰因素太多，如嘈杂声、温度、氛围、压力、烟瘾、健康状况等，都对此有影响，这就需要管理者有较强的适应能力，对酒店相应的设施环境也提出了要求。

三、时间管理原则

（一）80/20 原则

在酒店管理人员一天忙碌的事务中，重要的事情往往只占20%，次要的事情占80%。所以，在时间的分配管理上，应该列出全部的工作事项，然后对工作按价值进行分类，再合理地分配自己的时间和精力，避免将时间花在琐碎的问题上。

（二）SMART 原则

（1）S——Specific 具体性。确定目标管理，明确子目标在整个目标体系中的地位和作用，不出现目标断层、重复或背道而驰的现象，以保证不浪费时间。

（2）M——Measurable 量化性。将目标进行量化，并制定可以衡量目标的标准。目标越明确，就越能给你提供更多的指引，从而节约时间。

（3）A——Accurate 准确性。时间管理中，各个具体目标必须是准确的。

（4）R——Reasonable and Relevant 合理性和相关性。目标合理，前后目标要有相关性。

（5）T——Trackable 可追踪性。限定目标实现的具体时间和速度，可具体到某年某月某日某时，从而使得时间管理具有可追踪性。

（三）授权原则

管理人员的时间和知识都是有限的，不可能事必躬亲、面面俱到地完成每一项工作，所以，有效地进行授权是酒店管理者时间管理的重要原则。

（四）精简原则

去掉工作中多余的环节，避免不必要的时间浪费，减少工作延误，以提高工作效率。

四、有效的时间管理

（一）建立正确的时间观念

树立正确的时间管理观念：遵守时间、限制时间、节约时间，这是酒店管理中对各级管理人员以及酒店员工最基本的要求。限制时间要求据点管理过程中，对每项工作任务，都有一个时间限速、时间结束和时间长度上的要求。而节约时间则需要在很多方面改进，例如：缩短开会时间，缩短与下属交谈时间等。

（二）将事情按照轻重缓急进行优先排序

酒店管理者在进行时间安排时，应权衡各种事情的优先顺序，即对工作分清轻重缓急，按照重要性及紧迫性来有效管理时间：重要且紧急、重要不紧急、紧急不重要、不重要不紧急。按照不同工作的重要紧急程度来安排工作。重要且紧急的事情要马上执行；重要不紧急的事情可先制订工作计划；紧急不重要的事情可交由下属解决；不紧急不重要的事情最后处理，可以对他说"不"。对工作要有前瞻能力，防患于未然，如果不能有条有理地安排，总是忙于救火，那将使管理者的工作永远处于被动之中，而耽误工作的进程。

（三）制订计划表

应用六项工作法，按照轻重缓急、优先顺序列出每天工作上的六件重要的事情，制订有效计划然后逐步完成工作。

（四）立即行动

对已经计划好的工作安排，要及时有效行动，克服拖延的坏习惯，并且做事情要有头有尾，不能半途而废，可让秘书或助理监督。

五、改进时间管理

（一）戒掉不良的时间管理习惯

酒店管理者或多或少存在着时间管理的坏习惯：拖拉、无效的交流，纠缠小事，不会说"不"等，这就需要及时纠正，以达到时间有效化管理。

1. 克服拖拉习惯

"拖拉"是时间管理低效的"常见病"，可以尝试今日事今日毕，把每天遗留下的事一次性解决，对于棘手的事与他人共同完成，该自己完成的不要推脱给别人。要善于制定自己的时间规划表，让秘书下属监督，拒绝受到外界干扰，也不能受个人感情的影响，同时要对下属员工做培训，杜绝时间浪费的现象。

2. 有效的交流

酒店中的交流包括口头指示、便条记录、工作任务表、精制的日程表等，这些交流方式或多或少会存在听错、理解失误的现象，导致员工工作错误而做无用功，从而浪费了时间。所以，管理者应采取有效的交流方式，合理、准确地安排下属和员工的工作，以便有关人员都能非常清楚他们该做什么，确保预期目标的实现。

3. 不纠缠小事

管理人员要以平和的心态来处理酒店的工作事项，不纠缠鸡毛蒜皮的小事，不苛求小事的完美，以便有足够的时间来处理各种大事和紧急的事情。

（二）合理分配任务，适当授权

管理者对下属和员工要善于任务下放、适当授权。即酒店管理者不必亲自处理的事交给他人来做，但在分配任务时要有针对性，针对员工的个性和能力，合理安排工作岗位，给他们充分的权利，这不仅能节省酒店管理者的时间，也有助于服务人员的培养和正常流动。但是在授权的同时也要建立相应的行为规范和动作计划，不时对下属的工作进行监督检查，及时纠正改进工作，提高工作　效率。

（三）善于使用时间管理工具

管理者在制订工作计划时需要时间管理工具（日备忘录、日历记录、电子工具等）来记下每一项工作，能让管理者的头脑中有清晰、仔细的思路来进行每一项工作，而不会遗漏。在日常工作中，有突发情况需要处理或是在被打断工作时以免遗漏，也需要做相应的记录。比较常用的时间管理工具如：每日"应办事"清单 ——帮助您记住每天应办之事的时间管理工具。日历 ——提醒您安排特定活动或非日常活动的时间管理工具。在日历上标出考评、会议、约会、电话、外出，等等。记下准备事项，以便提前做好准备。

（四）消除工作中的干扰

（1）抓紧解决问题或答复请求。让员工了解，您的哪些工作是除了紧急情况以外不得打扰的工作。在举行会议时，应提前让员工了解开会的主要内容，避免不必要的时间浪费，缩短开会时间。使用布告栏，让助理将不太紧急的事情写在上面，并尽快让他们知道什么时候您会处理这些问题，从而避免重复的问题而浪费时间。

（2）电话干扰处理。对管理者而言，接听电话是最为浪费时间的，所以，为防止这种浪费，管理人员应配备一名训练有素的助理来帮忙接听筛选电话，分辨电话的重要性，排除不必要的电话，再做相应的电话划分，安装自动拨号器，经常记录以方便管理者成批的回复电话。而对工作人员来说，接电话和打电话时需要规范标准、有礼貌但不客套。避免使用容易引起私人谈话的问句打电话，收集通话时所需的全部信息。可在办公桌上放一个闹钟，以帮助控制通话时间。

（五）用标准化来提高效率

酒店管理者作为酒店的核心人物，在做到自身时间管理有效化的同时，也要积极培训员工时间管理的有效化，而这就需要针对各项工作的具体操作，建立操作标准，并以此来培训员工。同时酒店本身也要达到标准化，如：环境标准化、时间标准化、讲解标准化、流程标准化和操作标准化等，以此提高酒店的整体服务水平，促使顾客满意度的提升。

参考文献

［1］ 彼德·F·杜拉克. 有效的管理者[M]. 北京：求实出版社，1985.
［2］ 樊婷婷，陈雪琼. 明兹伯格模型在中国酒店时间管理中的应用[J]. 经济管理，2008（13）：57-61.
［3］ 李国茹，杨春梅. 饭店督导管理[M]. 北京：中国人民大学出版社，2014.
［4］ 洛塔尔·赛韦特. 管理时间的黄金法则[M]. 北京：中国铁道出版社，2010.

溜溜果园品牌营销策划

侯 敏

随着国民消费水平的不断提升以及国家政策的调整，人们的休闲需求渐渐旺盛，凉果类产品消费趋势日益上扬，市场发展的前景美好。而品牌是未来市场发展的增长点，低档产品随着价格竞争将越来越难行，因此，要在未来的市场上取得胜利，必须强化品牌的塑造力度。

如何打造一个优秀的凉果品牌是一个难题。在溜溜果园品牌的基础上，我们对品牌进行重塑和全新打造。为呈现一个符合时代发展要求的全新品牌，在品牌营销策划中，我们研究了溜溜果园品牌营销现状、营销环境，谋划了品牌未来营销理念和品牌营销战略目标，进行符合品牌定位要求的产品组合策略、服务策略、环境策略、分销渠道策略、促销推广策略的谋划和设计以及营销传播设计和广告设计。

最后希望我们对品牌的全新打造能达到理想的结果。

一、品牌背景分析

（一）溜溜果园品牌营销现状及问题分析

1．概况

溜溜果园集团是一家集果品加工、销售、科研于一体的现代化企业集团，是安徽省农业产业化龙头企业，是中国青梅食品行业引领者，是中国特色果品加工产业的领军企业。溜溜果园旗下自主品牌"溜溜梅""小番仔""吾爱""热带风情"等系列产品，已成为现代生活的时尚之选。

在"深化企业管理、加强客户服务、创造优质产品、成就名牌企业"的企业管理方针的指引下，溜溜果园坚持"优质原料 严格控制 持续改进 争创一流"的质量方针，加强产品质量安全管理，持续推进技术创新，提升企业核心竞争力，将民族传统行业着力打造成为机械化、规模化、专业化、标准化的现代化产业，是溜溜果园坚持不懈的奋斗目标。

目前公司已建立了全国市场销售网络，产销量和市场占有率突飞猛进，在新的历史时期，溜溜果园以"发展为纲，创新为魂，市场为先，服务为源"为宗旨，坚持科技为先，人才为本的发展战略，励精图治、坚毅创新，强化品牌占位，引领市场潮流。

在公司同仁们的共同努力下，历经十余年的励精图治、坚毅创新，溜溜梅已成长为中国青梅食品领导品牌。

2．问题

（1）品牌定位不明确，没有突出与竞争对手的差异，形成自己的品牌定位。品牌形象模糊，在企业形象、产品形象和使用者形象中，没有深入的了解，创造持久的品牌差异，形成品牌竞争力。

（2）品牌设计不合理，在品牌名称、品牌标志的打造上，缺乏创造性和艺术性。

（4）品牌传播不够，品牌传播渠道单一，仍然以流通和卖场为主，对于一些直接销售的渠道却缺少开发，如酒店、休闲场所、公共出行场所等。而品牌消费往往正集中在这样一些渠道，所以必须加强新渠道的开发力度。品牌传播策略做得不够深入人心。

（二）溜溜果园品牌营销环境分析

1．整体市场简析

由于蜜饯产品的加工工艺相对传统，入业门槛较低，因此，蜜饯产业生产厂家在过去相当长的一段时期内数量激增。随着人们生活水平的提高，凉果类产品的市场日益广阔，赢得各年龄段的消费者喜爱，从小孩到老人，都是我们的潜在消费者，其中学生群体和年轻女性更是消费主体，具有很强的购买力，是市场主体。

2．品牌消费需求分析

1）需求现状潜力

凉果类消费代表着一种休闲生活方式，潜在消费群体广，溜溜果园品牌深受广大消费者青睐，在江苏、浙江、安徽、河南、湖南、湖北、江西、四川、重庆、山东、河北等省市的市场占有率达70%以上，仍有很大潜力。

2）品牌消费行为

溜溜果园品牌以亲民的价格，美味的口感吸引消费者购买品牌产品，在同类商品中，溜溜梅品牌产品的种类丰富，有青梅、乌梅、咖啡梅等多种口味，满足消费者对休闲食品的向往，有小包装和分享装，方便顾客选择，价格从几块到十几块，物美价廉，足够吸引消费者。

（三）溜溜果园品牌营销 SWOT 分析

优势（S）：

（1）良好的企业形象；

（2）时尚、活跃的包装，个性的广告特色；

（3）有稳定的目标消费群体；

（4）产品年轻，独特的口感，有可发展空间。

劣势（W）：

（1）市场占有率还比较低；

（2）宣传力度不够；

（3）了解其特色的消费者缺乏；

（4）消费群体局限。

机会（O）：

（1）目前市场产品与消费者互动的企业很少，具有很大的发展空间；

（2）消费者的消费水平、消费层次不断提高，未来肯定是中高档产品的天下；

（3）市场上还没有出现真正具有影响力的品牌，我们具有一定的影响力；

（4）目前行业的竞争还不够恶化，同时竞争对手的营销能力存在一定的缺憾。

威胁（T）：

（1）各渠道的竞争对手不一致，会从不同的角度对我们发起反攻；

（2）竞争对手的价格战，一旦发生价格战对我们的市场开拓不利；

（3）商超渠道对供应商的要求越来越严格，条件越来越苛刻；

（4）其他休闲食品的冲击。

二、溜溜果园品牌营销战略谋划

（一）溜溜果园营销理念

1．品牌愿景

希望能让目标顾客心中确定与众不同的有价值的品牌地位，在顾客的脑中独树一帜，让顾客感受、思考和感觉溜溜果园品牌不同于竞争者的品牌，在众多品牌的竞争中处于优势。打造一个在蜜饯食品行业中坚持卫生、健康、新鲜、美味、环保的品牌形象。

2．品牌使命

始终坚持为广大消费者提供绿色、健康、高品质的休闲食品，致力于打造中国果品深加工产业的领军品牌。

3．品牌价值观

以品质求生存，以创新求发展。发展为纲，创新为魂，市场为先，服务为源。

（二）溜溜果园品牌营销战略目标

1．品牌知名度

让消费者认识到或记起溜溜果园品牌是专门打造卫生、健康、新鲜、美味、环保的蜜饯食品品牌，通过建立知名度，告诉消费者溜溜果园是什么，是做什么的，围绕产品激发创意，让消费者记住，使品牌显得与众不同。对产品进行充分的展示，把产品作为整个创意的主角，放大，有自己的品牌标语和做好相关的品牌延伸，做到在同行业中品牌知名度提升。

2．品牌美誉度

提高市场中人们对溜溜果园品牌的好感和信任程度，让消费者在选择产品时，对溜溜果园品牌充分信任并有良好的形象，了解溜溜果园这个品牌传递的是安全、健康、美味的信息。

3．市场份额提升

建立全国主要大中城市的销售网络，网点遍及沃尔玛、家乐福、世纪联华、易初莲花、华润苏果、欧尚、时代、三江、利群、美特好、保龙仓、新世纪、步步高等国内各大中型卖场，通过对品牌的重塑，提升市场份额，拓宽销售渠道，做到线上线下销量齐飞。

4．品牌价值目标

品牌价值就是品牌在需求者心目中的综合形象，包括其属性、品质、档次（品位）、文化、个性等，代表着该品牌可以为需求者带来的价值。溜溜果园的品牌价值目标就是打造一个消费者认为有价值的品牌地位，在品质档次文化中有自己独特的地位，让消费者心中树立起溜溜果园的优良形象。

（三）溜溜果园品牌定位

1．整体市场细分

溜溜果园品牌整体市场广阔，由于溜溜果园品牌的休闲食品南北适合、老少皆宜，并且其开袋即食、营养方便、健康卫生，所以赢得了各年龄段的消费者喜爱。现有主要消费群体主要集中在学生群体和年轻女性，他们有很大的购买潜力。而在学生群体中，普遍关注的是品牌产品的口味；在年轻女性消费群体中，普遍关注品牌的质量档次。

2．目标市场定位

溜溜果园品牌的目标市场消费群主要定位在时尚白领女性，产品特点契合她们的需求。工作或生活的时候，尝一颗溜溜梅，随时放松一下自己，健康轻松的感觉尽在唇齿之间，分享装溜溜梅将是现代白领女性的休闲最爱。

3．产品组合（品类）定位

以梅子类食品为主，开发集酸、苦、辣、鲜于一体的多味果脯，做到入口舒适、久食不腻。

"溜溜果园"母品牌旗下拥有"溜溜梅""吾爱"等子品牌，我们赋予每个子品牌独特的品牌内涵，根据客户不断升级的消费需求和消费特点细分市场，采用母子品牌框架。从产品规划、定位到传播、营销，均围绕子品牌内涵展开，品牌形象生动、立体、丰满，在潜移默化中使消费者接受品牌所传达的信息。

4．档次（品质）定位

溜溜果园品牌的档次定位有一定的高度，品牌传递出的不仅是普通的休闲食品，而是集健康、美味、绿色环保于一身的健康食品，不管是在产品的质量和口味，还是在产品的包装上，都要体现出品牌档次的提高。

三、溜溜果园品牌传播设计

（一）品牌形象营销传播设计

1．传播目的

提高品牌知名度，让消费者认识并了解品牌，在选购产品时认准品牌，扩大销量。

2．传播策略

目前广告的作用已经越来越小，因此，我们在进行品牌传播的过程中更多地应该追求实效性，电视、报刊等广告形式的投入与产出比难以把握。建议品牌应该更多地在终端进行传播，这样的传播形式既节省费用又效果明显。如在超市终端建立堆头，挂架陈列，悬挂POP，张贴海报，终端指示喷绘，终端电视传播等。学校是消费时尚的领潮地，因此与学生们的亲密接触很重要。传统渠道则采取终端易拉宝、地堆等。终端品尝也是迅速传播品牌的方式。

3．诉求重点及广告利益点

打造品牌知名度，让更多的人了解品牌塑造的形象，从而在市场形成竞争力，促进销量。

4．传播形式

我们认为通过媒体的传播方式并不是最经济有效的，终端是最为有效的传播方式。这里的终端不仅仅是所谓的卖场终端，还包括所有销售产品的地方，如超市终端，在超市建立微型的促销展台、迷你售货车等，迅速吸引消费者的眼球，传达出我们的品牌特色。

5．传播载体

传播载体有电视、网络、实体店等。

6．媒体执行时间

媒体执行时间定为 5 月 20 日—8 月 20 日，因为此季是销售淡季，市场进入成本相对较低，同时有利于配合促销，因此必须在旺季到来之前将渠道和网络建设好。

7．电视广告脚本

在营养师的带领下，杨幂（代言人）和游客来到溜溜果园的原料产地，亲眼看见技术人员是如何种植、培育和采摘果实，并和游客一起在园中品尝了新鲜的果实，随后来到果实加工地，先进的加工技术让人叹为观止，不仅安全卫生，还高效环保，最后拿到新生产出来的溜溜梅，说出广告词"唇齿溜香，溜恋往返"。

8．传播费用配比

在终端传播费用占 40%左右，在网络电视广告传播费用中占 60%左右。

（二）人员推广设计

1．人员激励方案

基于营销队伍、服务队伍，在销售过程中突出品牌形象，我们提出以下几点：

（1）建立报酬激励、成就激励、机会激励三位一体的激励机制。

（2）完善奖金和福利体系，保证员工的五险一金，每个季度为员工发放一次生活必需用品，五一、十一和元旦分别为员工发放过节费。

2．人员管理方案

（1）员工分配的工作要适合他们的工作能力和工作量。

（2）论功行赏。

（3）通过基本和高级的培训计划，提高员工的工作能力，并且从公司内部选拔有资格担任领导工作的人才。

（4）不断改善工作环境和安全条件。

（三）公关活动方案

赞助学校运动会、文娱活动、举办青春派对等，让同学免费品尝，并发放优惠券，这些活动都有利于溜溜果园品牌进行迅速传播。

四、溜溜果园品牌营销效果监测

（一）品牌知名度

通过访谈、电话、网络调查问卷的形式向消费者询问，是否知道溜溜果园是什么，是做什么的。以及是否卫生、健康、新鲜、美味、环保。

（二）品牌美誉度

通过调查问卷的方式对消费者进行调查，分析溜溜果园品牌在消费者心目中是什么样的形象，是否卫生、健康、新鲜、美味、环保，对品牌的满意度如何，有什么不足和缺点。

（三）品牌销量

通过对各大超市终端的监测估计销量，还可以通过调查分析法推断，在一些没有条件的地方可以采用推销员判断法，总体销量还能采用产品生命周期法来推断预测。

参考文献

[1] 梁鸿儒.《2016 年蜜饯行业发展白皮书》发布[N]. 中国食品安全报，2016-09-26（B01）.
[2] 黄静. 品牌营销[M]. 北京：北京大学出版社，2014.

浅析互联网引领"未来酒店"变革

李 莲

随着互联网科技的不断发展，微信、微博、支付宝等各种终端平台的不断普及，人们的生活观念和消费模式已经发生了翻天覆地的变化。据 CNNIC 统计，截至 2016 年 12 月，我国手机网民规模达 6.95 亿，较 2015 年年底增加了 550 万人。网民中使用手机上网人群的占比由 2015 年的 90.1%提升至 95.1%，提升 5 个百分点，网民手机上网比例在高基数基础上进一步攀升。2017 年我国手机规模达 7.39 亿，网民中使用手机上网人群的占比由 2016 年的 95.1%提升至 97.8%。这是一个大数据的新时代，所有的传统行业都能与互联网结合起来形成一个具有巨大潜力的新活力产业，其中，传统酒店业在互联网的引领下发生了巨大的变革。

一、互联网初入酒店业打开创新模式

中国的酒店业起步相对较晚，在改革开放以前，酒店主要作为外事接待工作附属单位，以宾馆和招待所为主要形态；在 80 年代引入国外大型酒店管理集团后，市场上出现大批中外合资、合作的酒店，此后酒店业进入快速发展时期。随着中国经济的不断发展，在政府政策的支持下，中国酒店业呈现出一派繁华景象；到 90 年代末，中国旅游咨询网、华夏旅游网、携程旅游网相继成立，通过互联网和呼叫中心开展酒店代理业务，拉开了在线酒店市场发展的序幕。

（1）在酒店方面，通过拓展"互联网＋"模式，一是扩大了传统的线下销售渠道，演变为互联网程度较高的销售链，如图 1 所示。由图 1 可以得知，酒店业在互联网的促进下，基于对消费者生活方式、消费能力、消费特点的大数据分析整合和合理利用，建立起一套完整的网络销售平台，从而拓展了酒店潜在客户，进一步扩大了酒店市场，形成了多方互赢的体系。二是酒店能够建立起及时高效的顾客信息数据库，传统的酒店数据库容易受到时间、空间等多方面的因素影响，都存在信息滞后、信息片面化的问题。当酒店进入互联网时代，在移动支付、O2O、LBS、大数据背景下，酒店便能够根据顾客的消费做出及时快捷的反应，建立顾客信息数据库。同时对顾客资料进行分析，推出有效的营销方案，同时提升顾客满意度，扩大酒店影响力。三是互联打开了沟通的平台，酒店同行之间能够实现大数据共享，共同协作，借助资源优势实现利润最大化。

图 1

（图片来源：易观智库网）

（2）在消费者方面，随着互联网的渗透，一是扩宽了消费者的预定渠道，如图 2 所示。由图 2 可知，酒店针对消费者的营销变得更加多元化，比价搜索、团购等方式层出不穷，使酒店的前台预定大大减少，线上预定更大化地整合了消费者数据。二是使酒店的消费行为趋于及时化、趣味化、多样化，由传统的到店付住演变为酒店批量生产、线上分销，被动购买演变为根据个性化需求、偏好在线挑选酒店。以上数据进一步反馈到酒店，促使酒店针对消费者需求制定个性化、创新化、便捷化的产品和服务。

图 2

（图片来源：易观智库网）

二、互联网再升级建立新生态酒店体系

酒店预订需求随着宏观经济环境的发展迅速增长，酒店市场潜力不断释放，酒店数量快速增加，高端酒店品牌林立。随之而来的是酒店同质化严重，单一化酒店供大于求，线下流程烦琐等一系列问题。而阿里旅行等平台的再度升级，信用住、刷脸入住等新功能的推出建立起新的生态酒店体系有效地解决了酒店业的部分问题。

（一）"未来酒店 1.0"让酒店运营酒店

2015 年 3 月，"未来酒店 1.0"，主推与芝麻信用合作的"信用住"，免押金、免查房、免排队。无论是线上或线下预定，只要经过信用判定，满足芝麻信用分 600（芝麻信用是对用户海量信息数据的综合处理和评估，包含信用历史、行为偏好、履约能力、身份特质、人脉关系五个维度）即可体验"信用住"，这大大地提升了酒店运营效率，减少了由于人工原因造成的如收到假币或收错金额等损失。同时，"信用住"带给消费者的是省时省力、方便快捷、被信任的消费体验。然而在实施过程中，其倡导的信任、体验、营销、黏性、安全、效率等理念并未全部体现出来，众多的问题逐步突出。面对这些问题，一方面需要酒店在接入阿里生态（包括淘系用户、支付宝、花呗、芝麻信用等）时提升自身产品和服务质量。二是需要酒店与阿里进行双方互相筛选，最大限度地保障参与到"信用住"的酒店和顾客的质量。

在互联网飞速发展的时间里，OTA 等分享渠道压低获取酒店客房成本，并通过各种手段把用户粘连在自己的平台上实现自身收益的最大化。在运营过程中，酒店只能充当客房提供商，无法触及终端用户，必须依赖于 OTA 等分享渠道，丢失了经营的主导权。但在信用住模式中，阿里提供了一站式的解决方案，将自身多维度的大数据资源让渡给酒店，让酒店掌握经营主导权。

（二）"未来酒店 2.0"把体验还给顾客

2016 年 5 月，"未来酒店 2.0"时代，通过科技创新，逐步实现客人在线 VR 选房、自助 Check-in、智能门锁以及离店提前在线预约水单发票等。用户可通过内嵌的 VR 功能，身临其境地感受从大堂到客房真实、震撼的场景，同时 VR 选房的升级也解决了"信用住"产生的酒店卫生、安全等方面的问题。想象消费者在不久的未来，通过互联网平台进行 VR 选房预定，然后到店只需要到机器处刷脸拿到智能门锁的密码便能成功住进带有为自己定制的服务的房间，入住后不需要等待查房，直接到机器处领取发票离店。以阿里大数据体系为支撑的"未来酒店"能彻底改变传统酒店业的流程，带给顾客不一样的体验。

三、互联网背景下中国酒店业的现状

2017 年 2 月份，国内饭店平均入住率 53.31%，同比去年上升 0.09%；平均房价 369 元，同比去年下降 11 元；每间可供房收入 197 元，同比下降 6 元。详见下列分析。

（一）不同星级酒店占比

首先由图 3、表 1 可以看出，各类酒店在 2017 年呈现出逐级递增的格局，五星级酒店占酒店总数的 26.30%，四、三、二星级酒店分别占酒店总数的 41.62%，19.94%，2.02%，未评星的占 10.12%。其中二星级及以下酒店占比较少，市场主要被四星级酒店占据，三星级酒店和五星级酒店占比相近。其次，在经营过程中，四星级酒店的 Occ 最高，占 55.00%，超过三、四、五星的平均入住率。五到三星级酒店的 Adr，RevPAR 依次下降，且平均额与四星级酒店水平相近。

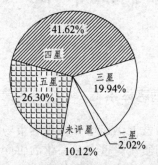

图 3　2017 年酒店档次结构情况

表 1　2017 年不同星级经营情况

指标 ＼ 酒店星级	总体/平均	五星	四星	三星
Occ（%）	52.71	52.78	55.00	50.36
Adr（元）	363	501	347	240
RevPar（元）	192	264	191	121

（二）不同管理方式酒店占比

由图4、表2得知,我国酒店主要是自行管理,占58.38%,其次,34.10%由国内公司管理,剩下7.15%由国际公司管理。但从盈利能力来看,自行管理酒店和国内公司管理酒店的Occ,Adr,RevPAR占比都低于平均值,而国际公司管理酒店的Occ,Adr,RevPAR占比均高于平均值,国内公司管理酒店和自行管理酒店的盈利能力和竞争力不及国际管理酒店。

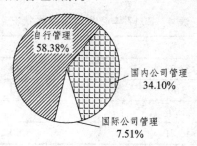

图4 2017年酒店不同管理方式占比情况

表2 2017年不同管理方式经营情况

指标 ＼ 管理方式	总体/平均	自行管理	国内公司管理	国际公司管理
Occ（%）	53.77	52.94	53.63	54.74
Adr（元）	429	324	404	558
RevPar（元）	231	171	217	305

（三）不同类型酒店占比

由图5、表3得知,各类酒店在我国构成不均,以城市综合型酒店为大头,占据74.86%,且城市综合型酒店的入住率高达53.74%;已售客房平均价格为367元,与会议会展型酒店Adr相近;每间可售房收入为197元,与休闲度假型酒店相同。其次是城市商务型酒店和休闲度假型酒店占比相近,分别为10.40%,8.67%。由此不难推出,商务人士入住酒店的数量占比较重,且休闲度假型酒店仍占据重要的位置。

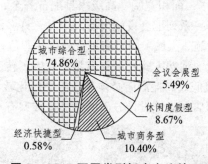

图5 2017不同类型饭店占比情况

表3 2017年不同类型饭店经营情况

指标 ＼ 酒店类型	总体/平均	全服务型		
		城市综合型	会议会展型	休闲度假型
Occ（%）	49.40	53.74	48.23	46.24
Adr（元）	374	367	329	426
RevPar（元）	184	197	159	197

（四）总体经营情况

首先由表 4 可以看出，2017 年 2 月的 Occ 为 53.31%，与 2016 年 2 月相比 OCC 上升了 0.09%，与 2017 年 1 月相比上升了 1.98%；其次，2017 年 Adr 为 369 元，相比 2016 年 2 月和 2017 年 1 月都有了下滑；再次，2017 年 2 月 RevPAR 为 197，比 2016 年 2 月减少了 6 元，比 2017 年 1 月增加了 24 元。2017 年 2 月酒店的客房收入比有所上升。由此推断，酒店可能发生了降价行为，或者所售房型的价格较低。

表 4　2017 年 2 月酒店总体状况

指标	2 月	同比	环比
Occ（%）	53.31	0.09	1.98
Adr（元）	369	− 11	− 12
RevPar（元）	197	− 6	24
客户收入比（%）	45.20	5.60	5.43

四、互联网引领的未来酒店发展趋势

通过上一部分中国酒店业现状的分析得知，在类型上，我国接近 3/4 的酒店为城市综合型，市场定位不准确，目标顾客不清晰，目前新型业态层出不穷，为这部分酒店提供了更多的发展空间；在星级上，自 2012 年 12 月中央出台八项规定以来，我国高星级酒店的消费者结构发生了巨大变化，高端酒店餐饮业更是曾一度落入谷底。且随着互联网的发展，人们不再是一味地追求传统星级酒店的奢华，而是更多倾向于适合自己的酒店，这也为高星级酒店的发展指明了方向。从图 4 中可以看出，中国目前市场上存在着占据市场主流的、分散的、独立的、自行管理的单体酒店，他们不隶属于任何酒店管理集团，能够独立地进行酒店的营销和管理活动，而这一部分的酒店服务质量不易把控，也是未来酒店发展中的一大问题。

（一）构造设计

1．平民化

我国高星级酒店的评定标准中，前厅要求空间宽敞、气氛豪华、服务总台规模与饭店相适应，接待人员 24 小时提供服务；客房要求装修豪华，面积宽阔，高级家具配备齐全，室内需高档材料装饰；要求酒店配备高雅豪华餐厅吧室、厨房、茶室等一系列配套设施设备。因此，许多酒店为了评定星级而盲目铺张浪费，设置许多空有其表、毫无实用性的设施、区域；同时高星级酒店各职位过分细化，人力资源消耗大。在互联网快速发展的今天，人民的消费观念、消费方式在潜移默化中发生了转变，星级酒店面对 Airbnb 低成本、多趣味的旅行房屋租赁的威胁，传统低效高耗酒店必须考虑向平民化转型。同时有了"信用住""全场景信用消费"等新观念的提出和引进，酒店在建筑设计方面的平民化转型有了很大进展如图 6、图 7 所示。

图 6*

图 7*

* 图 6~图 9 来自 360 搜索。

2．社交化

在线预订平台的商业模式变得多元化，针对消费者而来的营销方式也更加多样化，消费者的行为呈现即时性、趣味性、社交性的特点，未来酒店需要寻找与消费者产生高效连接的创新型方式，为消费者提供更加丰富、更有趣味的线上、线下产品和服务。其中社交化的酒店设计转型能够使消费者的情绪、心理等要求达到满足。

3．绿色化

绿色化饭店设计遵循生态设计的基本理念，在设计过程中进行一系列相关地质学、生态学、气候学等分析研究，同时在场地规划时，要考虑当地的历史文化以及外部宏观环境，抛弃传统浮夸的铺张浪费，合理使用能源，充分考虑如何有利于自然通风、光照，减少各种资源材料的消耗等问题。

（二）住店服务

1．智能化

智能化酒店是指整合现代计算机技术、通信技术、控制技术等，致力于提供优质服务体验，降低人力能耗成本，通过智能化设施，提高信息化体验，营造人本化环境，形成一个投资合理、安全节能、高效舒适的新一代饭店，如图8、图9所示。在当今"互联网+"的时代，酒店供大于求，竞争日渐激烈，行业整体的 Occ 和 RevPAR 持续走低；相反的，酒店的用人成本和人员流失却逐渐增高。而服务品质仍然是酒店业的根本，智能化的融入能分析大数据，改善服务和提升效益。

图8*

图9*

2．个性化

消费者越来越多地倾向于个性化、差异化、定制化的酒店产品和服务，同时为提高酒店业有效竞争的手段，从价格战中脱离出来，酒店必须找准目标市场定位。利用阿里巴巴提供的顾客行为偏好、身份特质、人脉关系等大数据资源，充分掌握顾客共性需求，了解分析顾客个性化需求，实现消费者的个性化住宿。

3．一站化

随着消费者消费观念的进步，酒店不仅仅只是满足顾客的住宿需求，它的功能逐步向餐饮、商务、娱乐、休闲、康体、购物等"一站式"多功能转变。这就需要酒店及时反映市场动态，既要满足顾客当前需求，又要挖掘顾客潜在需求，掌握市场主动权。

参考文献

［1］　周亚南，夏毓．酒店智能客房设备管理系统硬件架构[J]．电子技术与软件工程，2015（14）：114.

［2］　姚胜杰，朱明言．"互联网+"时代下的高星级酒店智能化技术的发展趋势[J]．智能建筑，2016（08）：72-75.

［2］　孟妮．阿里旅行"未来酒店"横空出世[N]．国际商报，2015-08-07（A06）.

[4] 刘娟. 互联网思维在未来酒店转型升级中的重要意义[J]. 现代经济信息，2016（07）：343.

[5] 闻丽. 刷脸入住成标配，未来酒店哪家强？[N]. 经济参考报，2017-01-11（007）.

[6] 徐雅琨. 我国酒店展业发展的现状与未来趋势[J]. 商场现代化，2010（31）：146-147.

[7] 何媛. 智能化将成未来酒店发展趋势[N]. 商务时报，2008-12-20（022）.

重庆大学生手机品牌消费调研

杨雪琴

本文通过问卷调查和文献调查的方式对重庆大学生群体的手机消费情况进行研究，了解了各个手机品牌的知名度情况，探明重庆大学生群体对各手机品牌的消费偏好，同时掌握影响大学生购买手机的因素。

一、研究背景

随着社会信息化进程的加快，高科技产品成为人们消费的热点，手机作为其重要代表之一，日益得到普及与渗透。在手机的消费市场中，无收入、无职业却拥有无穷消费潜力的特殊消费群体——学生党，已经成为一股不容忽视的力量。纵观今日的校园，大学生人手一部手机已成为事实，甚至在发达地区的初中校园里，也出现了较高的手机普及率。手机消费的低龄化趋势使得研究大学生的手机消费情况变得刻不容缓，以便在细分市场中制定有针对性的经营策略，使其得到消费者的认可和接受，确定其在激烈市场竞争中的优势。

本文以重庆大学生为例，对其手机消费情况进行调查，从而了解到重庆大学生对各手机品牌的消费偏好，揭示影响其手机消费的因素，为制定相应的营销策略提供依据。

二、研究设计

（一）研究方法

考虑到可操作性和可行性，我们组采用了以下两种方法对重庆大学生群体的手机品牌消费情况进行调查。

1. 文献分析法

在中国知网上搜集、整理和分析大学生手机消费情况的相关材料，为文章的选题提供确切的第一手资料；通过查阅和梳理手机消费的有关文献，对文章的选题奠定准确和丰富的理论基础。

2. 问卷调查法

编制具有较高信效度的调查问卷，采取网上问卷的方式，通过对调查数据的分析，归纳总结出重庆大学生手机消费特征及其影响因素。调查所得数据用SPSS19.0软件和Excel软件进行统计分析。

（二）样本的选取

本次问卷调查的对象是重庆大学生。本次调查预计发放问卷120份，全部采取网上发放的形式。

（三）问卷编制

本次调查问卷的设计分为四个维度：人群特征、重庆大学生手机消费习惯、重庆大学生手机消费时的关注重点和存在问题。此次问卷共设计了11个题目。

三、数据分析与结果讨论

本次调查共发放问卷 120 份，全部为网上发放。调查结束后，将数据录入 SPSS19.0 软件和 Excel 软件，核查数据后进行了相关的分析。

（一）人群特征分析

本次调查的对象为重庆大学生群体，人口统计变量主要为性别和年级两项。

1．性别变量

参与调查的重庆大学生群体，男性数量共 36，占 30%，女性数量共 84，占 70%。由于调查过程存在随机性，造成性别比有些不均匀，但基本反映调查的实际情况，在可控范围内（详见表 1）。

表 1　您的性别

		频率	百分比	有效百分比	累积百分比
有效	男	36	30.0	30.0	30.0
	女	84	70.0	70.0	100.0
	合计	120	100.0	100.0	

2．年级变量

由表 2 可知，参与的调查对象年级为大一、大二、大三、大四，所占比例分别为 6.7%、18.3%、51.7%、23.3%。

表 2　您的年级

		频率	百分比	有效百分比	累积百分比
有效	大一	8	6.7	6.7	6.7
	大二	22	18.3	18.3	25.0
	大三	62	51.7	51.7	76.7
	大四	28	23.3	23.3	100.0
	合计	120	100.0	100.0	

（二）消费习惯分析

1．分析目前使用的手机品牌

从表 3 整体来看，在国产手机品牌中，使用 OPPO，VIVO 的大学生相对较多，占比 39.2%。苹果手机的消费占比 18.3%，仅次于 OPPO。华为、魅族、小米几乎平分另外 30% 的手机消费市场。仅有 15% 的学生更加青睐荣耀、三星。各手机销售商应采取相应的营销策略加大自己品牌对消费者的吸引力度。

表 3　您目前所使用的手机品牌

		频率	百分比	有效百分比	累积百分比
有效	华为	12	10.0	10.0	10.0
	VIVO	20	16.7	16.7	26.7
	荣耀	1	0.8	0.8	27.5
	OPPO	27	22.5	22.5	50.0
	苹果	22	18.3	18.3	68.3
	三星	4	3.3	3.3	71.7
	魅族	12	10.0	10.0	81.7
	小米	14	11.7	11.7	93.3
	其他	8	6.7	6.7	100.0
	合计	120	100.0	100.0	

2．分析更换手机的原因

由表4可以看出，大部分重庆大学生更换手机是因为手机坏掉了，仅有少部分学生是因为追求时尚，说明大部分学生理性消费，不盲目从众。有20%的大学生在手机更新（某某手机品牌出新品）之后选择购买，卖场要提早抢占这部分市场。

表4　您更换手机的原因

		频率	百分比	有效百分比	累积百分比
有效	坏掉	78	65.0	65.0	85.0
	更新	24	20.0	20.0	85.0
	意外（如被盗……）	12	10.0	10.0	95.0
	追求时尚	3	2.5	2.5	97.5
	其他	3	2.5	2.5	100.0
	合计	120	100.0	100.0	

3．相关性分析

如表5所示，由相关性分析可以得到，$P=0.000<0.05$，表明重庆大学生目前所使用的手机品牌和使用次数最多的手机品牌之间呈高度显著相关，由此也可以得知大学生对手机品牌具有自己较高的忠诚度。

表5　目前所使用的手机品牌与使用次数最多的手机品牌的相关性分析

		您目前所使用的的手机品牌是	您使用次数最多的手机品牌是
您目前所使用的的手机品牌是	Pearson 相关性	1	0.447**
	显著性（双侧）		0.000
	N	120	120
您使用次数最多的手机品牌是	Pearson 相关性	0.447**	1
	显著性（双侧）	0.000	
	N	120	120

**. 在 0.01 水平（双侧）上显著相关。

4．交叉分析

由表6可以看出，男生和女生大多都较倾向于国产品牌，占了59.17%左右，尤其是女生，对国产手机品牌倾向性更高。但国产手机品牌还是应该继续努力，扬长补短，吸引更多的消费者，占据更大的市场份额。

表6　您的性别是* 您购买手机是倾向于国产还是国外品牌 交叉制表计数

		您购买手机是倾向于国产还是国外品牌			合计
		国产	国外	无所谓	
您的性别是	男	20	8	8	36
	女	51	10	23	84
合计		71	18	31	120

5．购机渠道分析

由表7可看出，大多数重庆大学生购机的首要渠道是专卖店，其次是官网。而苏宁、国美、大型连锁超市或商家、手机批发市场等渠道较少。表明大学生比较信赖专卖店和官网，其他购买渠道信赖程度较低。商家在设计手机的销售渠道时应随机应变，对不同的消费群体有针对性地采取不同的首要销售渠道，以增加销售额，扩大市场占有率。

表7　您购买手机的渠道

		频率	百分比	有效百分比	累积百分比
有效	官网	32	26.7	26.7	26.7
	专卖店	63	52.5	52.5	79.2
	苏宁	3	2.5	2.5	81.7
	国美	1	0.8	0.8	82.5
	大型连锁超市或商场	8	6.7	6.7	89.2
	手机批发市场	3	2.5	2.5	91.7
	其他	10	8.3	8.3	100.0
	合计	120	100.0	100.0	

（三）关注重点分析

1．能接受的手机价位分析

由表8可以看出，大多数大学生能够接受的手机价位集中在 1 000 ~ 2 000 元和 2 000 ~ 3 000 元这两个价位段，只有 11.7% 左右的大学生能够接受 3 000 元以上的手机。结合手机的市场价格，可以看出大多数大学生对于手机的消费还是很理智的，不盲目跟风。同时，大学生的经济水平也在一定程度上决定了他们不会选择高价格的手机。

表8　您能接受的手机价位

		频率	百分比	有效百分比	累积百分比
有效	1000 元及以下	3	2.5	2.5	2.5
	1000 ~ 2000 元	58	48.3	48.3	50.8
	2000 ~ 3000 元	45	37.5	37.5	88.3
有效	3000 元以上	14	11.7	11.7	100.0
	合计	120	100.0	100.0	

2．购机时的关注点分析

由表9、表10知，重庆大学生在选择手机时，第一关注点是功能，第二考虑因素是外观，接着是价格和品牌。一个产品的功能永远是吸引消费者的重要因素，漂亮的外观可以让人赏心悦目，而价格的高低与购买意向则比较复杂。当人们对某一产品的品牌不熟悉时，更趋向于用价格来做判断。对于大学生这一消费群体而言，他们的经济收入决定了其不会考虑价格高的手机，不管功能多齐全，外观多美丽。手机厂商在设计和宣传时，应该考虑这一信息。

表9

	个案					
	有效的		缺失		总计	
	N	百分比	N	百分比	N	百分比
您的性别是*$您购机时关注的重点是	120	100.0%	0	0.0%	120	100.0%

表 10　您的性别是*$您购机时关注的重点是　交叉制表

			\$您购机时关注的重点是 [a]						总计
			价格	功能	外观	品牌	售后	其他 1	
您的性别是	男	计数	25	30	28	11	13	1	36
		您的性别是内的%	69.4%	83.3%	77.8%	30.6%	36.1%	2.8%	
		\$您购机时关注的重点是内的%	27.5%	28.3%	29.8%	16.9%	27.1%	12.5%	
		总计的%	20.8%	25.0%	23.3%	9.2%	10.8%	0.8%	30.0%
	女	计数	66	76	66	54	35	7	84
		您的性别是内的%	78.6%	90.5%	78.6%	64.3%	41.7%	8.3%	
		\$您购机时关注的重点是内的%	72.5%	71.7%	70.2%	83.1%	72.9%	87.5%	
		总计的%	55.0%	63.3%	55.0%	45.0%	29.2%	5.8%	70.0%
总计		计数	91	106	94	65	48	8	120
		总计的%	75.8%	88.3%	78.3%	54.2%	40.0%	6.7%	100.0%

百分比和总计以响应者为基础。

a. 值为 1 时制表的二分组。

（四）存在问题分析

1. 分析已使用过的手机存在哪些问题

由表 11 可知，大多数大学生使用过的手机存在电量消耗过快、卡机、发热、闪退等问题，而碎屏等使用者自己造成的手机问题较少。这表明目前中国手机市场上的手机质量还不够高，寿命不长，这就要求手机研发人员加大科研力度，减少手机质量问题，延长手机使用寿命，才能更好地赢得市场。

表 11　您已使用过的手机中存在哪些问题

		响应		个案百分比
		N	百分比	
\$您使用过的手机存在哪些问题	黑屏	25	7.2%	20.8%
	电量消耗过快	87	25.1%	72.5%
	闪退	51	14.7%	42.5%
	卡机	76	22.0%	63.3%
	发热	70	20.2%	58.3%
	碎屏	29	8.4%	24.2%
	其他 2	8	2.3%	6.7%
总计		346	100.0%	288.3%

a. 值为 1 时制表的二分组。

2. 手机有哪些负面影响的频率分析

由表 12 可知，有 33.2%的大学生认为手机对身体有害，28.9%则认为手机影响学业，而认为手机浪费金钱，带来不良风气的只占到了 15.4%和 5.5%的比例。由此可见大学生对手机的看法普遍都趋于一致，认为手机对身体有害和影响学业。大学生应理性地使用手机，尽量减少手机的使用时间，多做些有益身心健康的事情。

表 12　您认为手机有哪些负面影响

		响应		个案百分比
		N	百分比	
$您认为手机有哪些问题	对身体有害	84	33.2%	73.0%
	影响学业	73	28.9%	63.5%
	浪费金钱	43	17.0%	37.4%
	带来不良风气	39	15.4%	33.9%
	其他 3	14	5.5%	12.2%
总计		253	100.0%	220.0%

a. 值为 1 时制表的二分组。

四、研究结论

通过我们的分析了解到，在重庆大学生这一消费群体中，他们的首选手机品牌是 OPPO，其次是苹果，然后是 VIVO，其他品牌的市场份额也在日益增加。国产品牌约占重庆大学生这一消费市场的 59%。在他们选择手机时，首要考虑的是功能这一因素，同时也逐渐关注手机的外观和价格。而且，重庆大学生目前正在使用的手机品牌和他们使用次数最多的品牌是高度正相关的，表明这一消费群体对该手机品牌有较高的忠诚度，商家应该留住这一部分的重要客源，在此基础上开拓新的市场。

大学生是一个不容忽视的手机消费群体，消费规模和潜力巨大。手机厂商在生产和销售的过程中，应该综合考虑各种因素，更好地适应大学生手机消费需求的变化，扩大市场占有率，实现品牌的长远发展。

五、不足之处与展望

（一）不足之处

我们在进行问卷分析的过程中，发现了一些之前没有考虑到的问题，总结出来有以下几点不足：

（1）在设置"购机时关注的重点"这一问题时，忽视了"质量"这一重点，使得问卷设计不全面，在分析时不够完整。

（2）在问卷设计时，没有考虑到"广告对消费者购机时的影响"这一方面，在市场上，VIVO、OPPO的广告宣传力度很大，而华为和其他手机品牌的宣传力度则较小，其实这在一定程度上也会影响消费者在购机时的品牌选择。

（二）展　望

不同的消费群体有不同的消费意愿，因此，需要进行正确的市场细分，因地制宜。在条件许可的情况下，手机厂商应该建立一个自己的消费者数据库。对数据库进行分门别类，每一个类别就是一个自然的细分市场。通过不断地记录和更新自己的数据库，更加系统全面地了解重庆大学生这一消费群体，把握其现在的和潜在的需求，采取更加合理的品牌生产和营销策略。

参考文献

[1]　赵宝刚，尹勤，韩柯. 大学生手机使用情况调查[J]. 市场研究，2006（10）：15-19.

[2] 赵琼. 当前大学生手机消费状况调查[J]. 市场研究，2008（04）：15-19.

[3] 赵天华. 从大学生品牌意识看手机品牌营销[J]. 中国商界（下半月），2009（03）：180-181.

[4] 顾镁，陈硕. 大学生手机消费研究概况及展望[J]. 人类工效学，2010（02）：81-84.

[5] 黄时华，余丹. 广州大学生手机使用与依赖的现状调查[J]. 卫生软科学，2010（03）：252-254+261.

[6] 黄伟群. 大学生手机消费行为调查及营销对策研究[J]. 漳州职业技术学院学报，2010（02）：56-59.

浅谈中式宴会型酒店

——以重庆金沙洲花园酒店为例

李倩倩

"宴""会"二词古已有之。"宴"，字解"在正午与妻子共进餐"，有"安定、喜乐"之意；而"会"有"集会、晤见"之意。在我国，设宴请客甚至成为了一种特有的社交与饮食相结合的文化形式，且由此产生了饮食文化及其餐桌礼仪。即使是在当今社会，饭桌社交依然是建立和维系社会关系必不可少的方式和工具，无论是庆贺孩子的诞生、新人共结连理、老人健康长寿，还是商务洽谈、朋友聚会，都离不开宴会。

千年以来，宴会的形式和场所也经历了一些变化。就形式而言，古之有家宴、飨宴、百官宴、大婚宴、千叟宴、定鼎宴等；就地点而言，有的在家中、乡间，有的在酒楼客栈，有的在宫廷内部。当然在古代漫长的农耕经济中，由于受到社会经济和人们生活水平的限制，以及内在的文化心理的影响，人们往往还是更多地选择在家中承办宴席，举行家宴、私宴，或是婚宴、寿宴等，实惠经济的同时也可满足社交需求。直至今日，特别是我国实施改革开放以来，传统封建因素被强势革新，社会经济得到了极大的发展，物质资源日益丰富，人们生活水平不断提高，新的消费观念也发生了转变，传统的客栈酒楼受到市场经济的冲击，逐渐向世界规范化、标准化的酒店业看齐，因而孕育了具有中国特色的新型饭店酒店。

新中国成立后，社会安定的环境使得我国人口呈现爆发式的增长。改革开放后，经济的快速发展则催生了一批批现代都市，快节奏的生活方式、快餐式的文化消费以及社交媒体的无孔不入，又使得个人更加看重隐私，更加注重私人环境的安宁。在此情况下，个人、家庭环境被压缩，在古代作为宴会主场地的家中渐渐只具备招待亲友，举行小型私人聚会的功能，而宴会的功能更多地被包含在现代酒店中，成为酒店三大收入来源之一——餐饮的主要构成部分。

重庆金沙洲花园酒店是一个特殊的酒店，其特殊之处在于它抛弃了客房经营，只做餐饮宴会，这也是本文研究的对象。

一、案例研究：重庆金沙洲花园酒店的模式

1. 简介及定位——专业的宴会会馆、优秀的花园式餐厅

重庆金沙洲花园酒店是重庆金沙洲餐饮管理有限公司旗下的一家纯花园式专业宴会酒店，该公司成立于1998年，是一家以餐饮为核心产业、休闲娱乐为配套产业的民营企业，重庆金沙洲花园酒店是企业的主营项目之一。

该酒店主体为近6 000 m² 的洛可可风格建筑群，包含了三层欧美别墅风格主楼、纯欧式别墅花园餐厅、临江观景水岸餐厅、360° 全玻璃水晶宴会厅等，同时容纳上千人就餐。可提供宴请、酒会、冷餐、烧烤、派对等多样化饮食需求以及花园、室内、草坪就餐环境。拥有众多婚礼场景：草坪婚礼、马车婚

礼、教堂婚礼、室内婚礼，可打造个性婚礼服务。另设有商务会议中心、棋牌中心、户外休闲茶堤，可满足商务及休闲娱乐的需求。同时由于酒店身在珊瑚公园绿色氧吧之中，又坐拥长江一线江景，拥有独一无二的滨江及花园天赋，是闹市中难得的一片净土，是值得光临的一个花园式专业宴会会馆。

2．餐饮特点

由于金沙洲酒店是一家面向普通大众的宴会型酒店，为满足人们的饮食习惯及口味，该酒店不提供西餐，只提供中餐，同时结合重庆当地人的口味着力打造独具特色的中式美食。菜品以北方特色菜为主打，继承东北家常菜的经典特色——酱小土豆、大块红烧肉等，配上重庆当地的尖辣椒、麻花椒、鲜香菜，口味奇绝，又辣又鲜又香，有色有意有形有养。

3．七大宴会厅及休闲娱乐场所的格局设计与特点

金沙洲酒店包括 7 个各具特色的宴会厅、其他单独包间以及棋牌室、户外小花园、茶堤等休闲场所。

1）7 大宴会厅及其特点

① 米兰宴会厅：主楼一楼正厅，欧式风格，可容纳 30～32 桌，面积约 700 m²（可以依客人多少以木制隔断划分就餐空间），是大中型婚、寿、商务宴席及大型庆典的主营场地。

② 花园宴会厅：主楼一楼偏厅，可容纳 16～18 桌，面积约 180 m²，有两个入口，可依据需要将其一分为二：A 厅和 B 厅，是小型婚寿宴、家庭商务聚会、Party 等的主营场地。

③ 别墅包房：主楼右后方二层金家别墅（与主楼相连但不相通），跃层式建筑结构，装修风格奢华，共有 4 间包房。

④ 水岸包房：主楼正后方一层独栋，共有 5 间包房（ABCDE），是该酒店新推出的特色餐厅，依江而立，靠水而生，从窗外望去便是长江、江心岛，远眺对岸则是南山。

⑤（白玉兰）花园包房：位于金家别墅左边，共有五间包房，后有人造池塘。

⑥ 玉兰宴会厅：主楼二楼，有两个突出形象：一是教堂式礼堂（教堂式宽景大门以及独特的步道式楼梯），二是以纯西式宫廷长桌打造分餐或自助餐，是各类 party、中西式分餐、小型自主、游戏聚会的主营场地。

⑦ 水晶宴会厅：位于珊瑚公园内部，是独栋建筑，内部整体呈船型，外观新颖独特，360°全部采用玻璃外墙，并配有舞台升降机。可容纳 24～30 桌，面积约 500 m²，主打婚庆场地，同时也是大型寿宴、商务宴席的主营场地。

2）休闲场所

① 棋牌室。棋牌室是该酒店为预定宴席的客人提供的娱乐消遣方式，一般以小时计价，时间安排是在餐后。主楼棋牌室位于该酒店主楼的二、三楼，分为大、中、小三类包房，有早场（上午 10 点至下午 6 点）、晚场（下午 6 点至凌晨 12 点）两场。值得注意的是，从凌晨至次日上午 7 点棋牌室依然营业，只是需要追加加时费。其他的棋牌室有两处：一处在东楼，另一处在八角亭。八角亭棋牌室位于酒店右后方，是一座外观为八角亭的独栋建筑，独立于该酒店之外却是不可或缺的一部分。

② 茶堤。该酒店共有 3 处茶堤，均是欧式风格，两处临江，一处靠近花园。

4．交通及其他设施服务

该酒店位于重庆市渝中区长滨路 336 号珊瑚公园内部，在菜园坝汽车站对面，且附近有两路口轻轨站、公交车站，无论是驱车前往还是乘坐公交都交通十分便利。珊瑚公园内部绿化较好，南部临江，景观别致。同时酒店还为来往客人免费提供 500 个停车位，方便客人出行。

整个酒店整体以绿色植物或栅栏与公园相隔，隐映在绿树芳草之间，另有江边观景台，与环境融为一体。

同时设宴当天贴心设置指示牌，引导客人到达指定宴席区域。

二、营销模式

金沙洲酒店在继承传统营销方式的基础上，及时开辟并大力发展互联网营销。同时由于该酒店只提

供宴会服务不提供客房住宿，合作对象没有选择携程、去哪儿、途牛这一类大型、知名度高的在线票务预订平台，而是选择了着重于美食的美团、百度糯米、大众点评和主营婚礼、庆典类的到喜啦等第三方网络平台。

该酒店虽然宴会厅多，可同时容纳上千人就餐，但是预定依然紧张，大型宴会如婚宴仍需提前 3 个月预定。

三、员工管理

该酒店专门提供宴会服务，设有店总经理、楼面经理、礼仪迎宾、市场推广、楼面主管、行政总厨、后厨经理、领班、服务员、传菜主管等多个岗位。其中对基层员工（服务员、传菜员）需求量大。平时在工作日大型婚宴不多，而在节假日特别在周末、五一、十一、年底，宴会安排较多，对基层服务员工的需求猛增。因而该酒店在人员任用上很灵活，长期员工与短期兼职员工相结合，工作日有长期员工维持酒店的正常营运，节假日等繁忙时刻选择招聘临时工。

灵活的用人方式帮助该酒店节约人力成本的同时也带来了一些负面影响。招聘临时工大多为重庆主城区大学生，且多是为期一天或半天 1~2 餐的短期招聘为主，员工经验不足，无论是传菜、上菜还是招待客人、处理突发事故等方面都有所欠缺，不能保证提供优良的服务。

四、经营特点及文化内涵

金沙洲酒店最突出的特点便是它主打宴会服务，淡化甚至是抛弃了客房经营，没有提供住宿这一基本功能。显而易见，它的定位非常明确，只做针对大众群体的专业宴会服务。选址上也是独特，刻意避开繁华，偏居一隅回归宁静。

欧美人结婚在教堂，而国人结婚在酒店。随着社会经济的发展，酒店不单单是一个吃饭的场所。诞生礼、成年礼、婚礼、寿礼这些标志着我们人生不同阶段的、反映人的社会属性的礼仪都与酒店息息相关，酒店所承载的文化涵义远远大于它所提供的功能性意义。

参考文献

[1] 刘琴. 星级酒店宴会发展惨在的困惑与化解对策研究[J]. 苏州：A 酒店个案，2009.

重庆乡村旅店的精品化打造
——以漫时光乡村旅店为例

许 浩

随着时代的发展，各大型星级酒店的激烈竞争，"逆城市化"现象也悄然出现，乡村旅店的发展自然也成为一种趋势。伴随着人民生活水平的不断提高，人们逐渐开始追求更高的享受。通过调查取证分析得知，现如今重庆地区乡村旅店的发展水平参差不齐，虽然有台湾、江浙、苏杭一带等优秀的乡村民宿打造的成功经验，但是民宿发展仍存在着许多的问题，面临着巨大的挑战，主要是受其基础设施、服务内容和服务文化等多方面因素的限制。因此，为了更契合市场需求，开拓市场发展点，追求更高质量的发展，对乡村旅店进行精品化打造就刻不容缓。以突出其特色与个性，迎合时代发展，创造更好的体验，赢得顾客满意度为目标，真真正正的实现重庆地区的乡村旅店精品化打造。

一、发展维度

纵观世界乡村民宿的发展，如欧洲诸多地区及亚洲的日本、我国的台湾地区，乡村民宿发展时间较长、体系完善、形态丰富，其发展轨迹对我国当下乡村民宿的经营、监管及发展走向都具有诸多借鉴价值。重庆漫时光乡村旅店，是不同于星级、经济型酒店的一类新兴趋势下的住宿，其主打的是以特色资源、温情服务和别具一格的享受体验来赢得市场份额，提升顾客满意度。特色化的服务如咖啡吧、书屋、摘果、摄影等，既具有特色性，也具有区域性。

而在重庆地区，尤其是在高新区沿线，是近年来重庆主城区的开发重点，金凤、西永、大学城等地近年来的发展也是日趋猛烈。当地的自然资源和人文资源十分丰富，由于其在城市和乡村交接的边缘上，因此乡村旅店的发展也就自然而然的形成了。但是随着经济的持续发展，乡村旅店也日益增多。如何去考虑定位的更优化，而非实现同质化就成了应当思考的问题，主要包括以下几个方面：全面维护基础的设施设备，为顾客营造入住的舒适体验和欲望；建立健全顾客信息数据库，优化顾客满意度；强化与去哪儿、携程、艺龙等旅游网或旅游公司的联系，实现整合发展；形成竞争机制，进行产业结构的细分和开发；品牌知名度的塑造和各维度宣传效应的提升。其次，适时推出福利政策或活动，吸引顾客，同时开展符合地域特色的风情活动，如摄影、绘画比赛、采摘节活动、顾客 DIY 的厨艺活动等，以此来优化除住宿外的其他体验。最后，可以迎着"互联网+"的新态势，打造微信公众号、官方微博实时宣传、电视广播媒体宣传和实地宣传手册宣传，甚至新兴的"民宿+众筹"和"民宿短租+直播"的方式也可以起到一定的作用，形成宣传效应，为乡村旅店的精品化打造提供依据和效力。

在竞争日益激烈的今天，只有为顾客提供更个性化的服务，更丰富化的体验，才能赢得顾客满意度，获得市场份额。而既要有丰富的活动，也要有舒馨的住宿，就必须实现对漫时光乡村旅店的精品化打造，突出特色与个人，实现差异化营销与发展。"虽然不是无所不能，但一定是竭尽所能"，这也是对乡村旅店的精品化打造的一个趋势性方向。

二、漫时光乡村旅店的 SWOT 分析和战略要求

（一）SWOT 分析

1．优势

（1）漫时光乡村旅店所在区域地理资源条件丰富，得天独厚。

（2）该旅店旅游项目的设计多样化且丰富化。

（3）漫时光乡村旅店位于城乡枢纽处，对内、对外的交通都十分便捷。

2．劣势

（1）其品牌的塑造力度不够强，缺乏新颖度。

（2）漫时光乡村旅店基础设施的修建、维护亟待加强。

（3）该民宿营销渠道不够丰富，营销的形式比较单一。

（4）网络、广播、电视等媒体宣传力度的扩展需要提升。

3．机会

（1）国家、政府开展的一系列政策对民宿行业提供了极大的支持。

（2）漫时光乡村旅店周边地区间人流量的剧增和客源市场的进一步扩展。

（3）该地区旅游资源的持续开发形成的连带效应。

（4）地区消费水平和旅店价格水平相一致，吸引力大。

4．威胁

（1）漫时光乡村旅店周边各大乡村旅店的竞争，相互抑制发展。

（2）乡村旅店的发展管理机制还不够完善，仍有缺陷。

（3）住宿行业市场秩序不够稳定，旅店个体的整体规划控制还不够完善。

（4）互联网时代下，顾客信息安全系统的维建。

（二）战略要求

1．发展型战略举措

（1）重塑品牌效应，打造品牌吸引力，扩充个性品牌点，充分依托当地的自然和人文资源，兼顾现代科技内容来营造品牌发展点。

（2）更新、优化营销渠道，进行多层次、多样化宣传，从微信、微博、广播电视、网络等多方面进行。

（3）加强和其他旅游公司的资源共享，进行联合打造，延长产业链，实现共同发展。

（4）把握时代和市场的脉搏与趋势，加强对旅店的整体营销和发展的规划设计。

2．内优型战略举措

（1）合理规划和开发旅店，完善基础设施设备和运营机制的管理。

（2）加强员工队伍的服务意识培养和服务能力的提升。

（3）坚持可持续发展，实现绿色经营，减少浪费和污染。

（4）以自身优势为依托，促进特色化活动和项目的开展。

3．前瞻型战略举措

（1）探索发展新模式，寻找新的盈利增长的市场客源，进行产业化运营。

（2）打造旅店的新媒体部门，努力建设和维护网络信息数据库。

（3）吸入更多有经验的管理人才，不断加强对管理人才的更高培训，以高效有力的管理模式带动旅店发展。

三、乡村旅店的经营文化内涵

（一）品牌愿景

漫时光乡村旅店，旨在创造独特的乡村民宿体验，实现旅店的精品化打造。主要致力于以高质量的旅游吸引物和人文服务，给顾客提供一个"远离尘世喧嚣，静听闲适优雅"的休闲游玩的环境，价格适宜的住房，地域特色的餐饮，活动内容丰富的项目，时刻向顾客传递一种漫步时光休闲，家外之家的亲切感，实现对顾客的关怀。

（二）品牌价值观

漫时光乡村旅店的品牌价值观总结起来就是"特色休闲、温情服务、漫步时光、归家之处"，其主要体现的就是给顾客一种即视的归家之感。这里有特色的游玩项目，待客的温情服务，贴心的周到细节。漫步时光，享受闲暇时光的惬意，非家但似家的归属感娓娓而来。

（三）品牌使命

塑造品牌知名度、美誉度以及员工满意度的同时，更赢得顾客的满意度。通过打造漫时光乡村旅店，从而实现重庆地区精品化乡村旅店的打造，为进一步实现区域间民宿行业的强强联合形成示范效应。

（四）品牌价值目标

第一阶段为实现市场份额目标，包括客房出租率和旅游项目的利用等；第二阶段为实现利润、收益最大化，稳定资金，达到回流；第三阶段为细分更多的区域市场，寻找更多的市场开拓点，形成连锁发展效应，实现漫时光乡村旅店的品牌价值最大化发展。

四、结语

重庆地区近年来发展十分迅速，迎合时代发展的高潮，各大企业之间的竞争也是日趋明显。而漫时光乡村旅店要想在该地区成功实现精品化打造，进行差异化营销经营，就必须要充分了解自身的优势与劣势，在考虑到内、外部环境条件下，进行上述所示的一系列定位设计，加以相应的措施和计划改造，由此来实现精品化打造的目的。不仅如此，品牌的塑造上也体现了巨大的作用，塑造强有力的品牌来吸引消费者，满足和达到其合理需求也是至关重要的。所以既要把握内部运营情况，发挥内部优势，结合旅店的文化内涵进行建设和品牌塑造，同时也要丰富营销方式和渠道，扩大宣传力度，迎合时代趋势，凸显出同一区域乡村旅店的差异，进而实现差异化营销和精品化乡村旅店的打造。

参考文献

[1] 刘玉霞. 基于swot分析法的乡村酒店发展及对策研究 ——以北京市昌平区为例[J]. 农村经济与科技，2011，22（10）：49.

[2] 邱富军. 基于物联网技术的智慧乡村旅游发展策略研究 ——以泸州市为例[J]. 企业技术开发，2016，35（9），117.

[3] 周兰芳，贺江华. 我国乡村旅游发展总体情况及政策建议[J]. 旅游管理研究，（下半月刊），2014（10）：61-62.

[4] 朱虹. 苏州乡村旅游发展中的问题与对策与研究 ——以旺山生态园为例[D]. 南京：南京农业大学，2012.

[5] 陈娟娟. 重庆乡村旅游发展与体验旅游研究[D]. 重庆：重庆师范大学，2012.

[6] 魏俊巧. 郑州市惠济村乡村旅游发展研究[D]. 郑州：河南大学，2015.

浅谈员工满意度对酒店业发展的作用

陈晓方

随着中国经济的飞速发展，服务业已成为当今发展最迅速的领域之一，服务行业间的竞争也愈加激烈。服务业除了向顾客提供有形产品，更要提供无形的服务。影响一个企业经济发展的要素很多，但"人"的管理是关键，酒店业作为最典型的服务行业之一，员工的服务质量更是很大程度上决定了酒店的利润。本文在于通过对酒店业中员工满意度的概念和对酒店发展的作用的研究，提出提高员工满意度的方法，旨在为企业带来更大的经济效益。

一、员工职能的重要性

酒店是一个盈利性组织，在发展的过程中追求的往往是利润最大化，这就导致企业容易把全部精力放在顾客身上，注重"顾客就是上帝"，却忽略了员工的重要性。服务是一方向另一方提供的基本上是无形的任何活动或利益，这便决定了服务人员与顾客接触过程的重要性。员工是直接与顾客接触的对象，一个酒店有若干员工，她们的举止行为直接代表了酒店形象。员工的表现很大程度上决定了顾客对该酒店的印象。在与顾客接触的过程中，通过员工表现出来的礼仪端庄，和蔼可亲，技能娴熟的形象直接呈现在顾客面前，能够在很大程度上提升顾客对该酒店的整体印象，作为消费过后顾客评价是否满意的一项重要因素，加大顾客再次消费的可能性。员工是管理者与顾客间的桥梁，能够最直接的与顾客接触，酒店想要更好地服务于顾客，就必须利用好员工这一载体。只有当员工满意后，才能更好地服务于顾客，使顾客感到满意。

"海底捞"的服务曾一度被称为"地球人拒绝不了的服务"，这与其员工的服务密不可分。张勇在谈海底捞开店问题时说道：我们不多开店，不是因为没钱，而是缺少合格的人。为了品质，没有合格的员工就不开店。在海底捞，每一名业务成熟的服务员，都是经过一星期的基本培训，再在所有的岗位上轮流做一番，才能成为一名合格的服务业。培养出一个业务熟练的服务员，需要一两年的时间。海底捞十分重视服务员的质量，培养出的服务员都具有较高的素质，在与顾客直接接触中，给顾客留下了深刻的印象，凡是去过海底捞的人大都对其服务赞不绝口，这正是海底捞能拥有大量忠诚顾客、长远发展的最重要原因。

二、员工满意度的概念

满意是一个相对的概念，员工满意度是指一个员工通过对企业的感知效果与自身期望相比较后的感知满意程度，以及员工对其自身需要被满足情况的感知活动。满意，即指意愿得到了满足，当自身的期望被满足时，员工便会感到满意，从而更积极主动地工作；自身的期望基本被满足时，员工便会感到基本满意，愿意按照以往的工作方式继续工作；当然，当所有的期望的不被满足时，员工就会感觉到不满意，便会不愿意继续工作，甚至选择跳槽。

三、员工满意度对酒店发展的作用

（一）员工满意是酒店顾客满意的前提

酒店业的管理核心内容是人本管理，即以人为中心的管理思想，这便要求酒店管理好自己的员工。员工的满意度与员工的服务质量是密不可分的，而员工的服务质量很大决定了顾客的满意程度。只有当员工对企业感到满意时，才会用心服务，才能使顾客满意。企业只有提高员工的满意度，才能激发员工的工作热情，员工才会用心地去完成自己的工作，才会使顾客满意，从而为企业未来的发展谋取利益。员工的满意度越高，提供的服务质量就会越高，顾客的满意度则越高。

（二）员工满意能为酒店带来长期的经济效益

Rucci（1998）对美国希尔顿公司研究发现，员工满意度提高 5%，就会提高 1.3% 的顾客满意度，同时也提高 0.5% 的企业业绩。因此，员工满意度的提高更能使员工提供优质的服务，从而为酒店带来长期的经济效益。

1. 能为企业带来长期稳定的收入

当酒店员工提供的服务使顾客达到多次满意后，便会实现顾客忠诚，顾客会长期选择和重复购买同一家酒店消费和购买该酒店的产品，这会给酒店带来一定的较稳定的收益。顾客的忠诚度越高，顾客就会保持得越长久，为企业带来的收益也就越高。美国哈佛商业研究报告指出，多次光临的顾客比初次登门者，可以为企业带来 20% ~ 80% 的利润。而这些忠诚的顾客正是来自于酒店一次次让顾客满意的服务，这些忠诚的顾客群体一旦形成，一般不会在短时间内改变。企业在不断壮大规模的过程中，企业忠诚的顾客在一定程度上减缓了同行企业间的竞争，也降低了企业吸引新顾客的成本。

2. 能为企业创造良好的口碑

员工提供的优质的服务，能使顾客在酒店消费更容易达到很满意，顾客会很乐于向其他顾客推广宣传该酒店，对其他顾客产生影响，从而为该酒店提供更多的消费者，增强该酒店的市场竞争力。

3. 能让顾客包容酒店的偶然过错

在顾客消费的过程中，失误是在所难免的，当酒店的服务让顾客感到很满意时，顾客在面对酒店的失误时更会选择包容。例如在饭店中，当服务员不小心将菜倒出餐盘外时，若是该酒店的员工服务不好，就很可能会给顾客留下不好的印象，从而在下次消费时不会再选择该家酒店。但若是该酒店的员工服务周到，让员工感到了满意，顾客已经在脑海中对该酒店留下了好的印象，小小的失误往往不会改变自己的看法，在下次仍然会选择该家饭店消费。

（三）员工满意能保持酒店员工的稳定性，减少酒店的内部支出

员工满意有利于增强员工的忠诚度，保持员工的稳定性。员工不满意不仅会因为提供低质量的服务而使顾客流失，更会使企业的员工流动大，员工频繁跳槽，此时酒店则需要花费大量的资金和精力招聘和培训人才，对酒店文化的建立和酒店凝聚力同样不利。

四、员工满意度的提高方式

根据马斯诺需要层次理论，人们从低到高具有生理需要、安全需要、社交需要、尊重需要和自我价值实现的需要。人们的需求具有多样性，在不同的生活阶段需求也不同，因此，要使员工满意度提高，就要发现并满足员工的需求。

（一）提高薪酬福利

薪酬福利是影响员工满意度的最重要因素。员工每月辛勤工作，旨在提高个人生活水平和企业效益。作为回报，在全心全意投入工作后，理应得到相应的回报。处处为员工着想，提高薪酬，发放津贴、为员工提供好的培训条件，定期举办有利于员工提高自身素质和身心健康的活动，创造更好的晋升机会，都能提高员工的满意度。

（二）增加与员工间的沟通

每个员工都会希望自己能够得到上级的理解，管理者与员工增强情感交流，增加与员工间的沟通，重视员工提出的意见，让员工参与决策，能够增加员工对企业的认同感，让员工知道企业对他们的认可，能让员工从内心里感受到自己受到了尊重。当员工提出的意见多次不受到重视时，就容易引起员工的不满。有效的沟通不仅使企业的目标、方针能被员工更好地理解，也能使酒店内部各项工作更好地得到协调。

（三）关心员工

员工在付出劳动的同时，也会希望得到关心和尊重，管理者应把每一个员工当成是酒店大家庭中的一员，管理者在员工取得优秀成绩或进步时给予员工激励和支持，设置适当的奖励措施，强调员工与企业共进退的关系，唤起员工对企业未来发展的憧憬，使员工看到自己未来的希望，能让员工感受到自己是企业的一员，有利于提高员工的归属感，不仅能调动员工的积极性，也在一定程度上提高了员工的满意度。

（四）与员工一起承担责任

在服务过程中，出现差错是不可避免的。员工犯错时，管理者也存在着间接责任，管理者不能一味指责员工，这时管理者应冷静下来，仔细分析出现问题的原因，与员工共同承担责任。

五、总　结

我们可以得出这样的结论：顾客的满意度直接决定了企业未来的发展和利润，而这些使顾客感到高满意的服务，正是由员工尤其是一线员工直接提供的。而员工提供高质量服务的前提，正是员工的满意度。因此，企业想要获得长期的发展，首先要提高员工的满意度。员工满意度的重要性应该被越来越多的管理者认识，并成为酒店业管理中的重要工具。

参考文献

[1] 李怀斌，周学仁，安昊明. 市场营销学[M]. 3 版. 大连：东北财经大学出版社，2014.

[2] 袁亚忠. 酒店服务质量与顾客忠诚[M]. 北京：经济科学出版社，2012.

[3] 刘涛，柳敏. 酒店管理原理[M]. 天津：南开大学出版社，2013.

[4] 李平，刘翠华，阳玉浪，张小芳. 内部营销，员工满意，服务质量与顾客满意关系研究[J]. 财经理论与实践，2009，30（160）：2

人文地理与城乡规划

关于加强生态学应用于城市建设的思考

杨冰涵

自改革开放以来，国家全面推进城市化进程，在致力于国家经济发展的同时，必定存在着发展电业、商业、工业和房地产等行为。一方面发展这些行业确实加快了我国的经济发展，但同时也带来了一系列的生态污染和环境问题。更存在着某些城市只顾短期经济的发展而忽视长期环境利益的行为，从而引发了一系列的资源浪费、资源短缺、资源分布不均匀和生态环境被污染的问题。长此以往，这种行为不仅会影响我国经济建设的健康发展，更会影响我国在国际上的声誉与地位。因此，加强生态学应用于城市建设，已经是一项迫在眉睫并且值得引起广泛关注的任务。

一、我国生态学应用于城市建设中存在的问题

近年来，我国的生态学在城市建设中的应用得到了空前的发展，但仍存在着一些不可忽视的问题。

（一）经济利益与环境保护的冲突

社会消费的转型，从农业经济到现在的商品经济，各行各业的持续发展，使控制环境污染和生态破坏的难度加大。并且市场经济追求的是市场利润，针对的是少部分人的利益，因此，各行各业都企图追求更高的利益，而忽视了自身的发展对生态环境的破坏。例如：电子业的发展，随之而来的是各种金属的污染；汽车行业的发展，随之而来的就是滚滚的汽车尾气的排放；房地产的开发，随之而来的就是乱占耕地、破坏植被。

（二）先进的生态理念在实践过程中没有充分考虑当地的社会经济发展情况。

每个地区都有其独特的经济发展模式，一味只考虑生态环境的建设而忽视当地的发展情况是会受到大部分本地居民抵触的。这样的做法，无论生态理念多么优秀，也得不到大多数人的支持。

（三）生态意识薄弱，未树立危机意识，全民参与度不高

人口众多，且人口发展速度过快，大家的环境保护意识薄弱，认为自己破坏一点点环境不会造成什么大问题，所以对环境保护问题关注度不高、积极性不够。更有的人抱着有钱便移居国外的想法，企图逃避国内的环境污染问题。所以如此恶性循环，致使大多数人置身事外。

（四）生态城市的理念仍在探索之中，大规模的实践项目相对较少

因为生态工程是近几年才发展起来的，所以在这方面的专业型人才偏少，学科的研究不够。没有进行太多的实践，导致我国在生态城市的建设上经验不足。国外虽然有不少的成功案例，但是目前我国是发展中家，政府在生态建设上的资金投入少于其他的发达国家。再鉴于我国的国情，导致国外许多先

进的理论并不适用于我国。

二、我国生态学应用于城市建设中存在的问题

目前，在将生态学应用于城市建设中存在许多问题，究其原因有如下几点。

（一）生态保护宣传力度不足

人们对生态保护意识薄弱，除了自身认知水平有限，不曾涉足关心过一个良好的生态环境对人类的成长发展起着怎样至关重要的作用外，还存在丰社会风气和周围环境的影响。在当今这个社会，多媒体技术应用广泛，但人们大多利用多媒体技术进行商品一类的宣传，广告大多都是宣传一些商家的商品，以期得到更大的利益。很少有关生态保护的公益广告。另一方面，社会风气浮躁，甚至在一些人的眼中，金钱至上，部分行业为了金钱，不惜牺牲环境，因为在他们的眼中，并不觉得这样的做法有什么不对。

（二）生态环境制度建设不周全

中国环保已经强调，行政主导的政府来发挥主导作用。从近年来的发展趋势来看，中国环保行政主导的政府已经呈现不断加强的趋势。目前，在环保重点工作加大环境执法力度，更加鲜明的特点的环境行政主导的行政主导的过程，有其优势，如效率高，能够适应中国的生态环境是复杂的特点，但其局限性也很明显首先，它主要适用于污染防治，保护自然资源和生态环境建设是另一回事；其次，行政主导的政府有严格的隶属关系，很容易出现部门分割，破碎，无法形成一个有机的、联结的整体事业体制的混乱。

（三）社会公众参与度不高

传统观念认为，经济靠市场，环保靠政府。一个城市仅仅依靠政府的管理是空洞，所以需要调动广大人民的积极性，给他们树立一个"美好的环境靠大家努力"的观念，因此，以人为本的管理理念十分重要。关注民意、民愿，将建设一个有质量的生态城市放在首位，多多听取民众的心声，再结合先进的生态理念，就可以调动社会公众的积极性。

（四）一味追求城市化的速度，而不注重质量

一些地方政府在推进城市化的进程中，往往急功近利，为了早出政绩，快速改变城市形象，吸引大量劳动力，所以花重金大搞所谓的献礼工程、形象工程，不尊重客观规律，不结合当地的社会人文环境、自然地理环境、经济环境，一味地追求城市建设的速度化，而这样的做法往往得不偿失，不仅不能建设出一个生态城市，反而白白地损耗了大量的物力、财力、劳动力。

三、加强生态学应用于城市建设中的措施

（一）利用多媒体技术，加强生态城市的宣传

在这么一个高度信息化的社会，我们可以利用微博、公益广告等网络平台，进行关于生态城市建设的宣传。通过国民教育，使生态意识根植于小朋友的心中，并且通过耳濡目染、口口相传，调动社会公众关于生态城市建设的参与积极性。让人们知道生态保护不仅需要政府的管理，更需要我们社会广大人民的参与。

（二）完善生态环境建设的制度

我们可以从源头加强人们对生态学应用于城市建设的重视度。因此，作者认为我们可以依据源

头按建立严格的监管、责任到个人、后果严惩的思路制定相关制度。当地环保法规享受地方当局和地方行政机关立法，发展当地的环保法规和规章，它的主要手段是环境保护纳入法治的轨道，实施国家环境保护法律、法规和当地环保管理的重要保证措施。当地环保法规必须有强有力的环境管理，突出重点，兼顾指导思想，坚持环境管理服务中心的环境保护工作，特别是重点环境保护法规，其遵循以下原则：

（1）建立环境立法的原则，制度，如前所述，国家环境立法，有一个环境污染控制规范和保护生态资源的缺陷，污染防治立法有一个重点，而忽视了生态环境保护立法的现象，这相当于当地环保法规，从而在实际工作中的重污染预防和控制光保护生态环境，缺乏全球考虑环保工作，坚持环境立法的原则，在当地法例要求，利用生态的角度来看，认为作为一个有机体的生活环境和生态环境，为了保护生态环境，防止污染和各种灾害规范环境管理体系组成，标本兼治。

（2）加强污染问责制的原则，进一步明确和加强污染者的法律责任。地方立法应成为国家立法的践行者和责任体现，谁污染谁治理，一直是环境保护的基本原则，在市场经济体系中，主力球员在市场趋利，往往使一些企业宁愿因为眼前的短期经济效益被罚款，也不去控制污染，因此，加强地方环境立法已成为必不可少的加强污染者的责任的举措，应该说是体现在环境法中的权利和义务的原则。

（3）坚持现实和推进的原则，由于不同地方的污染是不一样的，环保的具体任务也不一样，这就需要地方立法基于当地实情，坚持以国家立法为原则，与当地的灵活性相结合。总结性的立法往往具有显著的滞后性，地方立法应在科学预测的基础上提前立法，以弥补国家立法的滞后性，提高执法和司法的力度。

（三）加强我国对专业人才的培养

加强高校对生态学这一门课程的重视度。在校期间，多举行生态实验课程。同时我国可以委派一些品学兼优的学生去国外学习，或者与国外的一流大学开启交换生项目，吸取国外先进的生态理念，学习国外的经验。

（四）重视理论，同时也要专注于实践

在重视理论学习的过程中，我们也不可以忽视实践。经验源于实践，虽然就目前的情况而言，我们缺乏大项目的实践经验，但是我们可以从小项目入手，从小项目中学习汇总。按期组织该方面优秀的学者进行课程研究，并开展奖励制度，对于在生态城市建设中取得一定建树的学者进行奖励，调动大家关于生态城市建设的积极性。

（五）调整产业结构，加快社会消费的转型

将我们的重工业搬出主城，并调整该地的消费类型，转移重心。使生态城市的建设与该地的经济建设有机结合。产业发展是城市发展的一个重要问题，它关系到城市定位和城市整体发展目标。21世纪城市发展进入了一个新时代，不同区域、不同性质、不同工业化水平的城市，产业结构将有明显区分。21世纪中叶，是中国城市实现现代化战略目标的关键时期，首先要实现传统的产业革命，完成工业化任务，同时在世界高新技术革命浪潮下，要迎头赶上新技术革命。为了实现这个双重任务，一方面要用新技术来改造和发展传统产业，使其获得新的生命力；另一方面要有重点、有选择地发展高新技术及其产业群，占领若干高新技术领域的制高点。

参考文献

[1] 解振华. 完成跨世纪的环保任务[N]. 科技日报，1999-09-28.
[2] 刘东强. 我国环境问题的现状及原因分析[J]. 辽宁经济，2006（02）：37.

走马民间故事的保护

王美凤

　　非物质文化遗产是中华民族优秀文化的重要组成部分，它是弘扬中华文化、建设中华民族共有精神家园、促进经济社会与人全面发展的宝贵资源。走马古镇北属巴县、西临璧山、南接江津，有"一脚踏三县"之称，是重庆通往成都的必经之地，是成渝路上的一个重要驿站。正是因为当时它的地理位置，许多人到了那里必须在那驻扎，这样来自各个地方的人就会在这里形成一种信息文化交流，以摆龙门阵、讲故事为乐。长此以往，走马的民间故事一代传一代，成为了民间故事之乡。但是随着城镇化进程的加快，走马民间故事赖以生存的生态环境正在发生着深刻的变化，保护与利用走马民间故事的工作亟待加强。

一、走马民间故事价值

（一）历史传承价值

　　从根源上来说，走马民间故事是"一种集团或个人的创造，面向社会并世代流传。它反映了这个团体的期望，是代表这个团体文化和社会个性的恰当的表达形式"。走马民间故事中深深蕴藏着所属民族的文化基因、精神特质，这些是在长期的生产劳动、生活实践中积淀而成的民族精神。虽然走马镇的民间故事很多是虚构，但是这些故事往往折射出许多深刻的道理，它教会人们正义、宽容、孝顺等。如图1所示。

图1

（二）科学认识价值

　　走马民间故事作为历史的产物，反映了历史上不同时代生产力发展状况、科学技术发展程度、人类创造能力和认识水平。

（三）审美艺术价值

　　审美艺术价值决定着非物质文化遗产价值体系的价值取向。走马民间故事的审美艺术价值主要表现在：① 走马民间故事中积聚了无数人的阅历，能深深吸引人们或是触动人们的情感。② 走马民间故事中有大量的文化艺术创作原型和素材，可以为新的文艺创作提供不竭的源泉，当代许多影视、小说、戏剧、舞蹈等优秀文艺作品就是从中孕育而出的，很好地发挥了非物质文化遗产的审美再造功能，充分利用了其审美艺术价值。

社会和谐价值是非物质文化遗产价值体系的价值目标。走马民间故事的社会和谐价值主要表现在：① 人类是群居的社会化动物，个体都有一个适应集体、融入社会的过程，而走马民间故事的传播会促进人与人之间的交往，使得人们掌握这个社会群体的文化，拥有相同的价值观。② 在保护、传承走马民间故事的过程中，通过对走马故事中美好向善的伦理道德资源和内容撷取、展示、宣扬，将会极大地助益于我们当今的和谐社会建设。

（四）经济开发价值

走马民间故事的经济开发价值主要表现在：通过对走马民间故事的经济开发可以促进走马镇的经济发展。财政收入增加后，走马镇就有条件加大对走马民间故事保护资金的投入力度，扩大宣传力度，加大对走马镇的基础设施建设，给走马民间故事的传承人提供更好的传承、保护、创新条件，给当地居民提供更好的生活条件。

二、走马民间故事现状

2007 年"走马镇民间故事"被国务院列入首批国家级非物质文化遗产名录，同时进入重庆市第一批省级非物质文化遗产名录，为其中唯一一项民间文学类非物质文化遗产。

全镇民间故事家共 316 人，能讲 1 000 则故事的有 2 人，能讲 500 ~ 1 000 则的有 3 人，能讲 200 ~ 500 则的有 10 人。截至去年 4 月，走马镇已成立镇文联以及戏剧曲艺、故事讲述等 4 个协会，出版《走马民间故事 2》2 000 册、《走马谜语故事》1 000 册、画册《走马岗》2 000 册，培育本土文艺人才 30 名。

在传承文化艺术方面，以走马曲艺骨干为班底，整合辖区曲艺文化，汇聚众多曲艺工作者，组建了走马曲艺文化艺术团，定期举办走马故事讲述培训班，提高故事讲述员的技艺。每月 8 日、18 日、28 日，在关武戏楼举行茶园故事会，集中展示走马故事、山歌、金钱板等曲艺节目，占据故事文化传播阵地。如图 2、图 3 所示。

图 2

图 3

三、走马民间故事生存困境

为了加大民间故事的保护力度，深入开展走马文化的抢救、发掘、传承和保护工作，近年来，建立了以国家级非遗传承人刘远扬，市级非遗传承人吴文、朱伟、陈富其，区级非遗传承人刘万能、赵大青为骨干的民间故事传承梯队。尽管如此，要使走马民间故事的传承得以延续仍然面临着巨大的挑战。

（一）文化生态环境的改变

随着现代工业文明、网络信息化时代的到来，支撑"走马民间故事"生存和传播的环境正在瓦解。首先是铁路、公路和高速公路的出现，马帮逐渐退出交通要道，驿站早已不再，走马民间故事的产生环境遭受破坏。其次是随着城市化的进程，以工业社会为背景的都市文化的兴起对处于大都市近郊的场镇文化带来较大的影响，走马民间故事传习场所门庭冷落，使得以人为载体、口耳相传的民间故事受到较大冲击。即使是传承人在茶馆讲解故事的日子，茶馆的上座率也大不如前，而且大多数茶馆的聆听者都是一些年事已高的长者，很少能够看到年轻人。除此之外，与以前人人都会讲故事和人人都踊跃上台表演的情况大不相同的是，现在只有传承者和少数老者还愿意上台表演。

（二）传承乏人

1. 非物质文化传承人的收入较低，面临人才断档危机

首先由于走马民间故事的市场萎缩，大多传承人的收入较低，很多人迫于生活压力，纷纷改行；其次是政府法定的传承人有限，没有成为传承人的当地居民不愿意主动去承担没有报酬的传承工作。

2. 非物质文化遗产保护与利用的意识淡薄且存在误区

人们对非遗的认识非常有限，对非遗保护的法规、政策了解很少，对保护工作的重要性和紧迫性缺乏足够认识。当地很多居民没有意识到走马民间故事的价值，更没有意识到走马民间故事正面临失传的危机。有的人即使知道走马民间故事的价值，但是由于自己不是传承人，而认为传承走马民间故事的任务与自己无关，保护和继承走马民间故事只是政府和传承人的责任。

3. 传承人年纪偏大，年轻人兴趣缺乏

首先是现有的为数不多的一些传承人因年事已高，每年能够创作的故事不断减少，每年能够付出精力进行传承的次数有限；其次是传承人的子女及年轻人大多不愿继承，还在学校的学生由于学校强制性的要求，大多数人并不感兴趣甚至会产生反感，虽然知道了，但是并没有用心去学、掌握其精神。致使走马民间故事的传承面临人才断档、后继乏人的危机。

（三）走马民间故事缺乏有效推广与应用

虽然重庆市政府对走马民间故事做了很多的宣传，制作了专题节目和网页，央视也拍摄了与走马民间故事有关的纪录片，但是效果都不尽如人意。甚至很多重庆本地人都不太了解，更谈不上其他省市的人了。

四、走马民间故事的保护与利用

（一）保护目标

首先是提高走马民间故事的知名度，使更多的人能够了解走马民间故事。其次是使走马民间故事在城市化进程不断加快的过程中完好地生存下来，成为我国珍贵的文化遗产中重要的组成部分，增强重庆市的文化底蕴，并且能够生生不息，一代一代地传承下去。

（二）保护原则

（1）"有形化"原则。通过收藏、录音录像及口述记录等方式将走马民间故事保存下来。

（2）以人为本原则。将走马民间故事的传承人作为非物质文化遗产保护的重点。

（3）活态保护原则。为走马民间故事的传承人营造出一个更宽松、更适合其成长的生态环境。

（4）民间事民间办原则。民众是遗产的主人，应该调动他们的积极性，政府主导，民众主体。

（5）保护与开发并重原则。在保护的基础上，对非物质文化遗产实施有限度的可控开发。

（三）保护手段探究

1．走马民间故事的保护

1）馆藏式记忆保护

通过收藏、录音录像及口述记录等方式将走马民间故事保存下来，按民间文学的科学分类编排、扫描、录入，并继续征集留存在各地基层文化机构和个人手中的民间文学资料，放置在图书馆或博物馆珍藏。并在此基础上编排各民族民间文学资料库，设计科学简便的检索体系与功能，方便人民群众查阅。

2）民间故事的数字化

相关部门可以制作"走马镇民间故事"专题网页，通过短片的形式，记录走马民间故事的代表作品，可以直接点击在线观看。让人们足不出户也能聆听到走马民间故事的魅力，给人们另一种直观的讲述感受。

3）动漫艺术与民间故事的契合

把走马民间故事改编成为动画片，而动画片的主要受众为少年儿童，把走马故事作为动画片的剧本，以计算机三维图形技术为创作手段来完成3D角色，更完美、更巧妙地塑造有灵魂的3D动画，力图实现审美上的"视觉真实"。不仅适应本土小观众的接近性审美需求，也能获得非本土小受众的欣赏和共鸣，即获得本域与广域受众的欣赏和共鸣，使少年儿童在不知不觉中主动承担起传承的责任。

4）生产性保护

将走马民间故事作为资源转化为生产力和产品，投放到市场上，进行流通和销售，产生经济效益，并促进相关产业发展，使走马民间故事在生产实践中得到积极保护，实现非物质文化遗产保护与经济社会协调发展的良性互动。将走马民间故事中的传统生活场景、历史事件等抽象性的文化内容通过绘画、雕塑等艺术形式展示出来，借以生动地还原和再现历史，使民众可以很容易地联想到当时故事中的场景。

2．保护传承人

1）启动非物质文化遗产传承人考核制度，签订协议

故事传承人、讲述者、研究者、地方文化工作者等，这些围绕着走马民间故事的讲述生命而共同形成的群体，是能够促使走马民间故事发展、为其提供保障的特殊群体。启动非物质文化遗产传承人考核制度，与他们签订协议。在协议中对于传承人所带徒弟的数量，所传授的内容要定期进行问询，年终进行考核测评。如果在这其中，传承人敷衍了事，态度不认真，传承人的资格将被取消，并给予一定的处罚；反之，如果所收徒弟的技艺达标，传承人将获得额外的经济补贴。

2）传承人培养和选取

现有传承人年纪偏大，无年轻传承人，容易出现后继乏人的危机。在进行传承人的培养时，相关部门应该改革培养方法，加大对走马民间故事的宣传，增强当地居民对走马民间故事的自豪感；与学校建立合作关系，培养年轻人对走马民间故事的兴趣，调动人们自觉保护走马民间故事的积极性，使其能够自觉的加入走马民间故事的保护和传承队伍之中；在进行传承人的选取时，注重对有能力和才华的年轻人的选取。

3）提高传承人的待遇

现在的传承人年纪偏大的很大一部分原因是由于传承人工资偏低引起的。相关部门应该提高传承人的待遇，使传承人不至于因为生活压力放弃传承人身份。政府可以出台相应的鼓励措施，例如通过举办故事创作比赛，给予获奖者一定的资金鼓励，无形之中培养他们对走马民间故事传承的兴趣，吸引更多的人自觉加入传承队伍之中。

4）生存环境保护

随着城市化进程的加快，走马民间故事的生存环境受到了严重的威胁。因此在进行走马民间故事的保护时，不仅要保护故事本身和传承人，还要保护其生存环境。在进行旧城改造的时候，不应

该一味地大拆大建，应该保留走马镇的老街区，对已经出现损坏的建筑进行修缮，特别是那些茶馆建筑。走马镇已经不再具有驿站的功能，失去了走马民间故事产生的环境。因此，在保护的时候我们应该尽量保护其传承的环境不受破坏。保留那些茶馆建筑，使人们在闲暇之余能够坐下来喝喝茶、听听故事。

五、结 语

随着社会经济的发展，走马民间故事面临着的失传危机越来越严峻，需要有关部门加快步伐，加大力度保护走马民间故事。同时，更需要当地居民，自觉加入走马民间故事保护的队伍中，更好地传承走马民间故事，使之能够永远闪耀在中华辉煌文化宝库之中。

参考文献

[1] 张思镜. 新乡非物质文化遗产保护和利用的对策[J]. 河南科技学院学报，2016（5）.
[2] 张万仪，刘高. 国家非物质文化遗产"走马民间故事"的动漫传播与传承[J]. 湖北民族学院学报，2015（6）.

南岸区公租房满意度调查分析

李 梦

随着经济的飞速发展，重庆市南岸区近五年来的新增常住人口近 30 万，面对日益增加的人口压力和住房压力，公租房已然成为解决这些问题的一个重要举措。文章将从受益群众的角度出发，对南岸区公租房建设各方面进行综合分析，构建满意度模型，对影响南岸区公租房需求的因素进行相关分析，为构建阳光、优质、公平、可持续的保障住房体系提出建设性的意见，从而提高重庆市南岸区的公租房出租率。

一、数据来源与信度、效度分析

（一）数据来源

本文以重庆市南岸区公租房内人群和潜在住房需求者为调查对象，于 2016 年通过问卷形式对南岸区公租房需求情况进行调查，对已租住人群和需求人群分别设计问卷，共发放问卷 75 份，实际收回 71 份，有效问卷为 67 份。

（二）问卷的效度分析

通过对选项进行赋值，对两份问卷调查结果进行整理。为了确保问卷内容设置的合理性和分析结果的可靠性，利用 SPSS19.0 软件对问卷进行信度和效度的检验。

效度是指实证测量，能够在多大程度上反映概念的真实含义。效度分析能够用来检验各分量表是否准确地反映出它要测量的概念。文章采用 SPSS 中提供的巴特利特球度检验（Bartlett Test of Sphericity）和 KMO（Kaiser-Meyer-Olkin）检验对原有变量之间的相关性进行研究。得到公租房内外的检验结果如表 1 所示。

表1 KMO 和 Bartlett 的检验

		公租房内	公租房外
取样足够度 Kaiser-Meyer-Olkin 度量		0.608	0.625
Bartlett 的球形度检验	近似卡方	112.142	134.120
	df	70	87
	Sig.	0.000	0.000

由结果可看出，公租房内外的 KMO 值分别为 0.608 和 0.625，均大于 0.5，而巴特利特球检验的 *p* 值均为 0.000，小于显著性水平，表明问卷效度满足要求。

（三）问卷的信度分析

信度分析是用来测量问卷可靠性与有效性的。信度表示的是问卷内部一致性的概念，即一个变量概念下，所有题目数的平均值。我们用 "Cronbach a" 系数来做此份问卷的信度分析。

学者 DeVellis（1991）认为，0.6 ~ 0.65（最好不要）；0.65 ~ 0.70（最小可接受值）；0.70 ~ 0.80（相当好）；0.80 ~ 0.90（非常好）；而我们的问卷测得公租房内外的值分别为 0.681 和 0.690，在 0.65 ~ 0.70 之间，其信度可以接受。如表2所示。

表2 可靠性统计量

问卷	Cronbach's Alpha	基于标准化项的 Cronbachs Alpha	项数
公租房内	0.681	0.751	15
公租房外	0.690	0.782	19

二、南岸区公租房住户满意度评价

（一）构建公租房住户满意度评价模型

对于住户满意度情况的评价，首先应构建公租房住户满意度评价模型，根据模型中的各个要素对实际情况进行分析。汪媛媛从消费者选择、住户期望、更新倾向以及住户属性四部分进行分析，构建顾客满意度的逻辑模型和结构模型，借鉴国内外 GSI 模型研究成果与其在住房领域的实践经验，构建公租房住户满意度模型，如图1所示[1]。

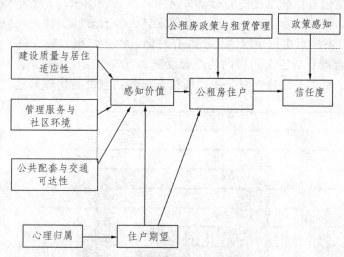

图1 公租房住户满意度模型

在这一模型中，公租房住户的满意度取决于住户的感知价值、对公租房的期望以及公租房所享有的政策和管理，并由满意度和政策感知得到住户对于公租房的信任度，由此从住户方面来诠释公租房在质方面的程度。而这一模型经过分析同样适用于对南岸区公租房住户满意度的评价。

（二）公租房住户满意度实证分析

根据构建好的公租房住户满意度模型，从表3列出的几个指标进行分析[1]：

表3 指标

建设质量与居住适宜性	居住面积 户型布局 配套设施（公租房内）
管理服务与社区环境	环境卫生 物业管理 人口复杂性
公共配套与交通可达性	交通条件 公共配套设施
政策与租赁管理	租金水平 租金稳定性 政府行为的透明度

1．公租房住户总体满意度分析

根据问卷调查的结果，可得住户对南岸区公租房的整体满意度，如表4所示。

表4 南岸区公租房整体满意度统计表

满意程度	很满意	比较满意	一般	不满意
百分比	0	52.4%	33.3%	14.3%

由表4可知，有52.4%的住户对公租房比较满意，33.3%的住户觉得一般，剩下14.3%的住户并不满意公租房，填问卷的住户中无人对南岸区公租房很满意的。通过这个结果，可以看出有一半的住户对公租房整体还比较满意，但整体满意度并不是很高，公租房在满足住户需求的方面还有待提高。

2．建设质量与居住适宜性分析

对于建设质量与居住适宜性满意度的分析，将从住户对居住面积、户型布局和公租房内的配套设施三方面进行分析，结果如图2所示。在公租房的面积安排上，有60%的住户反应安排比较合理，能够满足日常生活，40%的住户不满意所住房屋的大小，有些拥挤；在户型布局方面，70.5%的住户比较满意，说明户型安排还是比较合理；对于公租房内的配套设施，70%的住户很满意，30%的住户觉得配套设施并不齐全。三方面结合，可以看出住户对公租房质量与居住适宜性还比较满意。

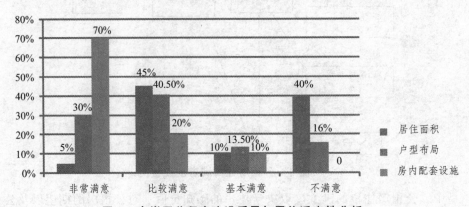

图2 南岸区公租房建设质量与居住适宜性分析

3．管理服务与社区环境分析

对于管理服务与社区环境满意度的分析，本文从环境卫生、物业管理和人口复杂性方面进行分析。经过调查，有 45.8%的住户觉得南岸区公租房环境卫生太差，在实地调查中，我们也发现，公租房内部卫生环境较乱；对于物业管理，住户们也反应并不满意，觉得物业不近人情；20.8%的住户觉得公租房内人员复杂。由此可见，在管理服务与社区环境方面，住户的满意度并不高，需要加大改善力度。

4．公共配套与交通可达性分析

本文从交通条件和公共配套设施两方面了解住户对于公共配套和交通可达性的满意度。在调查中（见图 3），只有 25%的人认为公租房的交通比较便利，而对于公共配套设施，51%的住户觉得比较齐全，满意度并不是很高。综合上述，住户对于南岸区公租房公共配套与交通可达性的满意度并不太满意。

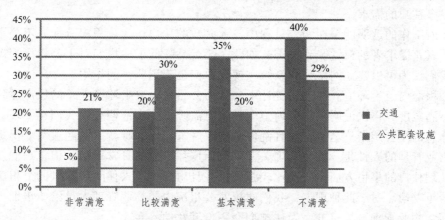

图 3　公共配套与交通可达性分析

5．政策与租赁管理分析

租金水平方面，如图 4 所示，80.1%的住户比较满意，但仍有 19.9%的住户觉得租金偏贵。对于租金稳定性的调查，几乎所有住户都觉得比较稳定。可是大多数住户觉得在公租房分配方面黑幕比较多，对公租房的分配并不能完全信任。

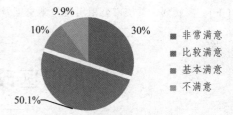

图 4　租金满意度调查

三、研究结论与对策建议

（一）研究结论

公租房规划建设是当前我国城市化发展面临的一大问题，我国保障性住房建设长期滞后。再加上重庆市的公租房是自 2010 年开始提出概念并进行建设的，2011 年首批公租房才完工，公租房投入使用的时期比较短。就南岸区公租房来说，公租房的建设和其他基础设施建设都比较完善，也有部分住户对公租房的环境卫生和公租房的管理条例不太满意。南岸区公租房的租住情况较好，只是公租房的宣传以及公租房的申请条件很多人都不了解，导致了很多具有居住公租房条件的人却没有居住在公租房里。

（二）对策建议

（1）加强公租房建设规划，比如总体的分布、用地规模、配建比例、配套设施等，要建立起规范的体系。

（2）加大公租房的投放力度，打破户籍限度，使之成为没有城乡差别性住房的主体力量。

（3）采取多方法的融资。因公租房福利性的特点，决定其与一般商品房价值取向性不同，尤其体现在公共租赁住房开发建设过程中融资渠道的单一化，特别是当前依赖于财政拨款、社会保障等纯政策性资金的投入，使得融资过程呆滞化、僵硬化。国际上，现在有 REITs，BOT，PFI，PPP，PIPP 模式，房地产证券化、住房保障税、委托、联合租赁模式、项目融资等，我国应财政拨款建立公共租赁住房专项资金，从住房公积金中提取适当比例转化成住房风险基金，建立公益基金，引入房地产信托业务，市场化融资，建立资金循环系统。

（4）建立可持续性的混合社区，高度重视公共租房的基础配套建设，真正方便居民。可以与中高档商品房混建，配套商业、文化、医疗设备，避免产生城市"贫民窟"，形成持续性的贫民文化循环。

（5）公租房租金设置。公租房租金水平，应由当地政府统筹考虑住房市场租金水平和供应对象的支付能力。但实践中，以市场价为基准。

（6）增加公租房住房面积和户型的多样性。在上述满意度分析中，可以看出，有将近35%的住户并不满意公租房的面积和户型的安排，他们认为公租房在这两方面安排缺乏多样性，增加这两方面的多样化，可以契合更多住户的需求。

（7）增加政府工作的透明度。在调查过程中，大多数的住户认为公租房分配并不公平，一部分购房者是有钱人，使真正需求者的权益受到损害。如此，无疑是降低了住户们对于公租房管理的信任度。对于此种现象，我们认为可以建立网络公开系统，使住户们也起到监督的作用。

（8）改善公租房内卫生环境。在上述统计中，认为公租房内卫生环境太差的住户达到了45.8%，是一个相当高的不满意度，再次说明公租房内卫生环境急需改善。实地调查中我们也发现，公租房内有些地方积水，供休息的小公园杂草丛生，并且乱停车现象严重，使本身就不宽的道路变得更加拥挤。

（9）加强物业管理的人性化。物业管理关系到公租房住户们的日常生活，但住户们反映物业管理很不人性化，在处理住户的事情方面，态度比较强硬，并且出现对于入住时所提供的公租房内配套设施的损坏还要住户给予赔偿。对于此种现象，我们建议对公租房内的物业管理人员给予培训，并且建立评分制度，由住户们为物业管理人员打分，为住户们交一份满意的答卷。

参考文献

[1] 汪媛媛. 重庆市公租房住户满意度及其影响因素分析[D]. 重庆：重庆交通大学，2015：29-37.

城市旧区改造对城市旅游文化的影响

——以重庆嘉陵桥西村为例

谭经伟

我国现代城市旧区改造中出现了偏重于外表改观，缺少对城市文脉、城市文化的注重等现象，城市旅游文化难以在经历改造后的城市旧区中体现，在城市旅游业蒸蒸日上的现代社会，城市旧区如何改造，通过怎样的机理影响城市旅游文化成为了本文研究的焦点。

一、城市旅游文化概况

旅游文化这一概念在1977年由美国学者罗伯特·麦金托什提出，他指出旅游文化概括了旅游的各个方面，人们可以通过它来理解彼此之间的生活与思想观念。而城市旅游文化近年来一直是旅游文化研究者集中研究的一个热点，城市旅游文化是一座城市的内涵与名片，是吸引各地旅游者的核心价值所在，是提升一个城市品质和形象的重要方向。

城市旅游文化有三个方面的特点：

一是开放性。随着时间推移与经济社会的发展，城市已经从内部居民的专属空间转变为与外部世界时刻接轨的开放空间。而城市旅游文化为了顺应这个特点，就必须要与其他外围城市或者区域保持一定的交流。在国际旅游如此发达的今天，在各国与各城市之间展示各自的城市风貌已经成为了城市旅游文化一种象征性标志。

二是经济性。旅游业追求吃、住、行、游、娱、购六要素。城市旅游在此基础上，也不断开展城市旅游文化新项目。城市旅游文化在城市的每一个角落，进而慢慢渗透成为城市经济不可或缺的一部分，经济功能显而易见。以哈尔滨为例，其独特的冰雪文化与啤酒文化每年都吸引了四海八方的旅游者前往，为哈尔滨市带来了巨大的经济收益。

三是特色性。这是城市旅游文化最重要的一部分，特色性是吸引旅游者前往的动机，城市旅游业的主要吸引力就在于一个城市的特色。文化是一座城市的灵魂所在，城市旅游在于旅游者可以在城市中欣赏到城市的旅游吸引物，记忆它们的标志性建筑，更能参与到当地居民之中，与当地住户交流，感受当地人民的风趣性格，感受当地的民风民俗，从中提炼出一座城市旅游文化的价值。

二、城市旧区改造研究

（一）我国城市旧区改造研究的现状

我国城市旧区改造一直是一个火热的话题。近年来，我国城市旧区改造有了一定的成绩。在我国城市旧区改造中，大多成绩都体现在物质环境的改变，而改造后的旧区，其人文环境及内涵底蕴基本都遭受了较大程度的破坏，城市旧区改造秉承着一种以美观为主的原则，而没有追从"原汁原味"的改造原则，这里的"原汁原味"指的正是城市文化，失去了城市文化的城市就像是一副躯壳，失去了原有吸引力，失去了城市文化及城市旅游文化的价值。著名城市规划师、设计师刘易斯·芒福德认为城市文化是一个城市通过自身时间与空间合成的丰富而复杂的交响变奏。这也说明城市文化是不断由历史积淀下来的，而大多数旧区改造都对这种文化有不小程度的破坏，新的城市旧区改造更应朝着"保留原真，整旧如故"的方向发展。

（二）案例借鉴——重庆嘉陵桥西村的改造

重庆渝中区嘉陵桥西村（简称嘉西村）因嘉陵江大桥而得名。著名爱国民主人士鲜英的公馆"特园"，其主体建筑"达观楼"常驻于此。抗战时期，"特园"是中国共产党领导下的爱国民主运动的重要活动场所。嘉西村存有宋子文公馆旧址，因美国总统特使马歇尔将军在重庆谈判期间在此居住，又称马歇尔公馆。嘉西村依山而建、临水而居，老街小巷高低错落、弯曲连绵，青石板、黄桷树、石栏杆，具有一派浓郁的重庆老城风味。

15年嘉陵桥西村被评为最美宜居小巷社区人气榜榜首，在评选中，市民对嘉陵桥西村的评价都可以融合为一句话，"这里的大街小巷，不仅环境优美，而且还很有文化味儿。"嘉陵桥西村，紧靠嘉陵江边，保留着历史遗迹。西村虽建在山上，建筑紧密，但管理井井有条，老人小孩怡然自得，邻里关系融洽亲密，和谐统一。嘉陵桥西村在整治中，既保留了浓郁的老重庆城市风韵，又富集了各种抗战、统战历史文化资源，新环境得到了很多市民的认同。

实地考察得知，嘉陵桥西村的改造是把"原汁原味"做到了极致，在原有的马歇尔故居和鲜英故居上建设青少年抗战文化教育基地，社区文化得到宣传与普及；构建抗战文化宣传栏，组织抗战文化宣传周等一系列活动，宣扬重庆的抗战文化，社区文化注入历史文化能量；鲜英历史事件引申而来的鲜味斋等鲜家宴与重庆饮食文化相结合，成为了嘉陵桥西村社区文化的调味剂。嘉陵桥西村保留了这些文化要素，杜绝肆意拆除旧的文化要素，保留了古建筑、青石铺地、条石栏杆等，为社区旅游文化奠定了扎实的基础，注重内涵与文化的结合表现，吸引了大量的居民与旅游者，为嘉陵桥西村赢下了不凡的美誉。

三、城市旧区改造对城市旅游文化的影响

城市旧区改造并不是简单的物质环境改造，城市旧区改造总是被误解成为建筑更新，忽视了城市文化脉络与旧区改造的结合，忽略了城市文化底蕴与旧区改造的结合，破坏了大量的人文环境，造成了城

市旅游文化的消沉。面对现如今城市表现出来的大拆大建、建筑雷同、缺失内涵等现象，注重城市旧区改造对城市旅游文化的影响已经变得尤为重要。一个好的旧区改造可以成为一个片区的名片，成为一个片区的集中点，吸引大量的旅游者与居民。如何通过城市旧区改造带给城市旅游文化更好的发展方向，笔者认为应注重以下几个要点。

一是旧区改造要秉持"以人为本"的原则，以人居为核心，只有关注当地居民的生活幸福感，才能达到吸引外部游客与外部居民入住的效果。上面提到的嘉陵桥西村就是一个典例，它在满足人们吃、住、行、游、娱、购的基础上，保护当地的人文环境，再强调人居舒适度，在各方面指标都领先于其他旧区改造甚至于新建小区，获得了最美宜居小巷社区的称号。

二是旧区改造要迎合"原汁原味"，不大拆大建，不表里不一，展示地域风味，区分开新城建设与旧区改造，尤其是旧区的民风民俗、历史典故、文物遗迹等，城市旧区改造必须尊重它原本的底蕴，也必须遵从它先前留下来的历史文化，以当地历史文化作为一种核心，在此基础上再进行修复、再生与保护，旧区改造当地的文化底蕴是城市建设中至关重要的因素，文化有了，社区氛围就有了，社区氛围营造了，城市品位也就提升了，城市旅游业得到一定程度的提升，城市旅游文化也会朝着积极的方面发展。

三是旧区改造要抓住轻开发、慢修复、重保护三个方面的内容。轻开发是指城市已经建成区域的重新建设，城市发展及其配套设施或多或少会对城市空间布局结构产生压力，促使管理者不得不对原有的建设区域进行改造与重建，而这些改造在以往总是以规模大、力度大著称，而轻开发是注重于力度较轻的整治与重建，轻力度的改造有利于城市中的归属感，居民不会从中感到陌生而失去安全感。慢修复是指一种区域原有部分的慢调整，重在改善这片区域的整体环境，城市更新理论就是属于这类改造理论基础的一部分，慢修复不是强调速率慢，而是在于修复中的精细，不破坏、不将就，在这类改造中，除了各个布局的改善外，还是对物质状态的一种延续和内部形态的延续，这种慢工出细活的做法不存在大面积的变迁，不会产生巨大的影响。重保护则是针对城市中旧区原有保存比较良好的部分进行保护性修缮。这类改造重在保护一定的历史文化价值，并通过此强化城市功能，增加区域旅游文化，进而影响到城市旅游文化。

我国很多旧的社区都可以学习嘉陵桥西村的社区改造模式，都可以通过以上三个方面的内容，加强旧区改造的规范，打造出具有人文魅力、历史文化、宜居环境的新时代新社区，提升整体社区质量、城市品位，达到影响整体城市旅游文化的目的。

参考文献

[1]　肖姣姣. 旧区改造对城市文化脉络的影响研究[D]. 上海：上海师范大学，2007（4）.

[2]　雷娜，李云燕. 基于文化策略的城市旧区更新设计[J]. 西部人居环境学刊，2013（10）.

[3]　裘亮，吕军. 社区发展理论视角下城市棚户区改造的思考[J]. 中共济南市委党校学报，2013（6）.

浅谈关于城市建设受多重因素的影响

朱芸婷

城乡规划专业培养具备城市规划、城市设计等方面知识的人才，在进行规划设计时，当地环境是一个要点。随着时代的发展，新中国在不断地步入小康社会，对于城乡的规划和建设也在不断增加。政府安排城乡发展建设，再结合保护生态环境，合理利用环境的特点，对当地进行区域化管理。在国民经济上升的过程中，对于城市规划的建设不仅仅局限于居住等条件，在城市规划的质量、美观方面也有了更多的要求。而对于城市规划建设，取决于多重因素的制约和影响，在城市建设中，地理环境、气候、文化、经济发展程度和城市产业结构等都是影响其建设的因素。下面来浅谈一些影响城市建设的因素。

一、城市地理环境与城市建设的关系

（一）地理环境影响城市建设

在某个地方建设城市规模，首要考虑的就是当地的地理环境。城市建设是建立在保护生态环境的基础上的，整个城市的地理位置和地理特性是首先应该考虑的。我国南北环境差异很大，南北建筑的差异也很大。城市地理位置相当重要，例如整座城市是依山而建；盆地型城市建设；山城式城市建设；沿海型城市建设等。对于不同地理环境的城市，在规划和建设方面是截然不同的。例如，如果说当地地理环境奇特、风景优美等，可以建造旅游城市、风景化城市，建造以旅游业为主的城市；处在长江上中下游地区，水的灌溉量充足，土地湿润，可以发展农业生态城市，在规划设计时以农业灌溉基础为主；若当地矿物产量多，可建造以矿工业为主的城市等。

（二）城市建设对环境的影响

除了考虑地理环境对城市建设的影响，在城市建设中，对于当地环境的影响也是很重要的。城市建设过程中，会产生大量的建筑垃圾等，对当地环境会产生极大的影响，所以在建设前需要对当地进行考察，设计出对当地环境污染影响最小的方案。如果是建造工业城市，在城市规划中要考虑的环境污染问题就更加严重，对于当地的污染渠道沟通的规划，对当地工厂建造的规划，应尽量减少对城市环境的污染。

二、气候变化对于城市建设的制约

（一）气候变化可能带来的灾害

极端气候，例如暴雨、暴雪、旱灾、洪涝、冰雹、雷电、台风等会导致粮食减产；气温升高会导致一些农业病、草害、虫害的区域扩大，受害时间延长，受害程度增加，所以粮食的种植生产会受到影响；海平面上升，这对于沿海城市来说是极为严重的现象。

（二）气候变化影响城市建设

正确认识城市气候特征，对城市选址、城市规划设计、合理布局有着重要的意义，能够有效保障人类安全、维护环境健康。一个好的城市规划，可以减少城市污染、城市热岛效应，提高城市生活质量，改善和美化居住环境。在我国，南北方环境和气候差异显著，北方冬季寒冷干燥少雨、风沙大，在北方进行城市规划时一定要结合"冬暖"的特点，由于少雨的特点，北方的建筑屋顶多是平坦的，较保暖；而南方的气候湿润多雨，夏季炎热，所以南方建筑更多的特点是要透风，屋顶构造为斜坡式，有利于积雨的排缓。我国气候变化带来的高温、干旱、雨洪等极端天气频发，不但影响了公众的日常生活，也给城市运行、社会经济发展带来了巨大的影响。气候变化影响了降水的分布、强度和频率，并改变了水资源的空间格局，由此带来供水安全问题，加剧了城市内涝风险。城市建设中，对于一些由于气候影响洪涝灾害较多和干旱严重的城市，要多注意城市的沟渠河流建设，当地的排水设施一定要建设合理，当然，对于水资源缺乏的城市，也可合理利用雨量。在我国的沿海城市中，气候变暖除导致海平面上升外，还会间接带来海岸侵蚀和海水入侵等灾害，所以在沿海地区的城市建设中一定要严格考虑气候因素的影响。

（三）特殊工业型城市对气候的改变

比较特别的，在工业型城市中，由于工业所带来的工业污染、大气污染，除了对当地环境的影响，还有对当地气候的影响。污染可能会造成天气多变，引起洪涝、旱灾、水体富营养化、赤潮等多种灾害现象，所以工业型城市最重要的就是城市排污建设，对排污处理的构建应该要重复考虑，不断完善。

三、文化因素对城市建设的影响

每个地方都有当地不同的文化特色，民族不同、地理位置不同、宗教信仰不同、文化背景不同、所受教育不同等都会直接影响城市的建设和规划。文化背景的力量是强大的，根据不同地区的文化，所构建的城市特点是不同的。时代在进步，文化背景在进步，建筑风格也在变化。有人说，伦敦是一座由剧院、餐厅和咖啡厅组成的城市，体现了不同族裔、不同文化和不同风貌的历史沉积。西方建筑与中国建筑是两种完全不同的建筑风格，受西方文化的影响，西方建筑比较偏向于宗教式，教堂是西方建筑的一大特点，中国建筑比较偏向于传统文化。在中国，民族不同，城市建设规划也有很大不同。在少数民族区域中，以寨、蒙古包的形式的建筑结构较多，这也是少数民族建筑的一大特色，而且少数民族的庙宇建设较多，他们对于宗教信仰的信奉观念很重，在庙宇的建设中也有独特的建筑风格。所以，不同的文化背景对于城市建设有着重要的影响。

四、经济发展程度与城市规划建设相互作用

（一）经济发展程度制约城市规划的建设

每个地方的经济发展程度不同，而当地的经济发展水平也制约着当地的城市规划建设。经济水平的高低，对于城市建设有一定的影响。当地居民平均收入水平较高，那么城市建设水平和质量也会相应的提高；若经济相对较落后，那么整个城市的建设规划也会相对落后。所以当地的经济水平也是一个因素。但若城市建设达到一定水平，也会反过来给当地经济水平带来发展。

（二）城市规划建设推动当地经济发展水平

城市规划在城市经济发展中的作用称为"城市经济"，城市经济又是一个城市发展的基础。首先，城市规划可以优化城市的空间结构，促进城市产业结构调整。根据城市的一些特点来建造中心城区，以中心城区为主发展城市经济，在中心城区改造更新，推动经济快速发展；规划建设城市新区，在一个城市中，随着时代的不断推移，会出现很多更加良好的机遇以发展整个城市，所以，可以通过不断地更新城市新区来更新城市，形成一种链状结构。通过源源不断地接触新元素，来推动经济的发展；对于一个城市，合理配置土地资源也是很重要的，土地资源的利用也直接影响该城市的经济发展水平，所以，政府在支配土地资源时要基于城市产业的结构和现状来分配，进行有效利用，使当地的土地资源能够达到最大有效利用率。

五、交通运输对于城市建设的影响

（一）交通在城市中的作用

交通是连接城市的一个重要纽带，是城市发展物流、人流的重要通道，对于生产要素的流动和城镇体系的发展有着决定性的影响。交通有陆运、航运、海运等，远在古代便开辟丝绸之路连通各国经济发展，近代陆运、海运、航运的发展快速崛起，铁路、高速公路的运输有着重大作用。通过交通运输，才能连通城市与城市之间的联系，加快不同城市间的经济交易，推动整个城市的经济发展，从而增强当地城市的建设。

（二）交通改变城市建设的构造

不同的城市根据其不同的地理环境有着不同的交通运输方式，在城市建设过程中，对于交通道路的建设也要重点考虑。比如，成都平原是一个周围被山包围的盆地，成都市内主要的运输通道为高速公路，

地段平坦；而重庆则不同，重庆为山城，市内也主要是山区，道路多不平坦，所以在重庆市内可以看到很多高架桥和立交桥，嘉陵江、长江穿过重庆，中心区内也是长江穿过，所以重庆的桥梁很多，高架和桥梁众多，在重庆是一种特色。由于两江的横穿，重庆的交通运输还有水运，码头也比较多，交通运输方式多种多样。所以，在重庆的城市建设中，多种多样的交通运输是必要的，而同时这些交通运输方式也增加了旅游业发展的机遇。

六、城市产业结构对城市建设的影响

每个城市都有自己所要发展的产业，不同的城市有不同的产业结构，比如农业化城市、工业化城市、旅游化城市、手工业城市等。城市的产业不同，对于城市的建设也就不同，农业化城市主要是对土地资源的利用，在城市建设中，尽量多的不要占用土地资源，对土地资源达到有效利用；对工业化城市主要是防污染的措施要尽量完善，工业化城市的建设需要在这方面加强整治；旅游业城市建设主要针对整个城市的外观美化，城市建设的美观漂亮很重要。城市建设中，对于景区的建设也很重要，环境要进行良好的修整。作为一个旅游城市，对当地的文化、美食、景区的建设都有一定要求，对于人文环境社会的建设也同样重要，建筑风格要富有特色，使城市有利于在旅游业方面全面发展。

七、总结语

城市建设是现代社会不断发展的基础要求，一个城市的建筑可以体现一个城市独特的风格特点，并且，城市的经济发展与此也息息相关，因此，地方政府也很重视一个城市的设计。城市建设与城市发展密切相关，影响城市建设的因素也很多，此处只浅谈了一些相关因素，城市建设关系国家、社会、人民，我国的城市规划建设还存在着问题，要做好城市规划对城市发展的引领和调控，不仅要提高规划的科学水平，而且还要加强优化的实施。

参考文献

[1] 郑元兴. 浅析城市规划与城市建设管理[J]. 世界家苑，2011.
[2] 陆彤. 浅析影响我国城市规划的因素与显著问题[J]. 城乡与环境，2012.
[3] 张元. 试论城市规划对城市经济发展的作用[J]. 经济师，2002（2）.

财经院校的人文地理与城乡规划人才培养方向

韦海芬

这是一个风云变幻的时代，也是一个人才济济的时代。在这样一个时代更需要专才，许多的院校都开设了人文地理与城乡规划专业，财经院校也是其中一类，怎样让财经院校的学子在众多优秀学校的学子中脱颖而出，这是一个值得探索的问题。但在多数财经类院校中，其实这一专业并非是重点建设专业，这就给本专业的学子带来了很多困惑与不安。只有加快财经类院校人文地理与城乡规划的发展以及找到更加适合的培养学生方式，才能增强学生对本专业的自信心，让其明确就业方向，使其能够在大学的学习中做到学有所专，学有所用，才能让这些学子在这个竞争型社会中为自己将来的发展打下坚实的基础。

一、财经类人文地理与城乡规划专业目前的发展状况

（一）该专业的兴起时间晚，发展不成熟

2012 年 9 月《普通高等学校本科专业目录》发布，地理学科下属的环境资源与城乡规划管理被拆分设置为"人文地理与城乡规划"和"自然地理与资源环境"两个专业，所以人文地理与城乡规划专业并非是一个发展成熟的专业。2013 年开始首招学生，所以在此以前是没有教育方式可以借鉴的。许多开设本专业的学校也因为学校的性质不同，所以无法运用一套相同的教育体系。因此不同的院校必须从自身的实际情况出发，不断地探索研究才可以形成有利于本专业发展的体系。此外，财经类院校在开设本专业的同时却并没有形成相应的特色与优势。

（二）该专业的课程涉及面广，实践与理论不平衡

本专业的学生要学习生物、环境资源、地理、画图、计算机、西方经济学、规划、管理多方面的内容，学习的东西繁多，有些却很空洞，理论性的东西占了很大一部分，实践太少。而且本专业虽然属于理学，但学的东西却偏文，课程设置不是很合理。这门专业是要学生掌握较强的画图能力的，但在设置相关科目的学时上不是特别合理，导致学生对相关内容的掌握并不强。

（三）师资力量不平衡

在财经院校中，本专业并非重点建设科目，所以其师资力量相对薄弱，地理方面的师资力量较强，而规划方面的师资力量较弱。在开始进入这门学科的时候，所接受的教学缺乏工科方面的教学思维。学生们大多接受的是地理方面的知识，而规划地理虽是理学，但当理论性太强的时候就比较偏文了。人文地理与城乡规划专业最重要的点就是使得地理知识与规划实践达到平衡，因为这样才能培养既有理论基础、实践能力又强的学生。

二、人文地理与城乡规划专业的就业前景与方向

（一）该专业就业方向广

由于该专业的学生接受的是人文地理与城乡规划方面的知识，所以他们可以选择就业方向的范围是相对广泛的。当他们掌握了本专业的基本理论、方法及技能的时候，能灵活运用相关理论和知识，具有一定的实践能力，毕业后就能在地方建设、国土规划、土地管理、企业部门单位从事城乡规划的工作，继续深修还可以从事旅游规划、景观设计方面的工作，所以该专业的就业方向是非常明朗和广泛的。我们国家正处于发展之中，对乡村城市方面的建设还会投入更多的精力。

（二）该专业就业方向的竞争性强

与该专业紧密相关的还有城乡规划、景观设计、环境设计，所以在本专业学生就业的时候就会面对其他专业学生的竞争。本专业的理论和实践既是学生们的优势又是学生们的短处，因为众多的学习科目会让他们了解并掌握的东西多，也会导致他们学习的东西多而不精，所以这既会是长处也会是不足，所面对的竞争性会很强。

（三）从事该专业，理论和实践必须相辅相成

对于本专业的学习要接受很多理论性的东西，而从事本专业的人才必须是实践能力很强的人才，两者要相互融合。此专业需要这种综合性能力强的人才，所以学子们不仅要拥有相关的理论知识，还要有很强的实践能力。

（四）从事规划要以地理背景为基础

人文地理与城乡规划专业中是有地理思维融入的，在本专业的工作中涉及许多地理环境方面的知识，

这就需要学子们拥有良好的地理思维，能在规划环境中融入地理理念和自然理念，规划出真正有特色、和谐的环境。

三、财经院校培养人文地理与城乡规划人才措施

（一）进行相关学术研究，建设特色体系

在众多开设本专业的院校中，财经院校要想脱颖而出就必须发展自己的特色体系教育，结合当前社会需求和本专业的就业前景趋势，从为学生的未来打下坚实基础的角度以及为社会发展输出复合型人才的角度出发，培养出适合社会真正有用的人才。财经类院校可以让自己的强势专业融入在其中，打造出一批把经济思维融入头脑的城乡规划人才。让该专业具有与其他院校的相同专业相比独一无二的特质。定期开展与本专业有关的学术研究，从而促进学生发展的方向建设。

（二）加强实践教育

这门专业的课程涉及的理论知识是很广泛的，所以这门专业打造的人才偏理论性，实践性较弱。增强这门专业学子的实践性是必须要解决的问题,让理论很好的运用于实践是这个时代对人才的基本要求。现在的教育必须要让学生将理论和实践结合，而且他们的实践能力必须要强大，所有空洞的理论没有实践就是零。在这方面财经类院校更要加强，可以与相关企业单位合作，为学生们提供相应的实践平台，鼓励他们展示自己，使他们的能力得到提高。

（三）增强该专业的师资力量

引进综合性强的人才以及实践性强的人才来提高师资力量，是促进学生发展的重要途径。该专业是综合性很强的专业，而且其中的理论性教育很强，但现在的社会需要实践能力强的人，所以对于这两种人才的引进是重中之重。强大的师资力量不仅会促进学生更好的发展，还会给他们带来自信，使他们建立对本专业的信心。无论在学习还是未来方面都会给他们带来积极的效应。这样既能促进学生更好的发展，也会为学校带来好的效应和社会反响。

（四）学习借鉴，加强合作，改革创新

不同院校对本专业建设的方式与体系难免有所区别，作为财经类院校，虽然存在自己的长处但也存在短处，为了促进本专业的发展，应与其他院校互相借鉴与学习，组成合作小组，促进彼此发展，培养更加优秀的人才。有用的改革与创新，是向前发展的重要措施。

（五）培养高素质人才，综合能力人才

本专业是综合性强的学科，涉及对学生们多方面知识和综合能力的培养。由于本专业涉及的工作面广，要使他们在将来找工作的时候更加具有竞争优势，就必须将这一综合特性在各方面加强，以便在将来的工作中能发挥出真正有用的实力，院校在培养他们的时候必须客观看待优势和短处，以便使他们更好地发展。拓宽学生的视野和眼界，让他们融入国家和世界的大舞台。

（六）融入自然理念

人文地理与城乡规划专业是培养一批与环境打交道的人才，在高校教育中，必须让学生们领会自然理念，并培养学生们对大自然的热爱之情，让规划融入自然中，学生们才可以因此规划出真正有理念、有味道的作品。

四、展望与总结

人文地理与城乡规划专业作为一门新兴的专业，其未来是有光明的前景和无限的可能的，在众多院

校开设本专业的同时，说明了本专业的前景光明，也说明了这方面输入社会的人才不断增多，学生们面临的挑战也在不断地增加。财经类院校必须认识自己开设本专业的长处和短处，不断完善和加强本专业的建设，才会为学子们带来真正的益处和无限的可能。而本专业的学子们，一定要认清自己所处的社会环境，不断努力并且完善自己，热爱本专业并为之付出努力，不仅在理论上下工夫，还要积极参与各种实践活动。把理论灵活运用于实践，是在这个竞争型社会立足的基础。本专业的建设不仅在于高校的不断改革和创新，还在于学子们不断地去探索和实践。

参考文献

[1] 刘富刚. 人文地理与城乡规划专业建设[J]. 实验科学与技术，2014（06）：165-168.

[2] 柳玉梅. 论普通高校人文地理与城乡规划专业本科教育中地学思维培养的重要性[J]. 科学导刊（上旬刊），2014（10）：52，76.

[3] 陈坤旭，李丹，王旭. 学科调整背景下人文地理与城乡规划专业的机遇与发展[J]. 高等建筑教育，2013（06）22-25.

[4] 许章华，税伟，罗敏. 人文地理与城乡规划专业专业存在的问题与对策 —— 福建大学构建城乡规划 —— 地理科学全程跨学科复合型人才培养体系初探[J]. 现代教育科学，2016（09）：43-49.

[5] 杨晓霞，杨庆媛，邱丽. 人文地理与城乡规划专业人才培养模式改革研究 —— 以西南大学为例[J]. 西南大学学报：自然科学版，2016（04）：2112.

[6] 王兰霞，赵喜江，王蕾，李巍，胡囡. 人文地理与城乡规划专业的社会需求面向探讨 —— 以黑龙江科技大学为例[J]. 内江师范学院报，2014（02）：88-9.

对本科高等学校旅游人才培养的分析与思考

邓春兰

随着中国经济的飞速发展，旅游业也在近几年表现出了强势的发展劲头。近年来旅游人数连年增长，旅游总收入在国民经济的收入中所占比例上升。据世界旅游组织预测，到2020年中国将成为世界最大的旅游目的地和第四大旅游客源国。面对我国飞速发展的旅游业，人们在旅游动机、消费观念、旅游地选择等方面也发生了巨大改变，同时市场上旅游企业增加，竞争加剧，旅游企业的发展与管理也面临着巨大挑战和机遇，因而对高素质旅游人才的需求显得日益迫切。高素质的旅游人才对旅游业的发展愈加重要，高等学校作为旅游人才的培养基地之一，必须重视旅游人才的培养，努力培养出满足并适应旅游业需要的高级复合型人才。

一、目前旅游专业人才在旅游行业的供需状况

（一）旅游市场对旅游人才的需求状况

我国旅游业的快速发展引发了大量对旅游人才的需求。根据国家统计局统计，2016年较2015年全国旅游从业人员增加50万人，但是由于旅游业自身特殊的季节性，不同季节对从业者的需求量不同，又因为其企业间的协同性强，间接导致的旅游失业人员为从业人员的5倍。目前我国实际需要的旅游人才达800万人，旅游业人才缺口至少200万人。重庆市旅游业的迅猛发展也需要大批量的高素质旅游人才，尤其是近年来星级酒店的发展，对酒店人才有着巨大的需求量。早在重庆"十一五"旅游产业发展规划中就提到，力争重庆市每年星级酒店总量保持10%，这给重庆市旅游高校毕业生提供了大量的就业机会，尤其是对专业旅游人才的需求量大，许多旅游企业还会存在招不够人的情况。综上可见，市场提供给高校旅游专业的毕业生工作机会多，市场需求旺盛。

（二）旅游管理专业人才在本行业的就业、从业状况

1. 旅游管理专业人才在本行业的就业情况

据调查显示，很多高校旅游管理专业毕业生不愿意从事旅游行业，旅游行业属于劳动密集型行业，大多数学生的实习会从一线员工开始，之后大多选择放弃在旅游行业就业。原因主要为四点：首先对旅游行业长时间的艰苦基层工作难以克服；其次管理岗位较少，感觉无法实现人生价值；同时对基层岗位薪酬待遇不满；还有大批希望通过考研改变现状的人。以重庆工商大学旅游管理2014级学生为例，大多不会选择对口行业就业，很多人会选择考研、公务员、银行解决就业，我班7个男生仅2人有从事本行业的意愿，女生也不到一半有意愿，可见旅游管理专业学生在本行业的就业率不高。

2. 旅游管理专业在市场上的从业状况

从本行业来看，对于自愿选择而非调剂的旅游管理专业学生，大多会对口就业，但是高校旅游管理毕业生的能力素质与旅游企业的要求却相差甚大。旅游企业需要的是具有实际操作技能的复合型人才；而高

校毕业生大多是理论学习者，而非实际操作者，动手能力不强，缺乏行业管理和从业经验，个别学生语言能力尤其是外语较弱，导致即使坚持在本行业就业，其发展机会也并不多，在本行业从业状态不佳。

从其他行业来看，对于选择不对口就业的学生，在许多工作上均有专业和技能的限制，同时大多数同学并没有针对其他专业的理论与实践知识进行学习，与别人在同一岗位上的竞争优势很小，除非自己很有优势，并且有相关知识和实践，不然很难赢得企业青睐。可见，旅游管理专业学生在其他行业的就业情况也不太乐观。

综上，旅游管理专业学生在本行业和其他行业的就业以及从业状况均不容乐观，不利于学习旅游管理专业学生的职业发展，同时也使得旅游人才供需矛盾突出，将影响整个旅游行业和社会的长远发展。

二、高校旅游人才培养中存在的问题

我国旅游业快速发展，旅游业对旅游专业人才需求旺盛，旅游管理专业人才就业机会增加，行业对高素质人才的吸引力和人才激励机制越来越大，同时高校培养的旅游管理专业人才也增加，但是仍然存在严重的供需矛盾。一方面，选择从事旅游行业的学生越来越少，许多学生找不到满意的工作，对口就业的学生也越来越少；另一方面，旅游企业招不满合适的旅游专业人才，对旅游专业人才需求巨大。造成这种现象的原因很多，学生方面缺乏正确就业、择业观，存在好高骛远等心理，同时培养旅游管理专业人才的高校也存在着不可推脱的责任。结合重庆地区的情况，总结出重庆高校在旅游专业人才培养中的问题，大致如下：

（一）理论知识和实际操作脱节

任何一个行业都需要理论与实践的结合，旅游行业也不例外。据调查，重庆的大多数高校有自己校内校外的实训和实习基地，但是有的学校并没有形成和旅游行业系统的长期合作，同时连实习场所都没有，学生只能在课堂接受理论知识的学习，缺乏实际操作的训练，导致理论与实践的脱节，在实习及工作中与行业接轨困难。就算学生在旅游行业实习，开始也大多为一些简单重复操作的工作，例如在酒店一般是客房服务员、传菜服务员等，酒店在短时间内也不会给实习生轮岗，这样在实习过程中便不利于学生了解系统的酒店操作，同时简单、单一的工作只能让学生有一个对酒店的肤浅认识。大量的理论学习和少的实践操作造成学生的实际技能与旅游行业的实际需求不符。

（二）传统教育模式与旅游行业需求间的差距

从我国高校的旅游管理专业课程设置来看，一些学校的专业课程内容设置是根据本校的性质和特长设置的，而不是根据市场需求设计的。以西南大学和重庆师范大学为例，二者分别看重历史和地理方向。许多高校的课程设置虽然涵盖了酒店、旅行社、景区等知识，但大多是偏理论的教学课程设计，忽略了实践课程，培养出来的学生不属于旅游行业所要求的高素质复合型人才。旅游企业对于优秀的复合型员工需求巨大，而高校培养出来的学生在知识和能力方面的结构又与旅游企业的要求相差巨大，可见一些学校的培养模式与旅游企业的实际需要有一定的出入。

（三）教学手段与方法的落后性

目前国内许多高校在旅游管理专业存在教学手段单一、缺乏必要辅助设施、方法落后等问题。偏理论，轻实践，大多时间为教师采用讲授的方式进行理论讲解。但是学校教育的书本理论知识与旅游行业的实际操作有出入，理论与实际操作可能并不一样，同时对高科技的运用力度不够，大多不能提供最新的酒店管理与旅行社管理的系统，当然这也与市场对于技术的保密性有关。

（四）院校争相开设，缺乏特色和正确的宣传

截至 2016 年，据中国旅游发展报告显示全国有 2 500 多所院校开设旅游管理专业，在重庆也有许多

高等院校开设。但实际上许多院校仅是简单的重复建设，并无自己的特色。同时许多学校的旅游管理专业招生工作和宣传不到位，没能缓解许多学生家长的传统观念，认为旅游属于服务他人的工作，社会认可度不高。对于许多调剂的学生，缺乏学习热情，学习效果自然也大打折扣。导致其毕业后在本行业及其他行业的就业从业情况都存在问题。

三、针对高校旅游人才培养问题的一些解决措施

（一）强化实践教学

实践教学应将理论与实践相结合，改变过分依赖理论教学的现状，建立起独立的实践教学体系。

1．学校方面

学校应尽可能地建立实训基地和酒店、旅行社仿真实验室，老师在讲解的同时将理论联系实践，并让学生模拟实践，强化教学。同时学校还可举办专业相关的竞赛，力求让学生理论上升到实践，并且提高自身的实践技能。

1）建立系统的校企合作模式

一方面，在假期可安排老师组织学生前往相关企业进行参观或实习，加深对行业具体操作的了解，提高同学们运用理论解决问题的能力；另一方面，还可以邀请旅游行业的在职人才、专家、企业家走进学生们的课堂，或开展学术讲座，让同学们对行业动态有更加清晰的了解。校外实训基地对旅游人才的培养起着十分重要的作用，校企合作能为同学们提供理论联系实践，直接获取经验的场所，例如我校与重庆许多知名酒店、旅行社、景点建立起的合作模式，既为旅游行业提供了一批预备人才，也提供了同学们实践的场所，同时促进了学校教育模式的转变。

2）组织专业资格考试，开展旅游相关活动

首先，学校应该积极引导学生参加专业资格考试，早日拿到例如导游证等相关证书，为其就业创造有利条件和优势。同时开展专业竞赛，鼓励学生参加辩论、演讲等活动，提高学生的综合素质。例如我院的导游风采大赛、商务礼仪大赛、辩论队等活动都十分有实践意义。

（二）改革传统教育模式，适应旅游行业发展

改变"厚基础、宽口径"的课程设置，学校课程的设置和教学内容，应充分考虑旅游行业实际专业人才的需求现状，强调学生在掌握扎实的专业理论知识的同时，要更加注重实践课程的开发。以培养复合型和实践型人才为主。在复合型人才的培养上，力求让学生获得宽的知识结构，扩宽其知识面，增强其适应性；在应用型人才的培养上，力求让学生掌握旅游行业的现代理念、操作。同时，学校还需要引导学生形成良好的就业、择业观念。

（三）教学方法和内容的创新

选用国内外通用的教科书、期刊、网站为主要的教学资源，参考国内外行业标准，采用模拟演练法、现场教学、任务驱动法、案例教学法、知识竞赛法等，弥补传统课堂讲授与实际操作脱离的缺陷，适当根据职业岗位的分类，确定教学模块，进一步掌握系统知识。

（四）政府、教育行政管理部门加强科学规划和引导

旅游业的快速发展，全国范围内高校旅游院校及专业开设的增加，为旅游行业的发展提供了充足的后备军。但是许多院校并无自己明显特色，仅仅是在追求经济效益的前提下进行重复建设，而旅游管理专业的学生就成为了直接受害者，这将不利于学校和社会的长远发展。因而政府及教育行政部门应严格规划和把关，对办学水平、专业特色等方面严格把控和规划。对于已开设的院校，也要给予严格管理和规划，首先对于开展好的可给予公开奖励，有问题的给予指导，责令改进；其次引导高校交流，资源共享，优势互补，借鉴吸收；同时严格控制高校盲目扩招现象；最后学校应该加强对专业的正确宣传和解

读，引导学生、家长对旅游管理专业形成正确的认识。

四、结 论

综合以上分析，可见高校的旅游管理人才与旅游行业需要的人才之间存在一定的矛盾，同时旅游高校作为旅游专业人才的培养基地之一，其培养模式存在一定的问题，不过通过各方面的改进和完善，这些问题都将得到极大的改善。随着旅游业的发展，旅游业对高素质的旅游人才存在着高要求和巨大需求，高校在旅游人才的培养中也应当与时俱进，改善现存问题，让高校成为旅游人才的重点摇篮之一，为中国的旅游业发展提供不竭的人才后备军，推动中国旅游业的长远发展。

参考文献

[1] 胡勇兵，纪丽华. 对我国旅游人才培养现状及培养模式探析[J]. 考试周刊，2010.
[2] 马晓路，徐霞，张哲乐. 旅游类高校建设旅游人才实训基地的思考[J]. 四川旅游学院学报，2014（4）：1-4.
[3] 张学珍. 应用性本科旅游管理人才的培养模式思考[J]. 河南城建学院学报，2014（5）.

旅游环境对旅游的影响

代朝琼

本文由旅游业的发展概况，引入旅游业与目的地旅游环境的关系。阐述旅游环境对旅游的影响，重点突出环境对开展旅游活动的作用，针对这些问题分析原因，提出相应措施，即如何在旅游业的发展过程中更好地利用先天的环境条件来促进旅游业的发展，并推进生态旅游，走可持续发展道路，促进中国旅游业的发展。

在当今社会，旅游业已成为重要的第三产业，在有些国家或地区旅游业甚至成为经济收入最大的支柱产业。近年来开放政策和经济的高速发展为我国旅游业的发展创造了良好条件。可是旅游资源是有限的，我们必须要利用有利的环境条件来促进旅游的发展。如今很多地方出现了旅游景点雷同现象，虽然游客不用远行就可以观赏到美景，但这样就减少了旅游景点的特色。充分利用当地的环境就可以创造更多的特色景点，从而吸引更多的游客，促进中国旅游业的发展，还可以保持每个地区的特色。

一、旅游环境与旅游的关系

环境一般包括自然环境和社会人文环境，自然环境是社会环境的基础，而社会环境又是自然环境的发展。自然环境指人类生存和发展所依赖的各种自然条件的总和。社会环境是指在自然环境的基础上，人类通过长期有意识的社会劳动，加工和改造了的自然物质、创造的物质生产体系、积累的物质文化等所形成的环境体系，是与自然环境相对的概念，包括人类精神文明和物质文明，也称文化-社会环境。

旅游是指人们出于主观审美、娱乐和社交交往等非就业性目的，暂时离开自己的常住地到目的地做短暂的停留所引起的一切现象和关系的总和。旅游活动包含主体 —— 旅游者，客体 —— 旅游资源，中介 —— 旅游业，旅游资源是旅游活动的客体，是一个地区和国家发展旅游业的前提和基础。

旅游环境与旅游是紧密联系的，旅游对旅游环境有影响，旅游环境也对旅游有影响。良好的旅游环境可以促进旅游地旅游业的发展。旅游环境包括自然环境和社会文化环境，旅游地优美的自然环境加上历史悠久和文化内涵丰富的先天优势，再加上旅游地民风淳朴，居民热情好客，一定会增加旅游地的客流量，促进旅游地的旅游业发展。

二、旅游环境对旅游的有利影响

1．社会文化环境对旅游的影响

历史悠久、有特色的旅游景区对旅游者具有强大的吸引力。社会文化环境中的人文旅游资源包括历史文物古迹、民族宗教文化、现代人造设施景观，其中历史文物古迹又包含了古人类活动遗迹、古建筑、石窟石刻、古典园林、文物展馆等，这些资源是旅游环境中的亮点，对旅游者来说充满了诱惑，可以促进旅游地旅游业的发展。

如果一个地方的民风淳朴，居民热情好客，而且具有民族特色的话，也对旅游业的发展有推动作用。比如现在的旅游者会前往少数民族地区去体验少数民族的民族风情。

2．自然环境对旅游的影响

自然环境中的自然景观对旅游有重要作用，自然景观包括地文景观、水域景观、生物景观、气象景观等。其中地文景观又包含了自然灾害遗迹景观、沙石地貌景观等。这些景观是各个旅游地发展旅游的优势，加以利用可以更好地发展当地的旅游。

三、存在的问题

（1）社会文化是旅游活动的制约因素，客源地文化影响旅游者的旅游意识；旅游地文化对外来文化的开放与兼容程度影响旅游发展水平；旅游地与客源地文化的差异程度构成了旅游动力的大小。如果社会文化开放与兼容程度低，就会阻碍旅游的发展，文化差异大也会阻碍旅游的发展。

（2）旅游环境包括旅游交通环境、旅游吃住环境和旅游地的环境。如果旅游地的交通不发达，交通方式单一，或者旅游地的道路修建不好，就会大大减少旅游者。再者没有好的饭店和宾馆也是会对旅游的发展有影响的。或者没有良好的治安环境，那么旅游者通常就不会选择该旅游地。

（3）旅游地的治安环境好坏对旅游的发展也非常重要。如果旅游地处于战争中，那么旅游地的旅游会受到较大的影响，就比如非洲地区，如今几乎没有游客会选择去那旅游。还有就是导游的威胁问题，到目前为止已经出现了很多导游威胁游客的事件，如果一个旅游地出现了这种状况，对该地的影响也是很大的。另外，旅游地旅游景点内的安全问题，如果没有营造一个安全的旅游环境，该旅游地的旅游是发展不长远的。

（4）旅游资源在旅游中占核心地位，自然环境中的一些旅游资源是受地域、气候等因素限制的，还有一些历史文化遗产在空间上是不可以移动的，比如说峨眉山的佛光、中国的长城等。这些都是在别的地方不可能看见的，如果想要观赏就只能到这些地方去看，这就会受到空间的限制。空间环境已定，接待的游客数量就会受限制，而且拥挤的观赏体验大大降低了旅游质量。

（5）一些旅游资源的易损性意味着需要高要求的环境来保存，从而就限制了旅游者的数量，不利于旅游发展。与传统的矿产资源有所不同的是，对于旅游资源，人们只要管理和使用得当，就会用之不竭。因为旅游者所带走的只是个人的经历或体验，而不是旅游资源本身。虽然旅游资源使用得当可以反复使用，但一些旅游资源会受环境等的影响，易被破坏。

四、解决措施

（1）求同存异，和平相处，正确对待不同文化。不管是旅游者还是旅游地的居民，都要相互尊重彼此。历史证明，一个国家和地区的社会文化需要得到外来文化的促进才能不断完善、发展和前进。政府加大支持力度，积极鼓励发展旅游，但也要注重旅游地文化和特色的保护，不让当地特色文化受到冲击而被同化。

（2）大力推进道路建设，招商引资创办酒店饭店，鼓励当地居民开办酒店饭店。俗话说，"要想富，先修路"，可见道路的重要。政府要加大对地区发展旅游的重视，完善基础设施，为当地发展旅游创造良好的环境。

（3）加强旅游景区的管理力度。不少景区出现导游威胁游客购物，甚至有些导游已经危及游客的生命安全的情况，这是对当地旅游发展很不利的，游客外出旅游就是为了放松心情、休闲娱乐的，可景区出现这些情况让游客感到了危险，他们就不会选择到当地去旅游，这样不利于当地的旅游发展。景区和政府都应该对这种情况进行管理，景区可以提供导游人员，让游客可以放心游玩；旅行社这些机构应该杜绝导游发生这些情况；游客要请正规导游，不要为了贪图便宜让自己陷入危险之中；政府要加强管理。

（4）开发更多的具有特色的旅游景区，错开各类人群的放假时间，让其起到分流的作用。长城和佛光等都是不可移动的，它们或因为历史原因而形成，或因为自然规律而形成，是旅游者非常喜爱的。因此客流量就非常大，我们可以开发更多的具有特色的景区来分散旅游者的注意力，也可以错开旅游者的假期时间，以达到分流的目的，让景区不再那么拥挤，提高旅游者的旅游质量。有些景区还可以扩大景区空间来接纳更多的游客。

（5）加强对易损旅游资源的保护，创造出适合易损旅游资源的环境或想出可以保护易损旅游资源的方法。对于易损旅游资源，比如说石窟、佛像、壁画等，就乐山大佛而言，会因为风吹雨淋的考验，还有就是石像会受到游客抚摸而受到损坏，这种情况下我们可以用铁链围在雕像的周围，让游客接触不到；一些旅游资源会因为人呼出的二氧化碳和热量而损坏，这种情况我们可以控制游客数量，让温度不超出旅游资源可接受的温度范围，也可以把物品放在玻璃箱或其他封闭透明的且可以控制温度的地方；还有一些旅游资源甚至会因为接触到氧气就受到损坏，这样的话我们可以创造适合这种旅游资源存放的环境。许多的旅游观赏物品都非常珍贵，且存放较困难，一旦损坏便不能恢复，所以要加强对这类资源的保护。

参考文献

[1]　刘纯. 旅游心理学[M]. 天津：南开大学出版社，2000.

[2]　李天元. 旅游学[M]. 北京：高等教育出版社，2011.

[3]　李道增. 环境行为学概论[M]. 北京：清华大学出版社，1999.

公共标识语翻译中的中西文化差异

雷莹

一、旅游景区标志语的定义及其功能

（一）旅游景区标志语的定义

旅游景区标志语是指公开和面对旅游者，以达到传递简单有用的信息、指示和方便大众的作用。在旅游业发展迅速的今天，旅游景区标志语也逐渐成为城市语言环境组成的重要部分，也是城市迈向国际化必不可少的因素[1]。

（二）旅游景区标志语的功能

旅游景区标志语对公众的社会行为起着指示、限制和强制的作用。

1．指示性

指示性标志语体现的是为旅游者提供周到的信息服务，为公众提供便利，各取所需，其功能在于指示服务内容。很多旅游景区会为旅游者树立大大小小的路标，引导旅游者到达正确的地点，或者在景区很多服务窗口也有相应的指示牌。如失物招领处（Lost and Found）、咨询服务（Information）、免费上网（Free Internet Access）等。

2．限制性

限制性标志语对部分旅游者的行为进行相应的限制、约束和要求，语言一般比较直接，但是也不会让人感到难以接受和遵守。常出现在一些特定的场所和设施的使用方面。如：女士通道（Women Only），闲人免进（Staff Only），残疾人专用（Handicapped Only）等。

3．强制性

强制性标识语要求旅游者必须严格遵守旅游景区的规定，不得做出与规定相违背的行为。虽然强制性标志语语言直白、态度强硬，不留有任何可以商量的余地。但这既保证了旅游者们拥有良好的旅游环境，又有利于景区的正常运作。如：禁止吸烟（No Smoking），禁止停车（No Parking），禁止拍照（No Photo）等。

二、旅游景区标志语英译中存在的问题

旅游景区标志语一般都是由简短的单词或者短语组成，短小精悍，但是在翻译过程中仍然避免不了一些错误。这些现象不仅会给外来旅游者带来很多不便，也降低了我们的社会文化水平。旅游景区标志语存在的一些基本问题有拼写错误、语法错误、乱用拼音、逐字翻译、错误的英文表达习惯、忽略翻译环境等。其中翻译问题主要有中式英语翻译、累赘式翻译、翻译语气过硬、翻译缺少文化背景考虑等。

（一）中式英语翻译

在我国，虽然中国旅游者占了大部分，但是我们依然不能忽视旅游标志语的英文翻译。景区出现的比较常见的就是中式英语翻译，意指翻译过于机械化，也就是我们口中常说的直译。直译就是指根据中文标志语的表面意思直接进行翻译，对中文旅游标志语不进行任何的语序调整，将英语按照中文标志语语序逐个翻译出来，译文大多数都不符合英语语序的结构和特点，很容易造成语病，给旅游者们带来不便。如某些购票柜台摆着的一个指示牌写着"暂停购票"，英语翻译为"Stop Buying Ticket"，表面上看起来和中文是一样的，但是旅游标志语的翻译是为了能更好地让外国旅游者看明白是什么意思，所以我们在翻译时不能把汉语的表达习惯用在英语翻译当中，其实在这种情况下翻译为"Closed"会更好。在重庆的二号线地铁站站点的报站翻译中，也存在着中英文混用的情况。如杨家坪有一个动物园景区，而该地铁站的"动物园"站被翻译为"The next station is dongwuyuan"。在英语当中，"动物园"并不是一个专有名词，所以不能直接按照汉语的拼音直译过来，应当英译为"Zoo"。中式英语在很多旅游景区是很常见的，对外国旅游者来说，这些旅游标志语并不能为他们提供明确有效的指示信息。

（二）累赘式翻译

旅游者的时间都比较宝贵，累赘式翻译往往将比较简单的英语表达得过于复杂，这种类型的翻译本身并没有什么大的错误，只是一味地追求句句翻译，造成冗长繁复的现象，浪费旅游者的时间，容易被旅游者忽视，反而达不到本来应该有的提醒和指示旅游者的功能。如某酒店的业务受理台的英文译文为"Business Reception Desk"，这种翻译会给游客造成一种冗长繁杂的感觉，其实用"Reception"就显得更简洁明了。累赘式翻译一般指在句子结构和表达上没有什么问题，翻译者为了想更明确地表达汉语的意思，就翻译得过于复杂。但在实际的翻译过程中，因为中英文的表达习惯和思维方式的差异而导致中英文无法做到一一对应。所以，翻译者需要在翻译的时候尽可能地表达出汉语语义，但是又要使译句符合外国人的思维和表达方式，就必须要做到"删繁就简"。

（三）翻译语气过硬

在很多旅游景区我们经常可以看到例如"禁止入内""严禁大声喧哗""禁止乱扔果皮纸屑"等旅游标识语。在强制性标志语中，中国人习惯于把"禁止"翻译为"Don't"来表达事情的严重性，但是听起来语气就显得十分生硬，不容易让旅游者接受。比如"Don't trample the lawn（禁止践踏草坪）"这个翻译从语法和含义上来说是没问题的，但是这样表达出来语气却显得过于强硬，旅游者会产生一种逆反心理，反而不愿意接受和遵守。为了能让旅游标志语更好地发挥作用，我们在翻译时要避免使用像"Don't"这样语气生硬的单词。"禁止践踏草坪"可以语气委婉一点翻译为"Keep away from the lawn, please."或者"Take care of the lawn, please."。后面两句话表达的意思基本上是一样的，但是听上去很明显语气显得更加委婉，会让人更容易接受并遵守。

（四）翻译缺少文化背景考虑

不同的文化背景造就了不同的语言风格和习惯，当我们在使用他国语言时也就要更加注意技巧和方法。在旅游翻译中，尽管文化上的差异不可避免，但是我们可以尽量地去克服。汉译英的过程中，由于中西文化的差异，导致了人们对同一事物有着不同的思考和理解。但是翻译的作用不仅是表达字面上的意思，而应该更多地体现其国家的内涵。所以在翻译的时候我们一定要充分考虑西方人的表达习惯和思维方式。例如旅游景区办公的地方门口都会挂有"闲人免进"的告示牌，如果直接翻译为"Decline Idlers"会引起误解，因为"Idler"在英语中的意思是"Someone who is lazy and doesn't work."。在英文中，和中文"闲人免进"相同的表达应为"Staff Only"。

三、标志语中的中西文化差异对比

标志语的翻译不像表面上看起来那么简单，由于语言受不同的思维方式、民族心理等方面的影响，中英文标志语的翻译也就需要翻译者更深刻地理解目标国的文化背景、表达习惯。

（一）思维方式的不同

东西方文化差异在思维方面，主要表现为综合思维与分析思维的差别，具体思维与抽象思维的不同，顺向思维与逆向思维的差异。从总体上来看，东方人，尤其是中国人具有较强的综合思维、集体思维和顺向思维；而西方人则具有较强的分析思维、抽象思维和逆向思维。

中国人的思维方式遵循"五行相克"和"阴阳相长"的基本原则，而英美人则从公理出发，按照严格的演绎推理为其思维模式。中国人的传统思维是非线性的推理方式，他们认为事物之间都是彼此相互决定、相辅相成的，从而产生"因果相成论"，西方人则相反，他们属于"因果线性论"。由于中国人和英美人思维方式的不同，其语言的使用习惯也就有着很大的差异，所以中西方人民在公共标志语的使用选择上也是不同的。西方人较中国人则倾向于使用更加简洁、直接、委婉的公共标志语。

（二）民族心理的影响

民族心理的因素也影响着中英旅游标志语的表达。中国历来是一个恪守礼法、严于律己的国家，而英美国家则更加注重个性与自由。因为民族心理的不同，中西方人对公共标志语的接受程度也是不同的。中国人在公共标志语中更喜欢用语气较为强烈的表达，而英文的表达却较为委婉，所以在中国公共标志语的语气太强硬会让英美人难以接受。

四、旅游景区标志语的翻译策略

（一）简单准确策略

旅游标志语一般出现在旅游景区等公共场所，旅游者阅读并获取信息的时间比较短，又因为西方人的个性比较直接，不喜欢过于繁复的表达方式，简洁明了的标志语翻译不仅符合西方人的表达习惯，也比较节省旅游者的时间。因此在翻译时，更应该使用直接简单的句式、通俗规范的语言。

翻译"静态"意义、服务、指示、说明性的标志语时主要使用名词，如"咨询处（Information）""前台（Reception）""收银台（Cashier）"等，翻译时就无需在后面加上"desk"或"counter"之类的词。又比如有些旅游景区的商店营业开门直接挂上"Open"的招牌，就很明确地表达了"Now we are open."这个意思。

翻译"动态"意义的标志语时，一要较多地使用动词或者动名词来强调动作，如"严禁吸烟（No Smoking）""保持安静（Keep quiet）""减速（Slow）"等；二要大量使用短语、词语和缩略语，如："促销（On Sale）""退房（Check-out）"等；三要多使用一般现在时，"Turn Right""保持干净（Keep Clean）"；四要大量使用祈使句，如"小心轻放（Handle with care）""请排队等候（Please line up）""节约用水（Save water）"等。

（二）反向翻译策略

西方人有较强的逆向思维，并且受西方人民族心理的影响，反向翻译这一委婉的表达方式更容易让他们理解和接受。所以在旅游景区标志语的翻译中，为了简化并便于理解，可以将汉语中从正面表达的词，在翻译中从反面表述出来，汉语中从反面表达的词，在翻译中从正面表达出来。如乘坐旅游大巴车时，把"请勿将头伸出窗外"译为"Don't put your head out of the window."倒不如反过来译为"Keep head inside vehicle"。这样的语言表达更符合西方人的思维方式，也显得更加委婉。

（三）习惯性表达翻译策略

在英语中，根据西方人的生活习惯，同样的单词句子放在不同的环境下有着不同的意义，这个时候习惯性表达翻译策略就显得尤其重要，即在翻译时按照英语的使用习惯进行翻译，而不能根据中文的表面意思进行生硬地翻译。如"暂停服务（Out of Service）"可以用于任何柜台、机器设备等，"已预订（Reserved）"可用于酒店、餐厅、交通等，"已满（Occupied）"可用于车位、订座等，这些标识语在西方国家都有其不同的用法，我们可以根据场所直接套用，反而能达到更好的表达效果。

（四）使用固定结构和句式表达策略

汉语的语言表达中有不少程序化的表达方式，如"禁止/请勿+动词"结构，西方人在语言表达当中也有许许多多的固定搭配，所以在旅游标志语的翻译当中我们也可以这样运用。如"No+名词或动名词""（请勿乱扔废弃物）No Littering""（禁止游泳）No Swimming""（禁止超车）No Overtaking"等。此外，汉语中还有表示"专用"的表达，英语就是"名词+only"的形式，如"女士专用（Women Only）""贵宾专用（VIP Only）""员工专用（Staff Only）"等。

五、小　结

随着我国社会经济的发展，也吸引了越来越多的外国游客来我国旅游，因此在旅游景区这些公共场所中，旅游标志语就显得尤其重要。旅游标志语的翻译不仅体现了我国的社会文化程度，也体现了我们整体的文化素质和国际化水平。在翻译时应该更多地了解中西文化的差异，加强旅游标志语的翻译与研究，提高标志语的翻译质量，营造良好的国际旅游环境，提高我国的国际旅游形象和地位。

参考文献

[1]　戴宗显，吕和发. 公示语汉英翻译研究[J].中国翻译，2005（6）：38-42.
[2]　董亮. 公示语汉英翻译问题研究[J]. 术语标准化与信息技术，2009（4）：34-37.

[3]　贺云耕. 汉英公示语翻译的现状及其交际翻译策略[J]. 外语与外语教学，2006（3）：57-59.

旅游宣传材料的翻译

莫　娅

当今世界旅游业迅速发展，为使西方游客通过阅读旅游宣传材料对中国的旅游景点和旅游产品产生兴趣，使他们能够获取相关的旅游信息，吸引他们到中国旅游，旅游宣传材料的翻译就显得至关重要。本文将对旅游宣传材料的英译原则和旅游宣传材料中的文化翻译策略作简要探讨，使读者充分理解并感受中国文化的美。

一、旅游宣传材料简介

旅游宣传材料的翻译是指向西方旅游者宣传介绍中国旅游行业和旅游目的地的各种材料的翻译，其中不包含以到中国旅游为目的的各个方面的专家所翻译的各种专著。旅游宣传材料包括宣传图书、导游画册、导游图、风景古迹明信片、宣传幻灯片、电视广告片、电影纪录片等。它兼具体裁多样、功能多重、内涵丰富和文学性强等多种特点。

二、旅游宣传材料的英译原则

英国翻译大家 Peter Newmark 将文本内容主要分为表达、信息传递和祈使这三种功能，并具体提出译者在翻译文本时对于风格体裁不同的文本，应当采取适合于文本的不同的翻译方法。以表达功能为主的文本应当选用语义翻译法，以信息功能或祈使功能为主的文本采用实际翻译法。旅游宣传材料主要是以祈使功能为主的文本，最关注的问题是读者的接受程度。对于这类材料的翻译，Peter Newmark 建议运用交际翻译法，即原文内容的忠实再现是以读者可以接受的方式来实现的。换句话说，即使译文契合于原文的内容，但读者却觉得晦涩难懂，难以达到沟通的目的，译者翻译时就应该从内容和形式两方面考虑改用一种读者能够接受的方式。

德国功能派学者 Hans Vermeer 和 Christiane Nord 合力共同提出了翻译目的论。根据 Hans Vermeer 的观点，在翻译某一文本时，我们一定是处于某种目的，翻译可以说是一种带有目的性的行为。"每个文本均为既定目的而产生，亦应为此目的服务。由此，目的准则是指译/释/读/写皆遵循某种方式，此方式可让文本/译本在其使用环境下运作，面向想要使用文本/译本的人，并且完全按照他们所希望的方式运作" [Each text is produced for a given purpose and should serve this purpose.The Skopos rule thus reads as follows：translate/ interpret/ speak/write in a way that enables your text/translation to function in the situation in which it is used and with the people who want to use it and precisely in the way they want it to function. (Nord，1997：29)]。"目的论"的核心是"目的决定手段"。翻译目的的准则不再以忠实原文为翻译的最高标准，原文只是译文获得信息的一种来源。至于原文与译文之间是否存在着等值，译文是否忠实于原文等问题则不在目的论的考虑范围之内。目的论是旅游翻译的导向纲领性理论，翻译家张宁认为翻译应当"以中国文化为取向；以译文为重点。（张宁，2000）"。以中国文化为取向，就是尽量留取中国文化信息，尽量多地宣传中国文化以及中华文明，因为了解中国文化是外国旅游者的主要需求，而翻译的重要目的就是促进国内外的文化交流与传播。而以译文为重点，即指翻译旅游材料时，既要忠实于原文内容又不固守于原文。要站在译文的角度，对文本内容所要传达的信息进行恰当的整合归纳，让他们更易懂。翻译旅游宣传材料，就是弘扬中国文化，以中国文化的魅力吸引外国游客，并且让外国人到中国旅游时可以看懂、听懂、读懂中国旅游宣传资料所要传达出的内涵。

三、旅游宣传材料中的文化翻译策略

既然旅游宣传材料的翻译须遵循目的论的目的原则，旅游宣传材料的英译可以采取的策略就不限于传统的直译和意译、归化和异化，而是可以采取任何能够达到宣传中国旅游信息的翻译策略。下面我们结合一些具体译例作进一步阐述。

1．解释中国特有的文化词语、文化现象，补充必要的背景知识

翻译旅游材料就是要向外国旅游者介绍中国的山河风光和各类名胜古迹，这其中必然涉及一个国家或一个地区独有的文化，这些民族文化色彩浓重的东西，在中国家喻户晓，但如果只简单译成英文，就会使西方游客感到疑惑重重。因此，在翻译这类旅游宣传材料时，我们需要增加一些背景资料来帮助游客理解，如历史事件发生的朝代，这个朝代在中国历史上有什么主要特征，名师大家的文学背景以及家庭背景，名胜古迹的具体位置及其历史渊源等，以帮助外国游客在渗透了解中国文化的基础上进行旅游活动。如下面的译例：

例1：

原文：西域

译文：The west Regions （a Han Dynasty term for the area west of Yumenguan Pass, including what is now Xinjiang Uygur Autonomous Region and parts of Central Asia）

例2：

原文：（鲁迅纪念馆）对外开放场所包括：鲁迅故居、百草园、三味书屋、鲁迅祖居和鲁迅生平事迹陈列厅。

译文：Open to visitors are the Lu Xun's former residece (including his ancestral residence and the San Wei study), the Bai Cao garden and the exhibition hall.

注释：

Bai Cao garden, a waste vegetable plot that made a paradise for little Lu Xun.

San Wei study（literally three flavor study）, Shao Xing's most widely know and influential private school in those days where young Lu Xun studied classics for about five years.

上面两个释例中就文化词语和文化现象而言，西域译为"west Regions"，百草园和三味书屋译为 "Bai Cao garden" "San Wei study"，都会使读者感到困惑。西域译为 The west Regions 会被理解成西边的地区，这与我国历史上真正的西域地区不相符，因此需加解释说明西域在汉朝被称为玉门关，包括了亚洲中部的新疆维吾尔自治区，这样就可以使读者了解到西域的具体位置。"Bai Cao garden" 和 "San Wei study" 会被理解为一种花园和书房，而不会将鲁迅先生童年时期的乐趣映射出来，鲁迅学习的场所表达也会出现理解错误，所以需要有注释来说明，甚至在译文中，就我个人观点而言，Lu Xun 后也应当解释 a Chinese famous litterateur，Shao Xing 后应解释为 Lu Xun's hometown，这样有助于读者更加了解原文中的内容，从而了解其中的文化。

例3：

原文：秦始皇兵马俑一号坑呈长方形，二号坑呈曲尺形，三号坑呈"凹"字形。三个坑呈"品"字形排列。

译文：Pit No.1 of Emperor Qin Shihuang's terra cotta warriors and horses is oblong in shape. Pit No.2 is "L"-shaped and No.3 is "U"-shaped. The three pits are arranged in a triangle.

原文中，提及了曲尺形、"凹"字形、"品"字形这三个中国特有的词语，在西方语言中属于陌生的存在，而如果采取直接音译来解释，既无法忠实于原文内容，又很难使游客理解。因此，可以将语言环境置于西方背景下，用西方与中国相似的语义来解释，曲尺形与西方字母"L"相似，可以解释为"L"-shaped，"凹"字形与西方字母"U"有异曲同工之妙，可以译为"U"-shaped，中国的"品"字像是三个

"口"堆起来的三角形，所以可译为 "triangle"，这样的翻译对于游客而言具有很强的说服力。可见，在旅游宣传材料的翻译过程中，译者应当根据所要翻译的内容补充相关的背景信息，弥补外国游客对于中国文化的认知空缺，使译文衔接得当，更加通俗易懂，使两国文化交流更加便利。

2．对原文内容进行简化或删减处理

中英文旅游材料具有不同的文体特征，英语旅游文体简明扼要，表达直白浅显；中文旅游文体常伴有大量的对偶平行句和连珠四字句，表达委婉含蓄。因此，对旅游材料中有关中国特有的传统文化内涵，若直接按字面译成英语，会给外国游客断章残句之感，使他们感到困惑。为投合英文读者的阅读心理和审美技巧，译者可以对原文内容进行简化或删减处理。

例4：

原文：在我国最早的典籍中，即有关这条河的记载。尚书禹贡："漆沮既从，沣水攸同"，诗经大雅："沣水东注，维禹之绩"，说明沣水在远古就是一条著名的河流。

译文：Records about the river can be found even in the earliest Chinese classics, which proves that the Feng River has been well known since ancient times.

原文中引经据典和大量使用四字短语，对仗工整，用汉语读起来朗朗上口，符合汉语宣传材料的特点。在译文中则化繁为简，在保留沣水早已有之这一原意的基础上，直接删去古籍内容，以求达到英语旅游宣传材料中的简洁明了、表达通俗的特点。

除了因中英文体的不同需要对原文进行简化或删减处理外，有时候为了突出翻译目的，吸引游客来目的地旅游观光，译者还可以删除原文中与旅游宣传关系不大的信息。德国翻译学者 Christiane Nord 曾谈到一份介绍西班牙历史名城萨贡托市的旅游手册，原文用大量篇幅介绍该市"鼓风炉林立""重工业发达"。她指出，如果翻译时考虑到翻译的目的，考虑到翻译的对象是那些想逃离本国工业环境，向往西班牙灿烂阳光的德国游客，那么译者在翻译这份旅游手册时完全可以将这些阻碍译文祈使功能的信息"弱化甚至删除"，以达到吸引德国游客的目的（Nord，1997：77）。

3．对原文的改写

1）对原文句子结构的改写

旅游宣传材料的翻译中"宣传"二字的地位不可忽略，旅游材料翻译的目的就是要达到宣传的效果。汉语往往复杂曲折，形散意不散，先分说，再总论，多用掉尾句。而英语则开门见山、直白明了，采用先总后分的形式，多用松散句。如果将汉语的宣传材料直接按其结构进行英语翻译，会出现生硬读不通顺的情况，因此，在旅游宣传材料翻译时有必要对原文的结构进行调整整合，使其符合西方旅游者的阅读和思维习惯。

例5：

原文：在四川西部，有一美妙的地儿。它背倚岷山主峰雪宝顶，树木葱茏，鸟语花香，流水潺潺。这就是松潘县的黄龙。

译文：One of Sichuan's finest scenic spots is Huanglong(Yellow Dragon), which lies in Songpan Country just beneath Xuebao, the main peak of the Minshan Mountain. Its lush green forests, filled with fragrant flowers, bubbling streams and songbirds, are rich in historical interest as well as natural beauty.

原文先描述该景点的迷人风光，然后点出景点名称和地理位置，是典型的汉语"分-总"结构，与英文开门见山的行文方式截然相反。因此，译者对原文结构进行调整，以符合译文读者的审美情趣。

2）对原文诗词的改写

诗词的翻译因其特有的民族内涵而变得繁杂，改写可看作一种补偿措施。

例6：

原文：水映山容，使山容益添秀媚，山清水秀，使水能更显柔情，有诗云：岸上湖中各自奇，山斛水酌两相宜。只言游舫浑如画，身在画中原不知。

译文：The hills overshadow the lake, and the lake reflects the hills. They are in Perfect harmony, and more beautiful than a picture.

原文对风景描写的诗情画意，字里行间透着婉约之美，如果直接将其译成英文，不但会失去美的效果，而且还会显得繁复冗杂，译文中将诗句改写为朴实的 "They are in Perfect harmony, and more beautiful than a picture."，既保留了美感，又简明扼要地表达出了风景之美。

3）对原文行文风格的改写（避虚就实）

汉语和英语属于两种不同的语系，在行文风格和修辞手法上必然存在客观上的差异。汉语旅游宣传材料为了渲染增添旅游目的地的魅力，使旅游目的地在旅游者心中更加形象化，会首先考虑使用华丽瑰美的词，但这些词多半无实际内涵和表达意思，所以在翻译时，可以对其进行改写以便于外国游客和读者更能理解和接受。旅游翻译首先应以旅游者为导向，让他们能在思维上接受中国文化。如果遇到描述性的且实际意义简单的词，如"鳞次栉比""摧枯拉朽""白云苍狗"等，我们可以将其改写，也就是简略概括。

例7：

原文：两岸树木葱茏，鲜花繁茂，碧草萋萋，活脱脱一幅生机盎然的天然风景画。

译文：Trees, flowers, grass, a picture of natural vitality, thrive on both banks.

译文中将树木葱茏译为 trees，将鲜花繁茂译为 flowers，将碧草萋萋译为 grass，是将原文内容进行简单概括而改写的，这样可以使旅游宣传材料一目了然，增加外国游客阅读兴趣。

四、结束语

旅游宣传材料的翻译以外国游客为对象，是为了吸引外国游客到中国旅游的，同时，促进国家之间的文化交流，因此，采取目的论的翻译原则以及选择恰当的文化翻译策略，不仅可以作为旅游宣传材料翻译的原则和策略以激发外国旅游者兴趣，同时也是沟通各国文化交流传播的桥梁。

参考文献

[1] 李静. 旅游文本英译的文化缺省及其补偿策略[J]. 宿州学报，2016（1）：74-77.

[2] 马会娟. 汉英文化比较与翻译[M]. 北京：中国对外翻译出版有限公司，2014.

[3] 翟艳. 浅谈旅游翻译中文化差异的处理[J]. 考试周刊，2016（37）：28-29.

[4] 张青，张敏. 汉英文化与翻译探究[M]. 北京：中国水利水电出版社，2015.

[5] 汉译英第21讲旅游宣传资料翻译[DB/OL]. http://m.book118.com/html/2015/0717/21199618.shtm，2016-09-13.

基于旅游六要素谈内河游轮旅游产品升级
——以长江三峡游轮为例

徐彦欣

一、中国内河游轮旅游发展现状

由于我国内陆河道纵横，湖泊星罗棋布，流域面积超过 100 千米的河流就有 5 800 多条，其中长江作为世界第三长河，不管是河道通航里程还是沿岸旅游资源的附着度，都为游轮旅游发展提供了得天独厚的条件。而长江流域最具特色和吸引力的长江三峡段，随着三峡大坝工程的修建，"高峡出平湖"成为现实，游轮也成为三峡旅游活动最主要和最重要的旅游载体。经过近四十年的发展，以市场竞争为主的集团化趋势更加显著，产品也从单一的游船观光型逐渐向以观光为主，集休闲度假、水上运动、商务会议、科考探险于一体的复合型产品转变，设施也逐渐完善，服务得到一定提升，但其发展的水平与国际著名的莱茵河、尼罗河等流域的游船产品相比仍存在差距，所以其产品的进一步升级有着至关重要的意义。

二、长江三峡游轮旅游产品存在的问题

（一）从游船本身的角度

因为吃、住、行、游、购、娱很多方面都与游船本身的设施息息相关，所以作为游船旅游产品很大组成部分的游船本身的提升就显得尤为重要。先从"吃"和"住"的角度来看，总的来说船上餐食较好，但是有些许标准化和缺乏新意。在五星或超五星这些相对豪华的游轮上，早餐和中餐都是以中西结合的自助餐为主，晚上为圆桌中餐，看上去还不错的自助餐要是吃上几天也难免会感到很腻，难以满足口味要求较高的游客。那些国内船上的餐饮就更不用说，基本上是价格与实际的菜品不想匹配。与此同时，住宿方面一般客房基本上相当于快捷酒店或是普通商务酒店的标准，客房数量多却小，跟国外内河的一些游轮的少而精不同，且缺少必要的中国元素或者三峡主题的装潢，显得不够精美或是缺乏意境。

从"行"和"游"来说，交通主要就是游船，而游览观光很大一部分也是在船上完成的，在游船上的观光主要是在甲板，住在两侧的游客可以直接在房间的阳台观光。相对来说则显得有些单一，不利于观光与其他享受形式的结合。

从"购"和"娱"来说，主要涉及的即是在船上的二次消费，虽然船上配备了咖啡厅、酒吧、KTV等必要的娱乐场所，更多地涉及一些室内的活动，跟陆地上的大多数娱乐活动没有太大的差别，使得游客提不起兴趣，没有达到极尽休闲度假享受的目标。与此同时，船上没有一个真正能让游客进行特色购物的场地，尽管有一些所谓的精品商场，但很难购买到只属于三峡或是当地文化的且极富有意义和性价比较高的纪念品。做一个简单的比较，缅甸亿诺瓦底江的 Sanctuary Ananda 邮轮就显得更有当地风味，船上能够购买到传统的手作，同时也配备了当地风格的水疗中心，SPA 的休闲放松与观景的结合使得体验更加美妙。尽管疗养中心有些三峡豪华游轮也有，但这些特色元素的注入都是三峡游轮所不具备的。

（二）从游轮旅游线路的角度

进入后三峡时代以后，尽管旅游线路在空间结构上由沿江两岸一线多点的单一点线结构逐步转变为"点、线、面"结合的多层次结构，可这只能说明旅游空间的范围得到了扩大，单一的一条线变为腹地延伸后的"坝区+峡区+库区"，得到了内容上的一定丰富，本质上除了大坝，最具特色的地方没有什么大的变化，依旧是以观光线路尤其是自然的观光线路为主，相较而言，欧洲莱茵河和多瑙河上的线路就显得丰富得多，有美食、遗产、自然、荒野等主题，与此同时，陆地和水上的组合性也更加多元。

三、长江三峡游轮旅游产品的升级

（一）针对特色方面进行产品升级

就算是豪华游轮也是根据一个标准来划定的，这样的标准化导致的是豪华的体验显得千篇一律，比如饮食和住宿上比起那些有更多特色、风格或者多样的设施来说，只是自助餐或是那种标准式的住宿环境能给人带来的体验感受是呈较快速度递减的。在景点的观光上也是一样，如果除了峡还是峡，可能到了后面游客会放弃观光，选择游轮上的室内娱乐，不愿消费的则直接选择在房间看电视，所以特色的提升就显得尤为重要。

1. 游船设施的特色提升

从食宿到纪念品商店再到娱乐观光设施，从视觉的布置到深度的体验感受，特色的融入涉及种种层面。在餐食上除了标准自助餐和圆桌餐外，可以提供更多具有特色的风味餐饮，长江上捕捞的河鲜可以通过烤鱼的形式烹制，游船上也可以像很多星级酒店一样拥有自己品牌特色的餐厅，为吸引西方客人又

符合当地居民的口味，可以把法式铁板烧和川菜、湘菜或者粤菜相结合，形成又一吸引点并促进二次消费。在住宿上尽管空间虽然较内陆酒店房间有所差别，但可以做得小而精，像非洲的 Zambezi Queen 号游轮在酒店房间中融入动物的野性元素一样，三峡游轮的房间也可以融入三峡文化，如瞿塘峡的雄，巫峡的秀，西陵峡的险都是较好的主题。为提高房间的文化氛围也可以挂上一些山水画或是著名诗人所题写的诗篇。在购物设施上，可以提供极具特色的船上"购物街"，提供特色的旅游商品，如字画、三峡特色剪纸、蜀绣、丝织品、峡石、雕刻、船模和精品库区特产等。在娱乐观光设施上，因为三峡游在船上主要还是以观光为主，所以开发一些能够丰富观光模式的设施就显得特别重要，从简单的饮茶+观光、饮咖啡+观光到垂钓+观光，甚至可以是科技+观光，用现代技术使得观光不那么枯燥和乏味，并且更加直观清晰。

2．游船活动的特色提升

正如上文对于游船娱乐观光设施的提升中所提及的一样，三峡旅游目前的核心还是以风景的欣赏为主，所以对于其活动特色的融入一方面还是要围绕观光来展开，另一方面可以提供一些水上游乐项目，小有名气的乐队巡演、船上主题 party 或自选的特种体验。在观光活动中，比如到瞿塘峡或巫峡等景点，除了文字解说，也可以请一些山水画大师在船上当场描绘峡谷的美，又或是到达白帝城时可以有人在水上扮演乘舟而去的李白，这样既可以弥补可能的季节遗憾，又可以使得观光体验更加直观、更加生动。

（二）针对游轮旅游线路方面进行产品升级

仅仅是观光或者是不够深层次的文化旅游相对来说主要吸引到的是老年旅游者。不同特色的航线能够提供更多的选择，并且相对保证对不同年龄段的游客形成吸引，如像欧洲内河上，很多游轮公司就提供了很多主题性的路线选择，在"莫扎特"号上举办"多瑙河音乐节"、"德累斯顿"号上举办"迪克西蓝爵士乐"之旅等的音乐主题游、美食游和葡萄酒巡航，让你穿越最美丽的一些葡萄酒庄园，品尝享受不同风味的葡萄酒。

三峡游轮旅游路线也可以相应地设计出更多的主题，比如猎奇为主的自然探险主题，专门选取长江河段较为原始的部分，深度体验三峡自然生态最具有野性的部分，专业带队结合一些徒步和探险，使得行程更具未知元素，还可以设计深度的三峡文化游，辅之结合科研和修学的元素，总而言之，多元化的产品线路能够满足不同需求的消费者，一定程度上提高重游率和产品竞争力。

四、内河游船产品升级的趋势化总结

不管是游轮的设施还是旅游路线上，都存在着一些共性的发展模式，根据对于产品问题的分析和较为合理的游轮产品的升级方案的提出，总结出如下的发展趋势和展望。

（一）特色以及品牌化方向发展

当产品的特色形成稳定的口碑的时候，就产生了一定的品牌效应，长江三峡游轮游中的几个公司开发的豪华游轮虽然已经达到了一定的标准化水平，但在未来的发展过程中定会结合特色进行新的产品升级，其品牌相对于其他品牌也会产生更加明显的识别效应，从而提高知名度、美誉度和客户满意度。

（二）旅游线路的主题化和组合化方向发展

为了吸引不同需求的旅游者，长江三峡以及中国其他内河游轮旅游必定像欧洲游轮一样形成不同主题的游线，与此同时，游船上还会举办各种各样适于该主题的活动，使得整个游轮旅游过程更加饱满、更加具有张力。水体和陆地体验的组合模式，使得游客的体验更加丰富，游轮-皮划艇、竹筏等水上交通体验的组合模式也能促进游客对于游览体验的升级。

这样的趋势可能会在未来得到更加深入的发展，使得三峡以及国内其他内河游轮旅游迎来更加深入、更加富有生命力的时代。

参考文献

[1]　王宁. 长江三峡游船旅游行为及市场特征研究[J]. 西南民族大学学报：人文社科版，2007，28（2）：172-176.

[2]　王宁. "后三峡时代"三峡游船旅游创新发展构想[J]. 西部论坛，2009，19（6）：31-36.

[3]　陈虹. 欧洲内河航运对发展我国内河航运的启示[J]. 水运工程，2002，345（10）39-41.

[4]　宋立中，李芬，王会. 欧洲内河游船业的经营区域策略及其启示[J]. 世界地理研究，2011，20（2）：107-118.

[5]　冯浩. 关于长江游船发展的几点思考[D]. 北京：国家发展和改革委员会综合运输研究所，2015.

土地资源管理

基于 Landsat TM/TIRS 对重庆市南岸区城市热岛效应的研究

杜昊忱　黄霜

改革开放以后，我国城市化的进程加快，城市的规模越来越大，城市热岛效应加剧，随之引起的城市高温给城市里的人们带来不少的烦恼，同时对人们的身体也造成了一定的伤害。城市热岛效应是指城市因大量的人工发热、建筑物和道路等高蓄热体及绿地减少等因素，造成城市"高温化"，即随着城市化的飞速发展，导致城市中的气温高于外围郊区的这种现象。城市热岛效应是城市气候最显著的特征之一，在全球气候变化尤其是全球增温过程中扮演着重要角色，被认为是主导整个城市生态环境的重要因素之一。

重庆市，一座年轻的直辖市，作为我国城市化发展最快的地区之一，在城市的快速扩张过程中，产生的热岛效应问题是极具代表性的。本文以重庆市的南岸区为研究区域，将南岸区作为重庆市的一个缩影，通过对 6 期 TM/TIRS 影像的城市建设用地重心的迁移以及 4 期地表温度的反演，分析城市扩张与地表热环境变化的规律，探讨减缓城市热岛效应的措施，对环境治理提出参考，为重庆的可持续发展提供决策依据。

一、研究区概况

南岸区作为重庆都市区，处在重庆市西南部，位于东经 106°3′14″～106°47′2″、北纬 29°27′2″～29°37′2″之间，区内河流以长江为主，过境段长 45 km，另有大小河流 11 条，区境西部、北部濒临长江，与九龙坡区、渝中区、江北区、渝北区隔江相望，东部、南部与巴南区接壤，重庆经济技术开发区（南区）和重庆中央商务区（南部）位于辖区内，面积 263.09 km²。

南岸区位于川东平行岭谷区，背斜、向斜平行分布，构成低山、丘陵、平坝、河流的组合地貌特征；处在亚热带季风区，热量丰富，雨量充沛，无霜期长，冰雪少，风小，日照少，湿度大，云雾多，春早夏长，秋短冬暖，四季分明，多年年平均气温 18.5 ℃，年均降雨量 1 097.8 mm。

二、研究方法

（一）数据来源

研究主要采用图像质量较好的、云层较少的 2004，2007，2010 年的 Landsat TM 影像以及 2014 年的 Landsat TIRS 影像作为研究数据(均下载于"地理空间数据云 http://www.gscloud.cn/")，轨道号为 128039，所有影像采用 ALBERS 线，采用东经 110°，双标准纬线分别采用 25°和 47°，由于热岛效应研究对象为城乡温度差异，因此均选择夏季影像，进行地面温度反演时选用热红外波段数据，对于 Landsat TM 为第 6 波段数据，对于 Landsat TIRS 选用第 10 波段数据。

（二）研究方法

1．数据预处理

对各期影像进行辐射校正、大气影响校正、图像镶嵌与裁剪等方法对实验所需的数据进行提取，辐射校正是为了减少因传感器的灵敏度特性引起的误差，大气校正则是为了减少大气散射和吸收带来的影响。

2．地表温度反演

对比前人的多项研究，对于大气平均温度和水汽含量较高的夏季，遥感数据采用覃志豪的单窗口算法进行地表温度的反演，其结果精度较普适性单通道算法精度更高。所以本文利用 ENVI5.2 结合单窗口算法反演各期地表温度：

1）辐射强度 L_λ

遥感影像的亮度值（DN 值）都是经过量化和纠正过的以 8 bit 编码的数字影像，为了精确反演地物特性，有必要将 DN 值转化为星上辐射亮度值。

对于 Landsat 5：

$$L_\lambda = L_{\lambda(\min)} + [L_{\lambda(\max)} - L_{\lambda(\min)}]Q_{dn}/Q_{\max}$$

式中，最小辐射强度 $L_{\lambda(\min)} = 1.238 \text{ mV}/(\text{cm}^2 \cdot \text{sr} \cdot \mu\text{m})$；最大辐射强度 $L_{\lambda(\min)} = 15.303 \text{ mV}/(\text{cm}^2 \cdot \text{sr} \cdot \mu\text{m})$；像元灰度最大值 $Q_{\max} = 255$；Q_{dn} 为像元灰度值。

对于 Landsat 8：

$$L_\lambda = M_L \times Q_{cal} + A_L$$

通过查看影像的头文件，可以获取偏差参数：M_L（RADIANCE_MULT_BAND_x）和 A_L（RADIANCE_ADD_BAND_x）为图像的增益和偏置。

2）像元亮度温度 T

$$T = K_2/\ln(1 + K_1/L_\lambda)$$

式中，K_1，K_2 为发射前的预设常量.

对于 Landsat 5（band6），$K_1 = 60.776 \text{ mV}/(\text{cm}^2 \cdot \text{sr} \cdot \mu\text{m})$，$K_2 = 1\,260.56 \text{ K}$。

对于 Landsat 8（band10），$K_1 = 774.89 \text{ mV}/(\text{cm}^2 \cdot \text{sr} \cdot \mu\text{m})$，$K_2 = 1\,321.08 \text{ K}$。

3）NDVI 与植被覆盖度

对于 Landsat 5：

$$\text{NDVI} = (\text{Band4} - \text{Band3})/(\text{Band4} + \text{Band3})$$

对于 Landsat 8：

$$\text{NDVI} = (\text{Band5} - \text{Band4})/(\text{Band5} + \text{Band4})$$

植被覆盖度 $F_v = (\text{NDVI} - \text{NDVI}_s)/(\text{NDVI}_v - \text{NDVI}_s)$

其中 NDVI 为归一化差异植被指数，取 $\text{NDVI}_s = 0.00$，$\text{NDVI}_v = 0.70$；当某个像元的 NDVI>0.70 时，F_v 取值为 1，当 NDVI<0.00 时，F_v 取值为 0。

4）地表比辐射率

根据前人的研究，将遥感影像分为水体、城镇和自然表面 3 种类型，水体像元的比辐射率赋值为 0.995，自然表面和城镇像元的比辐射率估算分别按下面的式子进行计算：

$$\varepsilon_s = 0.962\,5 + 0.061\,4F_v - 0.046\,1F_v^2$$

$$\varepsilon_b = 0.958\,9 + 0.086F_v - 0.0671F_v^2$$

5）C 和 D（中间变量）

$$C = \epsilon \times \tau$$
$$D = (1-\tau) \times [1 + \tau \times (1-C)]$$

在 NASA 官网（http: //atmcorr.gsfc.nasa.gov/）中，输入在每期影像的头文件中查询到的成影时间和经纬度，则能得到我们所需的大气在热红外波段的透过率 τ。

6）地表温度 T_s

$$T_s = [a(1-C-D) + (b(1-C-D) + C + D)T - DT_a] / C$$

式中，T_s 为地表温度（K）；a 为常量，取 $-67.355\,351$；b 也为常量，取 $0.458\,606$。考虑到重庆市南岸区的纬度，且为夏季的遥感影像，因而采用中纬度夏季大气剖面模型计算大气平均作用温度 $T_s = 16.011\,0 + 0.926\,21T_0$（$T_0 = t + 273.15$，$t$ 为实际月平均温度）。

3. 建设用地重心计算与其迁移速率

为了整体上了解南岸区建设用地空间分布的变化情况，并以定量的方式研究建设用地的扩展变化，利用 ArcGIS10.2，以建设用地斑块面积为权重，计算各期的建设用地重心坐标：

$$X_t = \sum_{i=1}^{n}(s_{ij} \times x_i) / \sum_{i=1}^{n} s_{ij} \tag{1}$$
$$Y_t = \sum_{i=1}^{n}(s_{ij} \times y_i) / \sum_{i=1}^{n} s_{ij} \tag{2}$$

式中，X_t，Y_t 分别为第 t 年建设用地分布重心的坐标；s_{ij} 为第 i 个建设用地斑块的面积；x_i，y_i 为第 i 个建设用地斑块的重心坐标。

根据公式（1）和（2）计算所得的各期的建设用地重心坐标，可利用公式（3）计算南岸区建设用地的重心迁移速率：

$$V_{t_{i+1}-t_i} = \sqrt{(X_{t_{i+1}} - X_{t_i})^2 + (Y_{t_{i+1}} - Y_{t_i})^2} / (t_{i+1} - t_i) \tag{3}$$

式中，X，Y 分别为某时期建设用地重心的 X，Y 坐标值；$t_{i+1} - t_i$ 为地类重心转移的时间间隔；$V_{t_{i+1}-t_i}$ 为 $t_{i+1} - t_i$ 时间内的地类重心年迁移速率。

三、结果分析

（一）地表温度变化分析

由图 1 可以看出高温区的分布较为集中，但分布不均匀。从整体上来看南岸区被地表温度 LST 大致分为了两部分，其东部地区的地表温度明显低于西部地区，高温区主要是南岸区中心城区以及其建制镇所在区域兴起的商业区、居住区和正在开发的地区。低温区主要分布在以长江为主体的水体覆盖区域以及南山等海拔较高、植被覆盖较密集的地方。由此可以看出，地表温度在空间分布上存在一定的规律，城市高温区下垫面多以建设用地为主，低温区下垫面则多以水域和高植被覆盖度的区域为主。

从变化趋势上看 2004 年、2007 年、2010 年、2014 年的地表温度，由于南岸区正在经历快速城市化的阶段，特别是中东部茶园新区的不断开发，导致城区的规模加剧扩大，其城市热岛现象日益显著，且有向东南方向扩展的趋势。中东部地区的乡镇开发和建设的新兴商业和居住区是在改变了原有的农用地的近自然地表覆盖的情况下，形成了大量的不透水地表。加上工业和人口的集中形成人为热源，导致地表温度呈显著增大的趋势，原来的非热岛区域成为了新的热岛区域。建设用地作为对城市热岛效应贡献最大的影响因素，进而将 2007 年以后研究区大致分成了一小一大、一东一西的两个热岛区域，其热岛效应越来越显著，有向着恶化方向发展的趋势。

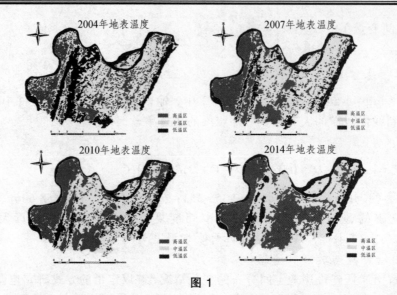

图1

（二）建设用地重心变化分析

为了能够准确地研究城市的建设用地扩展状况，本文结合 ArcGIS10.2，采用目视解译的方法，提取各期的南岸区建设用地，并根据公式（1）（2）（3）可以得出南岸区建设用地迁移速率，如图2所示。

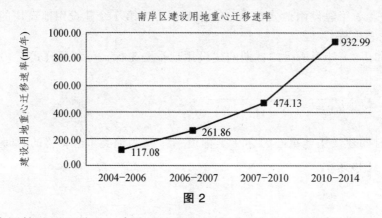

图2

从图2并结合实际情况可以看出，建设用地重心均位于研究区内部，而西部的建设用地面积不断增加，由于茶园新区等的开发，大量的农用地被开发成了商业区和居住区，中东部地区的建设用地年迁移速率也呈现加速度增长的趋势，特别是 2010 年至 2014 年的重心迁移速率与 2007 年至 2010 年相比增长近一倍。即在这近 10 年间，南岸区的建设用地随着城市化的进程，开始不断向外扩张，且大致向着东南方向发展。

（三）城市热岛效应与其城市扩展的关系分析

根据上述的城市热岛效应与城市扩展的研究分析，结合图1和图2可知，它们两者呈现一定高度的相关性和一致性。在 2010—2014 年与 2007—2010 年之间，不论是建设用地重心迁移速率增长还是热岛区域的扩大都有着较为显著的改变。各期西部的建设用地始终多于东部，而各期的热岛区域也明显大于东部。2007 年之后城市建设用地逐渐向着东南部地区扩张，同时，城市的热岛区域也随之向东南地区发展。

四、结论与讨论

本文利用 2004、2007、2010、2014 年的遥感影像数据，对重庆市南岸区的城市建设用地重心迁移速率、热岛效应以及两者之间的关系进行了分析，得出南岸区建设用地重心的迁移速率呈现加速度增长趋势；而热岛区域也不断扩大，并且形成两个热岛区域；建设用地对地表热环境贡献最大，即城市建设用地的扩展与城市的热岛效应是正相关关系，城市扩张加快了热岛效应的形成。

针对近年来，城市热岛效应使得整个城市的气温上升，使得全球变暖和气候变暖的进程加快，构成了一个恶性循环，包括产生近期较为关注的雾霾的现象，提出几项减缓城市热岛效应的措施：

第一，大力推广使用生态透水路面。当前南岸区城市道路以沥青和水泥路面为主，这两种路面比热容小、温差变化大，夏天炎热时期地表温度很高。将普通沥青水泥道路改为生态透水路面，是缓解热岛效应最经济有效的方式，具有多种益处。

第二，增加城市绿化和水体面积。植被和水体都能通过吸收大量的热量，来降低大气中的温度，因此植树造林，加大人工水体的建设，都能有效缓解城市的热岛效应。

第三，合理规划和设计城市的布局。结合旧城整治改造和新街区建设的实际，利用风向的流通来带走城市中的热量，即城市建筑物的布局应该和当地夏季的城市风向一致，这样能够加快风在城市中的流通速度，使空气交换更为顺畅，同时应控制空调的使用，推行低碳环保生活。

参考文献

[1] 张宇，赵伟，龙凤，黄婧，刘婷. 基于 Landsat TM/TIRS 的重庆市主城区热岛效应研究[J]. 水土保持研究，2015（05）：191-196+203.

[2] 胡平. 基于 Landsat 8 的成都市中心城区城市热岛效应研究[D]. 成都：成都理工大学，2015.

[3] 陈昌鸣. 缓解山地城市热岛效应规划措施探讨[J]. 绿色科技，2014（06）：282-284.

[4] 胡弟维，周启刚，赵予爽，杨沁汶，王华魏. 基于 Landsat TM 的地表热环境对城市扩展的响应 —— 以重庆市南岸区为例[J]. 重庆工商大学学报：自然科学版，2012（11）：79-86.

[5] 覃志豪，Zhang Minghua，Arnon Karnieli，Pedro Berliner. 用陆地卫星 TM6 数据演算地表温度的单窗算法[J]. 地理学报，2001（04）：456-466.

资源型城市转型中旅游开发探索
—— 以重庆市万盛区为例

陈凤娟

一、第一部分

（一）研究背景

由于资源的逐渐枯竭，许多资源型城市经济衰退，产业转型势严峻。当前我国共有资源型城市 426 座，不管是处于资源开发的成长期、鼎盛期还是衰退期，他们都将面临着产业结构的升级换代。重庆市万盛区是国务院公布的第二批资源枯竭城市之一，也是重庆市唯一的资源经济转型试点城市。自 1938 年南桐煤矿规模化开采以来，万盛区 70 多年来已经累计生产原煤 2 亿多吨，1955 年万盛"因矿设区"，曾是全国 100 个重点采煤区县之一。这是一座典型的因煤而立、依煤而兴、因煤而衰的资源型城市。当前区内大部分煤矿将面临无煤可挖的困境，再结合科学发展观的根本要求 —— 协调发展和可持续发展，必须对该区进行经济转型。因为万盛区自然旅游资源富有特色，分布在东部海拔 1 000 米以上的绿色清凉度假带，与工业园区相隔甚远，互不干扰，自然旅游资源山、水、泉、林、洞一应俱全，动植物种类繁多，典型的喀斯特地质特征，立体性气候特征明显，是重庆近郊避暑条件最好的区域。黑山谷深险秀，完胜石林古老神奇，铜鼓滩漂流浪漫刺激，樱花温泉延春灵液，奥陶纪公园地质奇观，九锅菁森林公园清幽奇绝。漫步夜郎古国，满目山水画卷，直疑天上人间。万盛区得天独厚的旅游发展趋势，更是坚定了其由"黑"转"绿"的经济转型。

（二）研究目的及意义

本文以煤炭资源型经济的万盛区为例，对将资源型城市转型为以旅游型经济作为支柱产业的模式进行研究，可以为更多的资源型城市的转型提供非常重要的理论意义和实践探索。此外，通过研究，期望对资源型城市产业转型有更深入的了解，提出具有针对性和可操作性的旅游发展对策，对该区未来旅游的健康发展、经济的持续增长、环境的改善提供一点思路和参考。

（三）研究思路

本论文分为四部分：第一部分为分析选题的背景、意义和研究方法；第二部分为本文的理论部分，主要是讲述了资源型城市的一些相关概念、理论基础，以及国内外资源型城市转型的研究概况；第三部分阐述研究内容与成果；第四部分总结全文，指出论文的创新之处、不足之处以及建议和畅想。

（四）研究方法

（1）收集文献资料。

① 通过互联网查找万盛区在转型前的经济结构和状态，并对其进行分析和概括，找出转型的必要性。

② 在重庆工商大学图书馆查找相关资料。

③ 查找国内外城市转型的例子，进行对比。

④ 借鉴历年来政府对万盛区的记录资料，进行分类汇总和比较。

（2）问卷调查：通过问卷调查，进行分类总结，了解实况。

（3）相互比对法：通过与国外一些转型城市进行对比，归纳出万盛区转型的特色和需改进的地方。

（4）定性定量分析法：利用主成分分析法、统计分析法和分类汇总等对万盛经济转型中的资源、经济等进行系统化和定量化分析，用实证的方法增加定性研究的说服力度。

（5）实地调查法：为了更好地了解本区的一些近期状况，进行现场的考察和询问，并做好记录。

（6）分析归纳法：依据参考文献和实情对研究的内容进行归纳总结。

二、第二部分

（一）相关概念界定

1. 资源型城市的概念

资源型城市是指因自然资源的开采而兴起或发展壮大，且因自然资源在工业中占有较大份额的城市。这里所指的自然资源多为矿产资源，也包括矿产资源的初加工，如钢铁工业和有色冶金工业。

2. 资源城市的界定标准

根据资源型城市的概念和特点，并结合我国的实际情况，总结资源型城市的标准如下：

（1）资源型产业产值占工业总值的比重在10%以上；

（2）资源型城市从业人员占全部从业人员比重5%以上；

（3）资源型产业产值规模，对县级市而言超过1亿元，对地级市而言超过2亿元；

（4）资源型城市从业人员规模，对县级市而言应超过1万人，对地级市而言超过2万人。

满足以上四个标准之一的城市就属于资源型城市的范畴。

（二）相关基础理论

1. 可持续发展理论

因为资源是会枯竭的，要想长治久安，必须研究并找寻自然的、社会的、生态的、经济的以及利用自然资源过程中的基本关系和方法，以确保既能满足当代人的需要，又不对后代人满足其需要的能力构成危害的发展。可持续发展注重社会、经济、环境的协调发展，不同于传统工业发展观那样以破坏资源和环境为代价来换取经济的快速增长。

2．资源型城市生命周期理论

资源型城市是随着资源型产业的产生而产生的，其发展过程为：形成期→成长期→繁荣期→衰退期。从生命周期理论可以看出，在繁荣期对经济进行转型最为合适。

（三）国内外研究概况

1．国外学者的研究

1）关于资源型城市转型发展影响的研究

20世纪80年代末，国外学者开始重点关注资源型城市的经济转型对城市、社区、居民带来的广泛影响。比如，对城市的经济发展状况及发展模式的影响，对城市劳动力市场的影响，对社区建设及发展状况的影响等等。针对资源型城市的经济转型发展，很多的资源型社区都在积极地进行调整，努力保持产业之间的平衡发展，使得城市经济处于可持续发展的状态。

21世纪以来，关于资源型城市经济转型发展对地方居民带来的收益及负面影响仍是学者们研究的重点之一。通过典型案例归纳分析了资源开采对资源型社区的经济、社会、文化和环境等方面产生的影响，研究表明：社区的积极全面参与是实现资源型城市可持续发展的重要保障，政府在其中应该起到一个协调者的作用，建立起一个健全的多方协调的机制，为利益各方提供一个充分交流的平台；资源开发型企业进入一个新的国家或地区之前，应该详细了解这一国家或地区的政治动态、风土人情等，从而避免与当地政治、文化等方面的冲突，企业有义务密切关注和促进地方社区的发展。

2）关于资源型城市转型发展机制的研究

20世纪70年代末至80年代中期，学者们在以往实证研究的基础上，更多地采用了规范性研究，研究的重点是资源型城市的转型发展机制以及资源型社区的规划建设问题，在国际经济政治关系中影响重大的依附理论、主流经济学派的区域发展理论以及可持续发展理论是这一阶段学者们的研究基础。

2．国内的研究概况：

国内对资源型城市的研究主要集中在概念的界定、数量的确定以及产生的问题和转型发展的路径上，很多研究就是探讨资源型城市的含义和特征，从而得出资源型城市转型过程中政府干预的必要性。

伴随着我国资源城市的发展进程，国内学者也开始了对资源城市的研究。建国初期，我国进入工业快速发展时期，需要大量的矿产资源、能源和各种原材料，因为帝国主义对我国进行经济上、政治上的封锁，迫使我国只能依靠自己建立能源和原材料基地。

1990年，学者李秀果、赵宇空得益于国家自然科学基金的支持，展开了对资源城市发展问题的调查研究，历时四年于1995年出版了专著《中国矿业城市：可持续发展与结构调整》。同时中国地质矿产研究院于1993年也开始了对中国矿产城市发展的专业研究，并形成了《中国矿业城市发展研究》的研究报告。

目前，中国有关资源型城市脆弱性的研究成果正在日益增加。资源型城市脆弱性内涵是由脆弱性内涵衍生来的，是处于特定时期的特定城市自身结构具有的固有属性，是一个对比性概念。

三、第三部分

（一）对万盛区目前的矿产资源情况，矿产资源还能持续多久的研究

随着煤矿资源的大量开采，万盛矿产资源已所剩不多。但作为已有80年采矿历史的城市，也会有一定数量的存余。数据显示目前全区煤炭工业储量3.08亿吨，硫铁矿储量1 262万吨，白云岩储量7 118.8万吨，石灰岩储量大，分布广，储量约145亿吨。预期开采数量也有着乐观的估计。到2015年，煤层气产量达到4 500万立方米以上，主要固体矿产开采总量1 500万吨，其中煤炭产量400万吨，矿产工业总值力争达到40亿元左右。到2020年，煤层气产量达到6 000万立方米以上，固体矿产开采总量2 000

万吨，其中煤炭产量 500 万吨，矿产工业总值力争达到 60 亿元左右。到 2020 年，重要矿产可供性继续保持稳定。

相较之前，矿产资源有着明显的短缺之处，煤矿产业也经历了一次大洗牌，以往的"多，小，散"情况得到有效改善，滥开发情况也得到遏制。但是这并不能继续成为城市的支柱产业。单一的产业结构，有限的自然资源终不能保证一个城市的稳定发展。煤矿产业已然成为副产业，急需转型，获得新的发展机遇。

（二）城市转型方向选择旅游为支柱产业的原因的研究

对于资源型城市来说，缺乏的就是一种"可持续"。资源型城市走转型道路，就需摒弃已往以过度开采自然资源为代价的经济模式，转而改为以旅游业为接续产业。旅游业是一个高投入、高产出、高收益的产业，与其他产业不同，旅游业不是单一产业，其中涉及多个产业群。万盛区有着独具特色的自然风光，也有国家级风景区，把旅游产业作为支柱产业是一个很好的选择方向。在发展旅游业的同时，也会恢复已往被破坏的生态环境，治理污染。对于城市长远的发展，可持续的发展有着极大的助力。本研究对未来城市转型方向重心选择有很好的标示作用。

四、第四部分

（一）万盛区转型旅游在现阶段取得的成果以及不足之处

成果：2017 年元旦节期间，南天门冰雪世界盛大开园，黑山谷、龙鳞石海团队游客人次大幅增加，12 月 31 日—1 月 2 日三天，全区共接待游客 135 628 人次，同比增长 203.46%，实现旅游总收入 6 862.77 万元，同比增长 257.51%。旅游人次及旅游总收入同比实现大幅增长。同时，全区未发生一起旅游投诉和旅游安全事故。网上评价和社会舆情持续平稳、积极、正面。2016 年 1~11 月，全区共接待海内外游客 1 180.3 万人次，同比增长 37.05%。实现旅游总收入 59.55 亿元，同比增长 38.28%。国庆黄金周期间，全区共接待游客 49.81 万人次，同比增长 107.97%，实现旅游总收入 25 343.62 万元，同比增长 114.28%。其中，景区门票收入 1 546.06 万元，同比增长 54.27%。"中秋"小长假期间，全区共接待游客 103 873 人次，同比增长 200%，实现旅游收入 5 245.57 万元，同比增长 204%（其中，黑山谷接待游客 19 951 人次，同比增加 93.1%；龙鳞石海接待游客 12 581 人次，同比增长 104.4%）。

万盛区目前旅游产业发展可能存在的问题有：基础设施建设的完善与否；旅游资源的综合开发利用是否充足；市场营销是否深入人心；属于自己的独特品牌是否建立；关于旅游产业方面的专业人才的来源是否有保障；与其他产业的发展是否协调等。

（二）对万盛区转型旅游城市后的建议与畅想

支撑万盛区转型的产业不可能只有旅游产业这一个独立支柱，它的转型以及之后的继续发展需要多个企业的共同带动。一个城市的经济转型关乎整个城市居民的整体利益，一个支柱产业的改变势必带动该地区市场中其他产业的变动，将这种变动控制在好的范围内，新兴支柱产业的良性发展将会引起其他相关产业的良性发展，从而带动区域经济的良性发展。对经济转型未来发展的问题的研究结果将具有对其他转型城市良好的借鉴意义。

参考文献

[1] 毕志强. 重庆万盛将试点资源枯竭城市旅游转型[J]. 中国旅游报，2012（10）.

[2] 胡礼梅. 国内资源型城市转型研究综述[J]. 资源与产业，2011（06）.

[3] 祁泉淞. 资源型城市经济转型的模式研究[D]. 武汉：中国地质大学，2010（08）.

绵阳市富乐山景区的现状以及发展对策分析

袁　鑫

　　西部大开发战略给西南地区众多城市旅游业带来了千载难逢的机会，但是一些地区旅游业的发展仍然相对弱势。本文通过对绵阳富乐山旅游景点的总体概况分析为例，结合富乐山旅游发展目标，综合分析其在旅游开发、管理过程中存在的优缺点，并提出相应的改进方法和对策，以能够对本地及周边区域起到文化巩固和带动作用，并能增强富乐山旅游景点对绵阳旅游产业的正影响力。

一、绵阳市富乐山现状

（一）景区基本概况

　　绵阳市富乐山位于四川省绵阳市区城东 2 km 处，全国风景名胜区"剑南蜀道"南段，原名东山，又称旗山。据宋《方舆胜览》记载，汉建安十六年（公元 211 年）冬，昭烈入蜀，刘璋延至此山，望蜀之全胜，饮酒乐甚，刘备欢曰："富哉！今日之乐乎！"，山因之得名。绵阳市属东部亚热带季风气候区，气候温和，四季分明。年均气温在 18.7～21 ℃。最佳出游时间在春秋两季。

　　富乐山景区是 1987 年开始陆续新建的以再现"三国故事"为主题的多处园林建筑有机组合的大型公园，景区规划面积 2.1 km²，包括富乐山公园和富乐堂管理处两大部分。景区融"三国文化"和人文景观一起，采用中国古典园林造园手法，取山、水两大基本要素，已建成园林 50 余处。其中的园苑主要包括汉皇园、豫州园、人和苑、桃园、梨园、月季园、海棠园、桂花园、盆景园等。汉皇园、豫州园和人和苑具有历史意义，属于文化历史园类，而其余的则属于观赏类的园苑。富乐堂建立在富乐山公园内，富乐堂主体建筑涪城会馆为四合院建筑群，建筑面积 2 230 m²，大殿为高大宽敞的五开间，殿内为再现刘备与刘璋涪城会盛况的大型泥塑群像，还有蜀国的五虎上将塑像——关羽、张飞、马超、黄忠、赵云。整座建筑红墙黄瓦，肃穆庄严。因山上碑石、岩刻、造像及诗词众多，被誉为"川西北书法艺术宝库"。

（二）富乐山举办的活动概况

　　每年 10 月中旬左右富乐山都会举行菊展，截至 2017 年，富乐山菊展已经成功举行了 29 届。每年一次的菊花展对绵阳本地以及周边区域产生了深远的影响。以 2016 年第二十九届菊展为例，展出菊花品种达到 600 多种，菊花总数约 12 万盆，草花 5 万盆。大型菊艺造型 11 组，小品造型 10 余个。同时，"三国"文化元素被融入每一届的菊展中，再加上同期开展的各类艺术展出，如金秋书画展、花卉摄影作品展等都增强了富乐山旅游文化的传播和对周边地区的影响。

二、绵阳市富乐山存在的问题

（一）基础设施需要更新完善

1．车位太少

绵阳富乐山车位只有 300 个左右，与景区日接待人数互相冲突。这也是游客意见反馈中最主要的问题。

2．水上游乐设施安全性需要提高

水上游乐设施齐全，但是设备维护不够，安全性不够。

3．住宿形式单一

园区内仅有一家五星级酒店，面向多层次、多需求的游客，住宿形式过于单一，不能满足大部分游客的需求。

（二）"三国文化"主题性建设宣传不够

绵阳市富乐山是一所集"三国文化"和人文景观为一体的主题公园，景区内建有三国文化相关的园区和雕塑，但是在三国文化的建设和宣传方面力度不够。例如四川九寨沟、峨眉山、羌族九皇山等主题突出的旅游文化区，形成了自有的吸引各地游客的特色特点。绵阳市富乐山虽然有着历史悠久的三国文化底蕴，但是无论从活动举办、日常吸引游客建设方面都存在力度不够、形式单一、创新不足等问题。

（三）特色饮食不突出

四川被誉为"美食圣地"，川味小吃一直都吸引着外地人对四川美食的向往。而在这个基础上，绵阳还有着众多的特色美食，例如绵阳米粉、窝窝包子、席凉粉、罐罐鸡、梓潼片粉、梓潼酥饼等。首先绵阳富乐山公园对这些特色小吃的宣传力度不够，导致小吃的受众更多面向的是本地人，并没有在外地人之中形成一种特有的吸引；其次，公园对园区内特色食品的售卖管理不够，主要售卖这些特色小吃的是挑着担子的农民，在食品安全方面监督不严格。也正是因为这两种原因，使得富乐山的小吃不能登上大雅之堂，也不能因此吸引外地游客。

（四）水景建设不够

绵阳市富乐山公园里山水相间，水体众多，但多是静水，动态水较少。导致水质普遍较差，这与富乐山初期建设目标"建设成为一座山水特色显著的主题公园"相违背，也降低了游客对该园区的总体印象和评价。

三、改进方法

（一）针对基础设施的更新完善

1．车位规划

针对这个问题，管理处可以根据景区的园区分布，实地考察，在人流量较大的入口增加车位。增加车位可以采用：① 增加地下车库，分析可行性后，对现有车位所在面积进行车库重建，增加地下车库的层数和面积，从而提高车位数量；② 对原有车位所在面积进行重建，增加地上车库的楼层数，建立地上多层车库；③ 聘请高级工程师建设立体式机械停车库，在增加车位数量的同时，也可以凭借独特的车库造型为富乐山的旅游起到宣传作用。

2．水上设施安全性提高

设立景区游乐设施安全监察小组，详细制定设备检查维护的细则，并定期进行整个景区游乐设施的安全系数检查和通报。在如今各大游乐园安全事故频出的时期，加强安全监察小组成员的思想建设，更加注意游乐设施的维护问题，解决游客的后顾之忧。做到不因为"附加设施"的问题影响游客流量。

3．增加住宿形式

① 在绵阳市本地、周边以及外地，对不同层次人群包括老人、学生、白领、背包客等进行问卷调查，主要针对大家理想的在旅游景点的住宿形式进行统计。然后根据调查结果，对景区的住宿区域进行规划和整理，增加更多价格层次的宾馆和农家乐。② 建设一定数量的主题住宿区，例如"与三国人物一起"的主题宾馆，由景区管理处进行统一管理，设定同一大主题——三国，不同小主题的宾馆。

在建设好特色住宿区以后，加强对其的宣传力度，做到住宿、旅游的双向宣传，从而整体提高富乐山景区的游客流量和消费。

（二）"三国文化"主题建设

作为绵阳市富乐山公园的主要建设初衷和目标，应该在"三国文化"建设方面付诸最大的心血和努力。景区内有众多能够表现"三国文化"的园区，例如富乐阁下绵州碑林中的巨形浮雕"涪城会"上辉煌的宫阙、行进的车马；以刘备、刘璋为中心的上百人物把三国的历史风云一一再现；富乐堂1999年修建的为纪念刘备与刘璋涪城相会的殿堂、庭院与园林相结合的景区，也十分能代表富乐山的"三国文化"。但是在拥有极具文化特色的建筑园区的情况下，富乐山并没有在宣传中花力气，以至于一部分本地人甚至都对该景区的特色不了解，对更多的游客来说，富乐山公园仅仅是一个大众的没有特色的旅游景点。而要解决这个问题，首先，富乐山公园管理处应该重新审视景区的宣传营销方式和力度，重新规划该园区的旅游主题定位。可以有以下方式：① 完全解读绵阳市政府出台的《富乐山风景名胜区总体规划》，在总规划下努力做到增强富乐山影响力；② 举办以"富乐山三国文化"为主题的大型活动，例如马拉松、越野活动、三国文化代言人评选活动等，通过活动的举行加强富乐山景区的主题性深化。

（三）提升特色饮食影响力

对于绵阳的特色小吃，例如绵阳米粉、窝窝包子、席凉粉、罐罐鸡、梓潼片粉、梓潼酥饼等，做到宣扬美食的同时，使特色小吃成为富乐山的另一吸引要点。① 富乐山管理处可以制定详细的园区内部食品售卖细则，加强对小商小贩售卖小吃的地点控制和食品安全监督力度；② 划分饮食集聚区域，招标吸引外商做具有特色的绵阳小吃，形成统一的规模，进行集中管理，优化各门店的服务态度和质量。努力扩大特色饮食的影响力，从而提升富乐山公园的影响力。

（四）建设水景

因为园区内水景多为静水，而导致水质普遍较差，所以解决这个问题的方法只有让静水"动起来"。富乐山园区管理处可以增加投入，聘请水景设计专家对景区内部，水景系统进行调研和设计解决方案，购买活水设备、循环水设备，增加净水水生植物的培养。在尽快净化原劣质水体的同时，设计新的活水系统，不再使水景问题影响游客对整个园区的评价。

四、结 语

绵阳是一个以科技为主力促进其发展的城市，在西部大开发的宏观条件下，旅游业发展也发挥着日益重要的角色。在西部城市走向全国乃至世界的同时，绵阳市更应该以新的目标要求自身的发展，作为城区内的一大景点，富乐山公园也承担着无法推卸的责任。独有的三国文化给了富乐山众多发展的契机，唯有抓住机会，找准问题并解决问题，才能让"三国文化"成为富乐山的名片，让富乐山成为绵阳的名片。

参考文献

[1] 冯新灵.中国西部旅游资源弱势区发展旅游的研究[J].绵阳师范学院学报，2006，25，5.
[2] 马娱.北京植物园水景调查及研究[J].山东林业科技，2008.
[3] 黄森木.风景独好富乐山[J].国土绿化，2003.
[4] 陈娟.绵阳市富乐山景观风景评价[J].福建林业科技，2014.

关于农村宅基地存在的问题及建议

赵梦卓

一、调查地区及调查对象情况

本课题调查的地区是重庆市綦江区安稳镇，即位于云贵高原的大娄山脉与四川盆地的连接地带，全镇复员面积 102 km²，介于北纬 28°35′~28°43′、东经 106°41′~106°52′之间，其中田 8 106 亩、土 19 457 亩、林地 6 268 亩。总人口 46 267 人，辖 10 个村 2 个社区，有十三个少数民族计 800 余人。该地区属亚热带湿润季风气候，多年平均气温 18.8 ℃，无霜期年平均 346 天，平均绝对湿度为 18.5 毫巴。该地区为一个产煤大镇、能源大镇，并含有丰富的方解石、大理石、萤石等矿产资源[1]。

该地区的居民家庭情况不一，但都常年居住于此地，且家庭的主要劳动力均居于家中没有外出打工。村里村民文化程度普遍较低，且从调查问卷结果反映来看，60%以上的人都缺乏对法律的认识。笔者从调查问卷结果还发现该地区其收入来源与传统不同，从农耕转变为做小生意或工作，影响这个结论的因素之一是在于主要劳动力的去留。再者，出现了租赁这一经济来源，这也是农村发展的一个必经阶段，租赁者一般多为个体经营户，进行餐饮业、服装业、修理业等行业的经营。通过走访笔者发现农村宅基地面积普遍较大，最小的也超过了 120 m²，其结构大都为砖混。各家都有或多或少的土地用于耕作蔬菜、果树，也不乏闲置搁放的土地存在，而位于山坡的土地闲置搁放情况较为严重，其家庭闲置搁放土地面积（人均）与家中主要劳动力人数呈负相关。

二、农村宅基地存在的问题

（一）宅基地的合法性有待相关部门的审核

1. 宅基地的户主及建造是否符合相关规定

目前，由于环境或者个人喜好问题，出现了城镇户口的人跑到郊区或农村购买宅基地的现象。我国国土资源部部长说过："耕地资源保护红线，城镇居民不予发证。"为保护粮食的正常供给和生存需求，国家制定了 15.46 亿亩耕地的标准，这是坚决不能突破的红线，同时也绝不允许城里人买宅基地的所谓"逆城镇化"的行为。其次，我国对农村宅基地实行"一宅一户"的原则，农民拥有一宅多户，对于第二宅基地申请登记发证的，应不予批准。这也要求相关部门应该严格的执法，严谨的对宅基地进行审核。按照我国农村宅基地审批程序，审核部门必须由县级人民政府，镇级或者乡级政府是没有权利进行审核批准的，申请人需要办理相关的手续，再等候结果，等审批通过后才能动工建房。但是在现实生活中，并非如此，很多农民没有等到结果就开始动工建房，加之相关部门也没有注意，最后就成了不管上级是否批准通过，房子都建成了。这种情况很多，相关部门也不好处理，最后也就不得了之了，这是造成了宅基地不规范的原因之一。

2. 宅基地的大小和规划是否符合相关规定

每个地方的宅基地大小都有明确规定的，而且根据其地形地貌所确定的面积也是有差别的。根据重庆市农村宅基地管理办法第十条，农村村民建新房宅基地面积审批标准为：① 城市郊区及乡（镇）所在地，每户面积不得超过 166 m²；② 平原地区的村庄，每户面积不得超过 200 m²，村庄建在盐碱地、荒滩地上的，可适当放宽，但最多不得超过 264 m²；③ 山地丘陵区，村址在平原地上的，每户面积不得超过 132 m²；在山坡薄地上的，每户面积可以适当放宽，但最多不得超过 264 m²。可见，对宅基地的面积有严格的规定，对于不断扩建的宅基地的情况，这就需要部门在宅基地登记发证的时候对宅基地的面积进行准确测量，对每家每户的信息入库存档。

而其宅基地建造的位置也应该查明是否在规划的范围之内，房子不能乱建，应该在所批准的范围之内建造。由于村民的思想不到位、缺乏一定的整体性意识，导致一些地方的村容村貌有损。相关部门应该重视这块的发展情况，使之有所改善。

3. 宅基地户主是否持有宅基地证

我市从 20 世纪 90 年代初就相继开展了宅基地登记发证的工作，这是国土资源管理最前沿、最基础的工作，事关国计民生[2]。但由于"重城市轻农村"等原因，在这过程中积累的很多问题，也导致了登记发证进程的缓慢。在相对偏远的山区，因为山区地形的复杂和建房的零碎性可能存在登记遗漏的现象。

（二）农村宅基地流转制度存在缺陷

直至今日，我国法律上还没有对"农村宅基地"有一个明确的定义。目前，农村宅基地是集体经济组织拨给农户建造住宅所使用的土地，它属于农村集体所有，是农村集体建设用地的一部分[3]。农村宅基地流转制度尤为重要。在农民进行宅基地流转的过程中，笔者发现了以下问题：

1．农村宅基地流转合同不规范

农村宅基地流转的方式应该符合国家的规定，不能随意流转。对于农村宅基地的流转，应该有相应的手续和规定，并且在流转过程中应该有详细的记载，只有这样才能保证宅基地流转合同的法律性，防止在交易过程中出现纠纷，以最大化地实现双方的盈利[5]。但是笔者在走访调查中发现，村民在交易过程中，交易对象多为亲人、朋友等，签订的合同很随意，不具备法律效应，比如：宅基地转让合同上签订的实际的内容却是转包，有的合同上甚至出现了"长期永久"等不确定的字样。可见，农村宅基地转让合同存在签订内容的"随意性""不规范性"。

2．农村宅基地流转行为缺乏中介

农村宅基地流转缺乏专业的中介。农村宅基地为何缺乏规范性，刨根问底，笔者认为原因之一是缺乏专业中介。在交易的过程中，农民自行进行合同的签署，忽略了合同的有效性和法律性，如果有专业的中介，那么因为合同"漏洞"而出现的纠纷事件也会大大减少。再者，随着地价的不断上涨，小部分农民为谋取财产而进行违法的转让、出租、买卖等行为，因此，笔者认为中介的形成是农村宅基地流转规范化的一个必经过程。

三、解决农村宅基地存在问题的对策

（一）健全农村宅基地相关法律制度，规范农村宅基地流转行为

健全宅基地相关法律制度，每一项法律制度都是在"出现问题、解决问题"的模式中逐渐变得全面的。完善立法，增加法律的地方适应性，健全农村宅基地相关配套政策以及赋予农民更加充分、完整的农民财产权利是我们一直追寻的目标。完善相关法律，是保护国家土地的手段，是维护农民切身利益的方法，是提高农民生活水平的保障。

虽然在《宪法》《物权法》《土地管理法》和《土地承包法》等相关法律政策都涉及了农村宅基地的相关问题，但是并没有系统性地做出一系列的法律法规，缺乏实际可操作性。如："一宅一户"是我国宅基地管理制度的核心，但是国家法律对"户"并没有进行明确的界定，因此管理起来难于操作[6]。在农民法律意识不强和社会保障有待改善的前提下，农民的利益很容易受到侵害。其次农村宅基地流转也缺乏正规中介，农民的交易对象大都是亲戚、朋友，没有明确的合同条例来进行交易，就算有合同，其内容可能存在不完善不规范不具法律效应等问题，笔者认为可以在政府部门设置"农村宅基地流转中介"，以此来规范农民的行为，保障他们的权益。基于此健全其法律体制和规范农民宅基地流转行为的任务刻不容缓。

（二）防止地方政府行为失范，保障农民的正当权益

地方政府如何正确地扮演自己角色，这不仅需要上级部门的监督，也需要百姓的监督和反馈。政府是一个机构，机构分很多部门，而不同的部门行使职能也不同。所谓的地方政府行为失范，即是行使职能出现了问题。"苍蝇老虎一起打"这句话依然行走在现实生活当中，作为一个公民，我们有责任去监督和反馈相关信息，行使作为公民应有的权力。

农民对一些新落实的政策不了解，地方政府对于一些重要的政策有义务和责任去传达、转述。如：二〇一六年九月二十九日，国家主席习近平领导小组对《关于引导农村土地承包经营权有序流转发展农业适度规模经营的意见》进行审议，根据实际进一步修改和完善相关法律法规，这是一次重大的调整。二〇一七年相关的政策已经出台。而国家所提倡的农村土地流转形式的多样化，与地方政府是息息相关

的。如何多样化，如果单依靠当地农民是难以现实的，我们需要政府从外面吸纳资金和产业，对当地的土地进行更好的利用和规划。站在老百姓的位置、加强相关信息管理、创造多样的土地流转模式等都是政府如何保障农民应享有权益的重点。

（三）加强法律宣传，提高农民法律意识

调查问卷反映出一个普遍的问题，即一般生活在农村的农民文化程度普遍较低，对法律的认识不够。文化程度是法律意识缺乏的原因之一，而还在于自身问题和政府村一级干部等的问题。"早出晚归""面朝地，背朝天"，这些都是部分农民的真实写照，他们都在土里劳作，中年的农民有时候或许会翻翻手机，看看新闻，他们有的没有学法懂法的意识，这也导致了在问其"农村宅基地所有权属于谁"的问题时，大部分人都会觉得是属于自己私人的；另外一个原因，就是政府或村一级的干部对这一块不重视，没有做好宣传工作。宣传的方式多种多样，在人流点多的街道挂横幅，提醒农民关注法制节目或者最近出台了什么新政策；利用"村村通"广播电台进行法律的讲解；在赶集日进行现场讲座，并配上相关法律的宣传单；政府部门人员或村一级干部到家宣讲法律的重要性……这些都有一定的效果，只有提高了农民的法律意识，农民才会更懂得如何用法律来维护自己的权益，社会才会进步得更快。

参考文献

[1]　明珠安稳[M]. 重庆：重庆市綦江区人民出版社，2014：4-28.

[2]　任丽军，谬连荣. 关于农村宅基地确权若干问题的探讨[J]. 科技咨询，2012，117-118.

[3]　李高兴. 湖南农村宅基地整理问题研究[D]. 长沙：湖南大学，2012.

[4]　2014年国民经济和社会发展统计公报[M]. 北京：中国统计出版社，2015.

[5]　刘芷含. 中国农村宅基地制度研究[D]. 沈阳：辽宁师范大学，2015.

[6]　瞿理铜. 基于功能变迁的农村宅基地制度改革研究[D]. 北京：中国农业大学，2016.

论自然地理环境对中国古代政治文明的影响

张佳佳

一、地形对于中国古代政治文明的影响

中国地势西高东低，且呈三级阶梯状下降。既有"世界屋脊"青藏高原，也有高原和盆地，以及平原和丘陵。地貌类型复杂多样，一些非常态地貌在我国不同地区也有着分布。如在我国新疆、甘肃、宁夏以及内蒙古西部地区存在沙漠地貌，而在昆仑山–秦岭以北，太行山以西，贺兰山以东地区，黄河中下游，如陕西北部，甘肃中、东部，宁夏南部以及陕西西部，为黄土高原区，同时我国也是世界上黄土分布最广、厚度最大的地区。在北纬48°以北的黑龙江省北部以及我国西部海拔 3 500 m 以上的高原和山地地区，还存在着冻土地貌。

辽阔的地域、复杂的地形以及多样的地貌，并且有像喜马拉雅山、太白山、贺兰山、泰山、太行山等高耸的山峰将地域进行划分，还有众多的河流湖泊对人们的出行带来阻隔。在交通与通信都不发达的情况下，只依靠步行骑马的方式，信息传达方式单一，交流起来非常困难。秦始皇统一六国之后，修建

了从京城咸阳出发到重要地点的驿站，后世都进行了效仿，但是驿站本身管理上的滞后性使其存在着太多的不确定因素。之后虽然在隋朝时期大运河的开凿使人们出行以及货物运输更为方便，但是水运在时间上的延缓性对于信息交流的加快毫无作用，并且在干旱地区，河流水位受季节的影响非常大，枯水期河流会干涸，洪水期则会对沿岸的城镇带来威胁。

因此，封建社会统治者们为了更好地管理国家，将权力最大程度上分配给可信任的官员，采取了封建专制主义中央集权。面对着幅员辽阔的国家，统治者们必须考虑到如何才能避免某一个地方谋反，使这个多民族的国家可以得到巩固和长久的发展，消除高山河流带来的分割感，维护国家的统一和领土的完整。为了避免给地方分配过多的权力后带来的社会局势混乱，或者是地方进行权力的割据，这时必须存在一种绝对权力进行领导。秦始皇在公元前 221 年统一六国之后，建立起了最初的中央专制集权制度，接下来中央集权制度在西汉得到巩固，隋唐时期通过三省六部制进行了完善，在宋元时期则通过集中财权、司法权等一系列措施，使皇帝掌握从中央到地方各级的所有权力，包括军事权财政权和司法行政大权；在朱元璋废除丞相制度之后，明清时期的皇权得到了空前的强化，封建专制主义中央集权制度通过两千多年的完善和发展，走向了巅峰阶段。直到 1912 年辛亥革命彻底推翻清朝的统治，溥仪成为中国封建历史上最后一位皇帝，这个制度才退出了历史的舞台。

二、气候对我国古代政治文明的影响

我国气候变化错综复杂，其中对我国自然景观的形成以及经济基础的改变有着重要作用的是一年中季风的交替和南北推移，比如说西太平洋副高的位置、强度的变动对于中国的旱涝雨季和热带气旋路径都有着明显的规律性，而这些因素又影响了我国气温的变化以及耕作制度[1]。

两汉被认为是经济重心南移的开始，这一时期以来，江南经济发展速度开始加快。有学者指出"从这时起，经济重心开始南移，江南经济区的重要性亦即从这时开始以日益加快的步伐迅速增长起来。而关中和华北平原两个古老的经济区则在相反地日益走向衰退和没落。"[2]经济中心的南移是一个被多方关注讨论的话题、经济学家，文学家历史学家都就此有着许多不同的看法。但是，气候环境的变化也是经济重心南移的一个不容忽视的重要条件。作为在此领域颇有建树的学者，竺可桢先生曾指出"在战国时期气候比现在温暖得多。""到了秦朝和前汉，气候继续温和。""到东汉时,我国天气有趋于寒冷的趋势。"[3]这种逐渐寒冷的情况持续很久，在长久的寒冷条件下，干燥少雨的气候现象使北方地区能种植的作物类型减少，许多之间种植的农作物也因为土壤肥力的下降而无法耕作。此时，政府开始以行政力量大规模推广冬小麦的种植，气候的寒温变化，开始使西汉时期以稻米为主要农产的黄河流域农业逐渐改变。但此时长江流域却没有受到太大的影响，相反的是寒冷的气候让南方气温略有下降，开始可以种植小麦。同时，长江流域温暖湿润的气候，也更符合中原人心目中所谓的风调雨顺，于是在两汉之际及东汉末年，因为战乱和水旱灾害导致饥荒的中原人民，渡江而南，造成了两次大规模移民浪潮。这成为了经济重心南移的开端。而到了宋代，已经由水田转为旱地的北方农业因为气温的大幅度下降和空气的干燥，土地耕作模式已经由一年两种改为两年三种，同时作物的年产量也开始下降，使得北方所能容纳的人口数开始下降。而南方凭借良好的气候条件，推行精耕细作，有效提高了亩产量，也可以容纳更多的人口。在古代，农业作为百业之基，任何产业的发展都要依靠农业，此时南方地区的农业在国民经济中已占有重要地位，到南宋时期，我国已经完成了经济中心的南移。

经济中心南移对我国政治文明有着重要的影响，首先经济中心的南移带动了我国古代文化重心的南移，长江中下游地区出现大量书院，如白鹿洞、岳麓等一系列的著名书院。这些书院规模宏大，配置的学舍数量也大，学习环境清幽宜人，教学的老师也都是德高望重之人。这些条件综合在一起，吸引了无数学子前来求学。朱熹曾指出，"惟前代庠序之教不修，士病无所于学，往往相与择胜地，立精舍，以为群居讲习之所，而为政者乃或就而褒表之若此山，若岳麓，若白鹿洞之类是也。"文化教育事业的发展不仅使得东南地区普通百姓的文化素质有了提高，有品位的高学术文化水平和学习氛围，在这一时期也孕育出了许多有建树的思想大家，比如创建临川新学的王安石、创建心学的陆九渊，他们在思想史上占有重要地位，同时在江浙地区，可以说是再次出现了百家争鸣的景象，各种学派表达自己的见解和学识，对这一阶段南方地区的文化上的繁荣做出了巨大贡献。更别说被誉为"集大成而绪千百年绝传之学，开愚蒙而立亿万世一定之规"的朱熹朱夫子。曾有文献一针见血地指出"开创于洛阳，说明了儒学在北方的实力；集大成于福建，说明了南方儒学的超越。"南方以儒学为代表的文学成就在那一时期总体赶超北方的已经是不容置疑的一个事实。

至此，包含气候变化这一原因在内的经济重心南移带来的影响，从人们的政治意识、行为文明，上升到了政治制度文明。

南方教育事业的兴盛培养出了大批人才，这些人才在科举制度中脱颖而出，据统计，宋代共有宰相134人，北宋72人，南宋62人。浙江先后有24人任过宰相，在北宋时期仅有4人，但到了南宋这一数字变为20。与之相对应的是，在北宋河南有18人任宰相，而到了南宋这一数字下跌至3人。这从一定程度上也表明了政治重心也完成了南移。在政治重心完成南移的同时，南方的文化发展使当时的取士完全不受门第的限制，就算是一直以来不受人们重视的工商业，甚至是僧人道士和屠户，都可以参加考试来获得官职。到了南宋，就已经达到了所谓"皇帝与士大夫共治天下"的时代，重文轻武开始成为宋朝职官制度的一个重要特点。

参考文献

[1] 刘南威. 自然地理学[M]. 3版. 北京：科学出版社，2014：148-149.

[2] 傅筑夫. 中国封建社会经济史[M]. 北京：人民出版社，1982：25.

[3] 竺可桢. 竺可桢文集[M]. 北京：科学出版社，1979：495、497.

农村中的土地管理存在的问题分析及完善对策

——以铜梁为例

张 禹

随着时代和经济的发展，人民的生活水平不断在提高，所以对土地的需求也越来越大，但由于人口的老龄化速度加快，再加上农村土地大多数都是老年人在使用，导致了农村土地管理存在的问题越来越突出。因此，本文以铜梁为例对农村土地管理存在的一些问题进行分析，以及提出一些完善的对策。

一、铜梁农村土地的基本情况

铜梁的辖面积1 343平方千米，辖28个乡镇和街道办事处，有农业人口67.7万人，农村居民209 114户，耕地总资源90.52万亩，常用耕地61.92万亩，林地面积81万亩。总的来说，农业人口占了整个区大部分，足以证明对整个区而言农业对于整个区的发展占了主导作用，土地对于农民来说将是唯一的生存之道，但是在土地管理和利用方面仍存在很多老生常谈的问题，就我了解到的一些信息显示，虽然常用的耕地面积占总耕地的68.4%左右，但是仍有很多的耕地被闲置，就我国的基本国策而言，"十分珍惜、合理利用土地和切实保护耕地"应该切实深入人心。因此，政府应当采取措施，全面规划，严格管理，保护、开发土地资源，制止非法占用土地的行为。其次就是土地闲置的情况较为严重，目前很多年轻人都外出打工，投身于第三产业的发展中，导致农村土地大量闲置，得不到合理的利用，基于以上种种情况，下面归纳出一些农村土地管理中的一些问题。

二、土地管理中存在的一些主要问题

（一）农村土地中的耕地被闲置搁荒

由于越来越多的农民由农村到城市，分别投身于工业或是第三产业中，这样一来，农村中大量的耕地就被闲置，得不到合理的利用，加之很多老年人又把自己的重心放在了照顾孙一辈上，于是本来就仅存的未被闲置的耕地也会被遭到更严重的闲置，耕地面积就会更加减少，粮食产量将会大大下降。

（二）农村的土地资源遭到破坏

1992年召开的世界环境与发展大会提出了"可持续发展"的战略思想，我国政府高度重视这一战略思想，于是制定了《中国21世纪议程》和有关的行为方针，其中指出："农业和农村可持续发展是中国可持续发展的优先领域和根本保障。"但是，就目前我县的土地情况而言，其中有很大一部分土地是遭到严重破坏的。基于农作物的不同特点，所占用的土地资源是不同的，农业所需要的自然资源是越来越短缺的，再加上环境的污染以及生态的破坏，导致很多土地不能发挥它本身应发挥的作用，究其根本，是因为在土地上过度使用化肥以及各种化学药品，使得土地的资源遭到破坏；其次就是过度利用土地，不仅使土地的使用年限缩短，而且还消耗了土地的自然资源。

（三）农村土地的规划不合理

目前农村很多土地没有合理地规划，主要体现在农田本身不大，然后就是分散得很零碎，这就导致了农民在耕作时很不方便，在收成时也存在很大的难度。由于农民的年龄普遍较大，所以在耕作和收成时如果不采用机械化的方式将会造成很大的困难，又基于农田自身的大小问题，不便于机械化的操作。随着我国新农村建设得不断深入，农村土地整体规划已经成为我国农村未来的发展方向，但是由于经济发展的有限性，要在我县深入开展此工作的难度就加大了。

（四）农村村民宅基地违法情况严重

土地是农民赖以生存的资源，宅基地则是农村的农户或个人用作宅基地而占有、利用本集体所有的土地。随着县城的环境污染加重，越来越多的人愿意去农村或是城郊建房，但是由于县城的人在农村并没有土地建住宅，于是他们便花高价去买农民闲置的耕地进行住宅建设，但是根据《中华人民共和国管理法》等相关法律规定，耕地不能用于非农建设，更不允许非本村村名占用耕地建设住宅。由于有些农民法律观念淡薄，再加上购买价格的高昂，有些农民便会将闲置的耕地卖给县城的人，还有一部分农民自身有多处宅基地，但是由于自己并不能住太多处，便把剩余的多处宅基地卖给他人以牟取暴利，还有的宅基地违法情况就是农村的有些村民最初没有足够的钱修宅基地，于是就外出打工多年，等建房的钱攒够之后就回到农村在自己承包的耕地上建设住宅。以上所提及的几种情况在我县的农村都还普遍存在，但是很多法律都明确规定这些做法是违法，所以这些问题都还亟待解决。只有更好地解决好这些问题，农村的耕地才能更好地得到利用，才能保住全国所要求的18亿亩耕地红线。

三、针对以上问题所给出的完善对策

（一）耕地撂荒的解决办法

据调查，每年的非农建设所减少的耕地面积在整年所有减少的耕地面积中占据的比例至少30%，就本县的具体情况而言，可能不止30%的耕地减少，所以笔者提出以下一些解决办法，希望有助于缓解这一问题：一是要加强农业基础设施的建设，改善传统的生产方式，比如可以推行机械化的生产模式，减轻农民的劳动负担；二是鼓励土地转租或转包，允许本村有一定经济基础的人承包农民的土地，然后进行规模化的操作，这样一来不仅会在很大程度上减轻农民靠天吃饭这一问题，而且也可以吸引更多外来人员进行投资，这样既解决了耕地撂荒的问题，也同时让农民的生活得到了改善。

（二）合理利用和保护土地资源

为了实现农业的可持续发展，新《农业法》第五十七条规定："发展农业和农村经济必须合理利用和保护土地、水、森林、草原、野生动植物等自然资源，合理开发和利用水能、沼气、太阳能、风能等可再生能源和清洁能源，发展生态农业，保护和改善生态环境。县级以上人民政府应当制定农业资源区划或者农业资源合理利用和保护的区划，建议农业资源监测制度。"为了解决上述问题，提出几点建议：

（1）完善土地市场，提高土地的利用效率，可以采用城镇土地和农村土地的集约利用，切实做到少占用基本农田，不浪费农村土地资源。

（2）设计和开发新型的清洁化肥，减少对土地资源的损害。

（3）加强对土地利用的研究，大力宣传和发展生态农业，提高农民的国土意识以及综合素质，从根本上爱护土地和合理使用土地。

（三）更加合理地规划和利用土地

农村土地是否合理规划和使用，决定了整个农村经济的发展，而农村经济的发展会直接影响整个县的发展，所以能否合理地规划农村土地至关重要。首先，各个管理部门应该走访整个县中的各个乡村，然后根据实地调查以后做出更加合理的规划，例如，把比较分散的农田集中在一起，这样就便于更好的耕作和收成；其次，水产用地的规划也是有必要的，合理利用村内的池塘以及水田等，根据自然界的生态循环，借鉴桑基鱼塘，稻田养鱼以及养鱼与河蚌养珠混合模式，实现更加多产的收入；最后，由于农村有些地方交通不便利，所以在规划的过程中应当尽量考虑把大多数农民的住宅集中在一起，既方便劳作，也方便出行。

（四）提高农民的法律意识，加强各管理部门的联系

由于很多宅基地违法行为都是在相关人员不懂法的条件下产生的，所以笔者认为政府应该大力宣传有关这方面的法律知识，可以采取先对村干部进行统一的法律知识的培训，然后再由村干部下达给每个村的村民；其次就是各级土地管理部门应该加强与执法部门的联系，定期通报辖区土地违法案件的情况。在农村，由于基层干部的素质参差不齐，又或是碍于情面，于是知情不报，鉴于以上这种情况，可以采取举报有奖的方式、匿名举报的方式，让土地违法的情况减少。

四、结　语

根据我县的实际情况，笔者浅谈了一些关于土地管理方面的问题以及解决的办法，要更好地利用农村的土地资源，实现农业的可持续发展，必须重视对于农村土地的管理，在城镇化建设中，应当严格的依法办事，切实保护土地资源和农民的根本利益，虽然这些问题不可能一蹴而就的得到解决，但是我们还是应该贯彻和落实好各项农村的土地政策，只有这样，才能推动全面建设小康社会的发展，以及促进社会主义新农村的建设。

参考文献

[1]　陈卫峰. 农村政策与法规[M]. 北京：中国农业出版社，2011.

[2]　王筱婷. 对农村土地管理存在的问题及建设研究[EB/OL]. 人资社科 Human Resources & Social Sciences

（HR.&.SS.）.

[3]　张红强.当前农村土地撂荒现状及调查分析[J].新农村，2014.

[4]　丁妍.我国农村宅基地使用违法现状探析.安徽农学通报，2012，18（12）.

[5]　覃育熙.关于加强农村土地管理的几点建议[J].中国管理信息化，2012，15（12）.

山区土地撂荒问题及对策研究

——以山西省宁武县为例

武　姗

近年来，中国的农村土地撂荒情况严重，撂荒更多发生在偏远的山村。本文以山西省宁武县阳方口镇为例来研究山区土地撂荒成因及对策。阳方口镇是一个普通的小山村，也是大多数中国农村的一个缩影，对山区土地问题的研究具有一定的借鉴意义。

一、土地撂荒现状分析

2003年以来，我国农民工工资快速地攀升，导致了农业劳动力务农机会成本的上升，在农民看来，外出打工能够赚更多的钱，他们更愿意选择外出打工，而不是种田。由于农民不断地析出，有些质量较差的、离家较远的耕地，由于产量低、劳动投入量大，净收益非常低，种植这些地块完全不能赚钱，这时候农户就会放弃耕种这些耕地，如果没有转给其他农户种植，那么这些耕地就会被撂荒。耕地撂荒通常发生在山区，因为山区地形崎岖，机械化难以推进，与平原地区大规模机械化相比，劳动生产效率太低，这些低劳动生产效率的耕地无法为农民提供足够的经济报酬，相比与种田，农户外出打工能赚更多的钱。

以山西省宁武县阳方口镇为例，该镇2015年耕地数量是900亩，林地面积160亩，撂荒耕地面积540亩，撂荒比重达60%。弃耕现象较为严重。该镇总人口480人，非农人口240人，农业人口240人。主要农业劳动力年龄段在45~65岁。农业机械播种和收割占50%。近几年的农业收益没有明显变化。据统计，当今中国实际务农人员的实际年龄达到65岁，在三峡库区这个数字已经达到68岁。

二、农民弃耕撂荒原因分析

（一）种粮效益低

种粮比较效益低是农民撂荒耕地的根本原因。"种上一年粮，不如打工半个月。"农民普遍感觉种粮不合算。由于市场效益低，农民作为市场的主体会自然而然选择市场效益高的生计方式，离开土地的束缚。大量农村劳动力为了获得更大的经济效益外出转向第二、三产业，致使从事农业生产的劳动力严重缺乏，大量土地无人耕种或无力耕种，造成大面积耕地撂荒。如山西省宁武县，家庭种粮收入2 000~7 000元/年，占家庭总收入的10%左右。家庭主要收入来源是外出打工的收入。

（二）剩余劳动力少

中国实行家庭联产承包责任质后，包产到户，很多都是小农经营，平均耕地很少，所以家庭一年中务农的时间短，出现了很大的空闲时间，很多人寻找了进城务工的工作，久而久之，长期务工，选择放弃耕地。如山西省宁武县阳方口镇每家耕地大多为7亩左右,靠种地收入大多刚能过万元,根本不能满足家里生活需求消费,所以大多数人要外出打工。并且7亩地每年一种一收,旋地、种地、打粮总共不过半月,农民有很多空闲时间;另一方面,阳方口镇有丰富的矿产资源,山西省大同煤矿集团承包了袁家窑煤矿,创办煤窑,所以年轻的农民大多要去煤窑打工,煤窑一月收入5 000左右,不过也得看煤矿生意,一年只有几个月需要这样的煤矿工人;还有一部分人会到镇里打一些小零工,比如到工地建筑工作、饭店服务员、做点小买卖等,也很方便。所以阳方口镇的土地撂荒情况特别严重。

(三)农村大量劳动力转移没人种地

随着城镇化建设步伐的加快和农民工相关优惠政策的落实,农民外出务工的环境逐步改善,农民生计的方式开始多样化,大多数农民特别是青壮年农民更愿意选择外出务工;随着城乡收入差距的加大和农业产业结构的调整,农村的劳动力结构发生了巨大的变化。没有足够的劳动力也是土地撂荒的又一大原因。

很多农村人在城市务工的过程中,有了自己的工作、房子,实际意义上已经是城市人了,农村的劳动力不可逆转的流失,只剩下老人耕种。

(四)农田基础设施条件差

农田基础设施条件差,耕种成本高且风险高近年来自然灾害频发,干旱、洪水、泥石流对于农业生产的破坏是巨大的,是农业生产所要承担的风险因素。农田水利基础设施是抗击农业风险的保障,也是保障农业丰收、降低农业成本的基础。

宁武县阳方口镇撂荒的土地大多地形崎岖,交通工具和农业工具无法到达,全人工耕种,费时费力,所以撂荒的情况较严重。

(五)农村土地流转机制不健全或者实施不到位

三、解决土地撂荒问题对策

(一)政策要硬

(1)土地流转政策。调查中,农地出现宁荒不种的现象,多数是由于土地政策的不完善。加强落实土地流转政策,让土地流转更简便快捷,能很大程度地减少撂荒的土地。

(2)土地优惠政策。吸引40~50岁的中年人返村务农是一个必要途径。政府可以制定相关优惠政策吸引大批的人重返农村,有人种地,种地的能力起来了,自然撂荒的地就会减少。假如没有一个农民,那土地就会被全部撂荒,所以吸引年轻人返乡务农是根本问题。有生产力才有产量。

(3)农民的保障政策。城市里有各种保险,还有国家规定的五险一金,相应的,农民和土地也应该有相应的政策补助,并且要保证公开公正地落实到每个农民身上去。

(二)土地整合

土地出现撂荒的根本原因就是耕地不赚钱,所以农民选择进城,选择撂荒土地。那么解决不赚钱这个问题要从两个方面出发。

1.提高农产品的价格

主要指提高农产品的质量。因为农产品的价格是根据市场决定的,应着重于提高农产品的质量,提高粮食的等级,质量好的东西自然价格要高一点。

2.扩大种植面积

将土地承包给有能力的农民,在价格不变的情况下,增大农产品的数量,那么农民的收益会相应增加。对于农产品这种价格稳定的产品,只有增加其数量,累计的利润才大,才能让利润吸引人,而无论什么行业，吸引人群的就是资金，利润大。

3．引导和组织农民种植特色农业

特色农业往往对环境要求大，因为缺稀，所以利润更大。合理利用本地地理条件，最大化利用土地资源，是农田的又一制胜法宝。通过调查发现，农民的文化水平一般都是初中未满，在特色农业方面缺乏想法，更缺乏技术，所以国家应该注重培养农业技术方面的人才，加强农民的农业技术水平，同时引导和组织农民种植特色农业，让中国的土地合理利用，产生出最大的经济效益。

（三）技术支持

1．农耕机器的改进

中国农业市场发展缓慢，和农业机械发展缓慢有很大关系。目前机械化弱，还是大量地靠人工耕种。即使有机械的使用，使用的效率也不高。比如施肥机、播种机也只是少部分地区使用，并且使用的效率也不高。近几年收割机的使用越来越普及，但其中存在很大的问题，机器出故障的几率很高。

2．耕种方式的改进

帮助农民学习现代农业的方法、特色农业的技术要求等。

3．改善交通条件

中国最大的土地撂荒就在山区，地形复杂，交通工具根本不起作用，拖拉机、微耕机、打谷机、水泵、汽车等，这些先进的技术根本用不到山区，只能人耕人种，所以效益低是必然的。逐步地改善山区的交通条件又是一大重要问题，交通条件好了，耕作技术才能利用到地方，效益才能变高。

（四）农业转型

1．耕作售卖一体化

目前中国的食品市场存在很大的安全问题。让食品的原材料和加工一体化，不要分开进行，在一定程度上能减少食品的安全问题，同时也能减少成本。

2．观光农业转变

目前城市的压力越来越大，越来越多的人喜欢休闲农业，农业可以适度地由第一产业向第三产业发展，获取更大的经济效益。

（五）思想观念转变

"中国自古农民的地位低"，这种思想根深蒂固，谁都不愿意当农民，所以中国的土地效益低，撂荒情况越来越严重，但是土地越来越珍贵，我们的粮食越来越少，虽然我们现在粮食供过于求，还可以外出贸易，但土地问题已经显露，我们必须重视，国家应该倡导人们珍惜土地。举个简单的例子，一个土地评估者刚毕业只能拿到 1 000 元的工资，即使工作几年到一个经理级别的职位工资也只能达到 5 000 元，相当于一个普通白领的工资，所以很少人愿意主动去学习这方面的知识，即使有知识，在中国的土地上也很难发挥出来。所以政府注重培养这方面的人才，这样农业才能发展起来。

四、结束语

解决土地撂荒问题的核心还是增加农民的收入，其中实行大规模承包种植和特色农业种植是有效的办法，不同地区要根据地区特点发展现代农业，完善农业保障体系，增加农业资金投入，搭建信息平台，以此来解决农村承包土地撂荒问题，提高农民收入，解决农村与农民问题，促进社会经济发展。

参考文献

[1] 别彩妍，李天琪．农村土地承包地撂荒研究 ——以宁夏隆德县为例[J]．南方农村，2013（7）．

[2] 石林. 榆阳区"空壳村"转型的实践与探索[N]. 榆阳日报，2012-5.

[3] 姜保国、刘珊、雷贵、曾佳佳、陈楚红. 关于我国土地撂荒现状的思考——基于对武陵山片区土地撂荒的调查分析[J]. 今日中国论坛，2013（10）.

[4] 刘珺. 农村土地撂荒问题与对策研究——以湖北省为例[J]. 法制与社会，2015（9）.

[5] 魏晓、孙峰华、黄丽萍. 中国土地资源研究的历史、现状与趋势[J]. 浙江师范大学学报：社会科学版，2006（3）.

[6] 吴显文. 解决农村"谁来种地、如何种地"问题路径探讨[M]. 中华合作时报，2015-6.